SIGNETS

BELLES LETTRES

Collection dirigée
par
Laure de Chantal

SIGNETS

BELLES LETTRES

Collection dirigée

par

Laure de Chantal

ÉCOLΩ

ÉCOLΩ

Écologie et environnement
en Grèce et à Rome

Précédé d'un entretien
entre Brice Lalonde et Patrick Voisin

Textes réunis et présentés
par
Patrick Voisin

LES BELLES LETTRES

2014

© *2014, Société d'édition Les Belles Lettres*
95, bd Raspail 75006 Paris

www.lesbelleslettres.com
Retrouvez Les Belles Lettres
sur Facebook et Twitter

ISBN: 978-2-251-03022-7
ISSN: 0003-181X

À Jacques Menaut,
qui aimait le grec, la vigne et la haute montagne,
parti avant de lire ce livre qui suscitait sa curiosité.

ENTRETIEN AVEC BRICE LALONDE

Brice Lalonde, né en 1946, a mené des études de lettres classiques avant de s'engager dans le combat écologiste (Les Amis de la Terre, Greenpeace, Génération Écologie) ; après avoir été secrétaire d'État puis ministre de l'Environnement de 1988 à 1992, il a accompli différentes missions internationales : directeur de la Table ronde du développement durable à l'OCDE, ambassadeur pour la France, chargé des négociations sur le changement climatique, de 2007 à 2011, sous-secrétaire général de l'Organisation des Nations unies, coordonnateur exécutif de la Conférence des Nations unies sur le développement durable (Rio+20). Depuis 2013, il est le conseiller pour le développement durable du Pacte mondial des Nations unies.

PATRICK VOISIN. – *L'objet premier de l'écologie est communément compris comme le fait de respecter la nature. Est-ce que cette définition vous convient ?*

BRICE LALONDE. – L'écologie, c'est la science des relations qu'entretiennent les êtres vivants entre eux et avec leur milieu. Elle nous encourage à penser en termes de systèmes et nous libère de l'approche réductionniste de la spécialisation. En termes plus politiques, elle serait l'art d'habiter la planète, mais, vous avez raison, pour la plupart de nos contemporains, c'est le fait de respecter la nature… et c'est bien ainsi !

*La perspective est-elle la même lorsqu'on passe de « l'écologie »
à « l'écologie politique » au sens étymologique du mot, c'est-à-dire
« concernant la cité et les citoyens » – et bien évidemment en
dehors des alibis politiciens ?*

La politique se résume trop facilement à la participa-
tion aux élections ; selon moi, l'entrée en politique est
justifiée par la conviction que les problématiques soule-
vées par l'écologie remettent en question non seulement
les consensus issus de la Seconde Guerre mondiale, mais
encore les représentations du monde nées de la société
industrielle. Ainsi, les partis classiques s'affrontent pour
piloter la société industrielle, tandis que les écologistes
veulent en sortir. Les nouveaux enjeux de l'écologie
s'étendent à la planète entière dont les grands équilibres
dépendent de plus en plus de l'action des êtres humains,
appelant ainsi une réponse coordonnée que les États
nationaux ne parviennent pas à donner.

*Pour prolonger la réflexion sur le langage de l'écologie, la
langue française possède deux substantifs « écologie » et « écologisme » auxquels correspondent respectivement « écologue »
(mot récent) et « écologiste » – sans oublier non plus l'adjectif
« écologique ». Or les deux mots que l'on associe le plus souvent
sont « écologie » et « écologiste ». Cela n'est-il pas source de
confusions ?*

Effectivement. L'écologie est une science et les écolo-
gues sont les praticiens de cette science. Quant à l'écologisme, il désigne l'idéologie qui est nourrie par cette
science et qui inspire les écologistes, membres de mouve-
ments militants ou d'un courant de pensée et d'action
né dans la seconde partie du XXe siècle.

*La question de l'environnement est de toute évidence la préoc-
cupation majeure de notre époque ; mais l'écologie est-elle réduc-
tible à cette question ou bien son horizon se situe-t-il au-delà ?*

L'environnement est en quelque sorte la traduction à l'échelle de l'homme des enseignements de l'écologie ; c'est ce qui entoure les êtres humains et dont ils dépendent largement (*ambiente* en italien) ; l'environnement est au centre de la politique écologiste, car celle-ci est faite pour les humains, pas pour les moustiques ! L'écologie a certes un horizon bien plus large, mais, ma foi, il y a déjà assez à faire avec le soin de l'environnement ! En effet, celui-ci met en cause les mécanismes de nos sociétés, la croissance indéfinie, le gaspillage, le désir de consommer toujours plus ; il oblige donc les écologistes à réfléchir au-delà, à proposer des réformes économiques et politiques, et peut-être à affirmer leur vocation à piloter la société. Respecter l'environnement n'est pas suffisant pour être écologiste, mais ce n'est déjà pas mal ! En fait, l'écologie ne peut être anthropocentrique comme l'environnement, car c'est la compréhension de la nature – et pas de l'homme. Mais l'écologie est peut-être devenue la dernière ruse des hommes pour transformer la nature ; quand on sait comment fonctionne la nature, on peut la « tripoter » encore plus.

Le discours écologiste se présente souvent comme la remise en cause du système économique, mais ne fait-il pas lui-même le jeu de l'économie ? Comment peut-on, selon vous, concilier écologie et économie ?

Je ne vous apprendrai pas que les deux mots ont la même étymologie ; ainsi l'écologie est l'économie de la nature. Nous savons aujourd'hui que l'économie humaine est enchâssée dans celle de la nature et qu'il faut désormais apprendre à additionner les deux plutôt que de laisser la première mutiler la seconde jusqu'à se mettre en péril. Un courant économique moderne met l'accent aujourd'hui sur la nécessité de préserver les services gratuits fournis par la nature en rémunérant le capital naturel à l'égal des autres formes de capital, humain, social, matériel, intellectuel ou financier. Ainsi, l'apiculteur sera rémunéré parce que ses abeilles contribuent par la pollinisation aux récoltes de fruits, etc. Les buveurs d'eau paieront pour entretenir les pentes forestières qui abritent la source, etc.

Dans quelle mesure, d'ailleurs, l'écologie peut-elle pallier les inégalités et les différences entre les continents et les pays en termes de ressources naturelles donc économiques ? Conduit-elle finalement à accepter un certain déterminisme naturel que l'on fait remonter à Hippocrate ?

La nature n'est pas sacrée ; l'essentiel est d'en comprendre les écosystèmes. On ne commande à la nature qu'en lui obéissant, aurait dit Bacon. L'humanité intervient pour améliorer sa condition, pour accroître la productivité naturelle, pour créer des infrastructures, pour installer le chauffage là où il fait froid ou refroidir l'air sous les tropiques… Le tout est de le faire à bon escient ! En général, les sociétés humaines ont appris à vivre dans la nature qui les entourait, et on a pu dire que la culture était souvent un mode d'emploi de la nature. Plus récemment, David Ricardo nous a appris que le commerce permettait d'échanger les ressources pour acquérir celles qui manquaient. Enfin, il n'est pas interdit de penser que l'humanité est de plus en plus interdépendante et que la solidarité fera des progrès.

Que pensez-vous de la fameuse « théorie des climats » de Montesquieu qui a parfois alimenté une théorie des races ? Est-elle pertinente pour envisager la question écologique aujourd'hui ?

Non, je ne crois pas que la théorie des climats soit pertinente. Il me semble au contraire que l'humanité a tendance à s'unifier plus que par le passé. En revanche, s'il s'agit de dire que les peuples ont des mœurs différentes et qu'une partie de ces différences peut être attribuée à la nature et aux climats, c'est sans doute vrai.

Selon Descartes (Discours de la méthode, 6ᵉ partie), nous (l'homme) devons « nous rendre comme maîtres et possesseurs de la nature ». Qu'en pensez-vous ?

D'autres nous suggèrent d'emprunter la nature à nos descendants et de la leur rendre en bon état. Je crois qu'une interprétation arrogante du précepte cartésien, qui est associé au « Croissez et Multipliez » de la *Bible*, a conduit à beaucoup d'erreurs et à beaucoup de destructions. Dans le domaine des relations avec la nature, l'*hybris*, « la démesure » de l'homme, a longtemps régné en maître. De fait, lorsque Christophe Colomb a ouvert l'Amérique à la colonisation européenne, les colons n'étaient guère nombreux et la Terre leur paraissait infinie. Mais, aujourd'hui, il n'en est plus de même !

Pour conclure sur ces questions d'ordre général, y a-t-il, selon vous, des dérives de l'écologie en tant que discours ou qu'action, et où se situent-elles ?

À mon avis, la principale dérive est la peur de l'innovation et le refus du risque. Au plan politique, je désapprouve la persistance d'une influence « gauchiste » qui conduit à voir l'entreprise comme un adversaire, alors qu'il faut s'en faire une alliée – mais j'y reviendrai peut-être à propos d'autres questions.

Avant que vous n'abordiez la politique, vous avez fait – cela est peut-être moins connu – des études de lettres classiques. Dans quelle mesure ces études ont-elles pu vous conduire sur le chemin d'une réflexion à propos de l'écologie ?

Certainement, ces études m'ont appris l'histoire et la longue durée, d'autant que je m'étais dirigé également vers l'archéologie préhistorique sous l'influence d'André Leroi-Gourhan. Il m'a semblé que l'écologisme moderne faisait écho au pessimisme antique qui voyait dans la fuite du temps une dégradation de l'Âge d'or vers celui du fer. Demain n'est pas obligatoirement meilleur. Les Anciens considéraient que l'homme accompli était celui qui savait pourquoi les choses étaient faites, non celui qui savait les faire. Cette distinction me rappelait le passage, pour nos sociétés, de la glorification de la production à la consécration de la consommation. Malheureusement, nos contemporains ne sont pas encore de vrais consommateurs sachant maîtriser leurs désirs au sens de l'idéal antique.

Le mot « écologie » ne date que du XIXᵉ siècle, attribué à Thoreau ou à Haeckel. Est-il dès lors anachronique de parler d'écologie à propos de l'Antiquité ? Et par exemple de considérer Aristote comme un des premiers écologistes ?

En effet, pour autant qu'il m'en souvienne, les transpositions sont hasardeuses. Aristote est un savant, un physicien et un biologiste plus qu'un écologiste. Il en va de même pour Pline l'Ancien. En revanche, Platon dans le *Critias* évoque l'Attique verdoyante du passé et déplore qu'elle soit devenue aussi pelée. Horace, quant à lui, préfère la campagne à la ville. Les Romains étaient souvent nostalgiques d'un passé idéalisé, mais ils sont devenus d'excellents techniciens de l'environnement, notamment dans la gestion de l'eau. De même, ils consommaient de grandes quantités de bois, et nous savons par les écrits des agronomes qu'ils se souciaient de planter des arbres dont ils connaissaient parfaitement les espèces et les qualités respectives.

Les spécialistes emploient l'expression de « crise écologique ». A-t-elle seulement commencé avec l'ère industrielle ? Ou les temps antiques ont-ils pu en voir les premiers symptômes ?

On sait que les déboisements avaient appauvri le pourtour de la Méditerranée, notamment en Égypte ou au voisinage des centres urbains. Les grands arbres étaient devenus rares et il fallait les faire venir de loin. De même, le Croissant fertile avait déjà souffert de la salinisation des terres. Est-ce que les peuples de l'Antiquité en étaient conscients ? Dans leur majorité, je ne le crois pas.

Par exemple, il y a de grands mystères dans l'Histoire de l'Humanité, l'Atlantide ou la disparition de la civilisation Maya, que l'on associe à des événements naturels. Dans quelle mesure peut-on les considérer comme étant d'ordre écologique ?

Il y en a sûrement d'autres. J'avoue ne pas connaître l'histoire des Mayas. Quant à l'Atlantide, il me semble que les historiens la considèrent comme une invention de Platon, ou un mythe hérité de la préhistoire, lié par exemple à la probable submersion de la mer Noire il y a 7 500 ans. Mais nous savons aujourd'hui que la santé écologique des sociétés joue un rôle majeur dans leur survie, quoique souvent dissimulé par les péripéties économiques ou politiques qui en découlent. Jared Diamond donne des exemples de civilisations qui se sont effondrées pour des raisons écologiques.

Un des fléaux de notre monde réside dans la pollution ; peut-on vraiment concevoir le monde antique comme ayant été exempt de toute forme de pollution ? N'est-ce pas d'une certaine façon un discours idyllique ?

Il y avait de la pollution à coup sûr, organique ou métallique, sans compter la fumée des feux de bois et du charbon de bois. On a ainsi retrouvé du plomb de l'Empire romain dans les bulles d'air des glaces du Groenland !

Si l'on considère le rapport de l'homme avec la nature et avec son environnement comme le point d'ancrage de la question écologique, ne peut-il générer qu'un clivage voire un rapport conflictuel entre nature et ville, tel que les Romains l'ont établi en opposant assez systématiquement la campagne et la ville – rus et urbs ?

C'est une opposition qui est couramment mise en avant, mais qui n'est qu'à moitié fondée. Évidemment, la connaissance et la pratique de la nature sont des critères de reconnaissance, mais elles s'acquièrent aussi à travers les livres, les stages, les loisirs. Au reste, il n'est pas certain qu'on aime davantage la nature lorsqu'on vit à la campagne. Les écologistes modernes sont pour la plupart des urbains et les villes sont presque toujours les moteurs du progrès. Ainsi, au XIIe siècle, les Cisterciens sont partis des villes pour moderniser l'agriculture. Aujourd'hui on parle d'une nouvelle catégorie : les « rurbains », qui habitent à la campagne et travaillent en ville.

L'éloge de la terre constitue un des nombreux topoi *des textes antiques, transmis d'époque en époque pendant des siècles. A-t-il encore un sens dans le monde d'aujourd'hui et peut-on l'articuler sur les avancées du monde moderne ?*

La propriété foncière était un idéal du monde antique, l'agriculture sa principale activité économique et la question agraire au centre des débats politiques. Ce n'est plus le cas dans le monde développé. On parle davantage aujourd'hui du territoire, des sols, de l'usage des terres, de la biodiversité, que de la terre au sens rural et suranné de ce terme. Au plan global, les petits paysans sont toujours considérés comme des acteurs indispensables du développement, mais l'on souligne aussi que 60 % de la population mondiale va s'entasser dans les villes. La célébration du patrimoine naturel prend la relève de l'éloge de la terre, tandis que la science nous recommande de veiller à la santé des sols et de lutter plus fermement contre la désertification.

Avez-vous le souvenir que la question des ressources natu-relles ait préoccupé les Anciens au point d'être un enjeu écolo-gique vital comme nous le percevons aujourd'hui – par exemple la question de l'eau ?

Il me semble précisément que les aqueducs, les citernes, les fontaines, les thermes ou les égouts témoignent de l'importance de l'eau dans la civilisation romaine. Les villes étaient établies au bord d'un fleuve. J'ai aussi souvenir de la gravité de la question alimentaire à Athènes et Rome, et de la nécessité d'importer le blé et l'orge de l'Égypte, de la Sicile, de la Cyrénaïque. Être préfet de l'annone (magistrat chargé du ravitaillement de Rome) était une lourde responsabilité, comme on le voit pour Paulinus dans le *De Brevitate vitae* (*De la brièveté de la vie*) de Sénèque. Il fallait aussi des pierres et du marbre, des métaux, et le sel était cher. Mais je ne me souviens pas réellement de ce qu'on pourrait appeler une inquiétude durable.

La qualité de la vie, la nourriture « bio », le développement durable, la gestion des écosystèmes sont autant de sujets qui règlent la vie des hommes dans une prise de conscience profonde ou comme effets de mode. Auraient-ils échappé à l'intelligence des Anciens dans un monde qui n'était pas encore industrialisé ou est-il impensable qu'ils n'aient pas déjà fait partie de leur quotidien ?

Le souci de la qualité de vie était bien présent dans l'Antiquité. On s'adonnait au *fitness*, on recherchait le meilleur *garum* pour assaisonner les plats ! Cependant, les peuples de l'Antiquité vivaient au contact d'une nature qui ne leur paraissait pas menacée. Dans la crise écologique actuelle, la puissance des techniques et l'emploi des énergies fossiles jouent un rôle aussi important que l'accroissement démographique. Les Anciens ne disposaient pas de tels moyens et ils étaient relativement peu nombreux. Les animaux leur fournissaient l'énergie de traction et les moyens de transport terrestre ; l'esclavage était la règle.

Les religions ont depuis toujours une influence culturelle notoire sur les sociétés humaines. Ont-elles été, selon vous, des obstacles à ce qu'on appelle l'écologie ou au contraire des alliés objectifs ?

Je crois que le polythéisme antique enchantait la nature et pouvait être considéré comme un allié de l'écologie. Certaines religions ont pu contribuer à donner aux hommes un sentiment d'humilité et de respect devant la nature, œuvre du créateur. D'autres lui ont appris à se comporter en enfant gâté à qui la nature était donnée pour en faire ce que bon lui semblait.

D'une manière générale, les textes anciens vous ont-ils laissé le souvenir de comportements contraires à la pratique écologique ?

À première vue, non. Si du moins l'on excepte les atteintes aux droits de l'homme tels qu'ils sont reconnus aujourd'hui. Dans les études que j'ai suivies, la littérature antique était le plus clair du temps politique, historique et militaire. Mais l'on ne peut nier que la mort y est omniprésente et en particulier celle des animaux dont certaines espèces étaient déjà en voie de disparition, comme m'a permis de le voir l'archéologie préhistorique. Il y aurait beaucoup à dire sur l'attitude des Romains vis-à-vis du monde sauvage, *silva*, « la forêt » !

Inversement, avez-vous le souvenir d'avoir croisé dans les textes grecs et latins un discours spécifiquement écologique ou écologiste, soit pour vanter la nature soit pour critiquer l'action des hommes à son égard ?

Il y a beaucoup de références à la nature dans les textes grecs et latins, des invocations aux nymphes par exemple. On perçoit dans la poésie, mais également en prose, chez Pline le Jeune entre autres, un réel sentiment de la nature quasiment pré-rousseauiste. Cela ne commence-t-il pas avec « l'aurore aux doigts de rose » d'Homère ? Sentiment poétique et sentiment de la nature vont de pair, pour montrer une nature véritablement enchantée. Et puis, j'y reviens, il y a le *Critias* de Platon, avec la description de l'Attique !

Y avait-il selon vous des « écolos » dans l'Antiquité ? Et peut-on par exemple considérer Virgile comme « l'écolo » du monde romain ?

Oui, bien sûr. Mais plus encore Horace, que j'adore. Virgile se souvient de son enfance dans le nord de l'Italie et il chante la nature, c'est vrai ; mais Horace est plus touchant, et plus drôle en même temps ! Cela vient de tout son être lorsqu'il dit aimer vivre à la campagne et écouter plutôt le doux murmure du ruisseau que l'eau prisonnière du tuyau de plomb ! Son refus des richesses que lui offre Mécène est dans la logique de quelqu'un pour qui la liberté est le bien le plus précieux – avec le « rien de trop » de la sagesse delphique, puis socratique, grecque. C'est bien la logique « écolo », celle de la vie simple. Sans oublier qu'il a eu sa jeunesse folle – ce qui fait aussi partie du profil « écolo » !

L'Antiquité a connu de grands systèmes philosophiques reposant sur une physique du monde permettant de comprendre la place de l'homme dans la nature. Selon vous, en reste-t-il quelque héritage aujourd'hui ?

Je suppose que Lucrèce et Épicure restent influents, plutôt qu'un scientifique comme Aristote ; la science moderne a confirmé la théorie des atomes et l'épicurisme est une doctrine nécessaire : jouir de la vie mais modérément. De même, le *Ta Panta Rei* d'Héraclite fascine toujours, même s'il ne reste que de rares fragments de ce philosophe. *Ta Panta Rei* (« tout passe » ou, pour garder l'image de l'eau, « tout coule »), c'est l'essentiel ; la thermodynamique qui a beaucoup frappé les écologistes y fait référence : sentiment de l'irréversible, entropie, rien n'est stable, tout va facilement de mal en pis ! Quant à Platon, non ; c'est un idéaliste total ; il n'est pas charnel. Définitivement, Épicure tient la route, comme un invariant, avec son exigence de vie frugale.

Malgré tout, la pensée écologique contemporaine peut-elle encore se rattacher à ces systèmes ? Ou, le monde ayant changé, la césure est-elle sans retour et les leçons de l'Antiquité sans la moindre validité ?

Non, j'insiste. L'écologisme me paraît une forme d'épicurisme, du moins selon l'idéal de sobriété professé par Épicure. Christophe Colomb a ouvert le monde aux Européens : « Vous pouvez vous servir, les gars ! » Avec lui, les temps modernes commencent : demain sera meilleur qu'aujourd'hui... nos enfants vivront mieux... Mais, en 1969, un choc se produit – et c'est avec lui que commence l'écologie. L'expédition Apollo aboutit au constat que la Terre rétrécit : le temps d'un match de football... on peut faire le tour de la Terre ! D'en haut, on voit les marées noires, les forêts qui brûlent... Depuis ce jour, c'est le retour au sentiment antique que le monde n'est pas si grand que cela ; nous sommes dans l'ère de l'anthropocène : la surface de la Terre est modelée par les hommes plus que par la géologie et l'astronomie. Les leçons du monde antique redeviennent donc importantes : comment cela marchait-il pour eux ?

Venons-en, si vous le voulez bien, à votre implication plus personnelle dans les questions de l'écologie. La politique montre qu'en face des Verts s'est développée une écologie bleue. Y a-t-il une réelle différence entre les deux ou faut-il considérer l'écologie comme un simple champ de combat rhétorique, idéologique voire politicien ?

Il faut distinguer l'écologie scientifique qui explique où l'on en est de l'univers qui nous entoure (même si elle connaît plusieurs écoles) et l'écologisme militant. Sur le terrain de l'action politique publique, on trouve un éventail allant d'une écologie d'extrême-gauche, pour qui les patrons sont des adversaires et l'entreprise une machine à exploiter les hommes et la nature – elle en appelle essentiellement à la réglementation –, à une écologie libérale, pour qui on ne peut travailler sans les entreprises et qui cherche à utiliser les mécanismes du marché. Le problème de l'écologie de parti, verte si vous voulez, est que, pour elle, c'est le membre du parti qui est écologiste ! Pour moi, est écologiste toute personne qui, dans sa vie quotidienne, met en pratique les enseignements de la science écologique. C'est plutôt une éthique. Il ne devrait pas y avoir, au fond, de parti écologiste. Quant à l'écologie bleue, la raison est simple : vue de l'espace, la Terre est bleue ; or, pour moi, l'écologie ce n'est pas simplement l'environnement de voisinage ; c'est d'abord la question de la planète. Ensuite… écologie verte ou écologie bleue… la compétition est normale, mais, en effet, il y a de la rhétorique politique et beaucoup de bêtises ! L'écologie fait désormais partie des affaires publiques, donc de la politique et de ses affrontements : il faut convaincre les électeurs que tel parti fait mieux que l'autre.

Quelle expérience avez-vous acquise des différents épisodes que votre engagement a connus (Les Amis de la Terre, Greenpeace, Génération Écologie, les présidentielles de 1981, les participations gouvernementales…) ?

Je n'ai jamais aimé l'idée d'un parti. Quand j'ai créé Génération Écologie c'était pour montrer qu'il n'y avait pas de monopole. Mais, avant tout, j'ai commencé à San Francisco, avec Les Amis de la Terre ; c'est le point de départ de l'écologie ; le patron des Amis de la Terre, David Brower, a décidé qu'il fallait passer à l'échelle internationale. Un an plus tard c'était *Greenpeace* à Vancouver, contre les essais nucléaires dans les Aléoutiennes ; c'était ma première guerre, il y eut la découverte du Pacifique, Mururoa, plusieurs fois ; nous affrontions l'armée française sur nos petits voiliers. En fait, mon expérience a d'abord été internationale, grâce à ma bonne maîtrise de la langue anglaise ; et, comme je vous l'ai dit, c'est la planète qui m'intéresse ! Puis vint le temps des manifs à bicyclette dans Paris en 1972.

Mais quelles leçons en avez-vous retirées ?

À Génération Écologie nous avions un slogan : « Agir, pas gémir ! » J'ai toujours aimé répondre aux défis et aux sollicitations, tenter de résoudre les problèmes qui paraissaient impossibles à résoudre, m'intéresser à ce qui interpellait ma curiosité intellectuelle (le GATT et le commerce mondial, les Nations unies). Quand Michel Rocard m'a appelé pour me proposer d'être ministre dans son gouvernement, j'ai dit oui. Mon expérience, c'est toujours y aller, toujours dire oui, avancer, foncer, ne pas craindre de perdre des amis, de quitter le confort de la contestation, de travailler aussi avec la droite – alors que les écologistes penchaient à gauche.

Quelles satisfactions et/ou déceptions également ?

J'aime le peuple écolo et j'ai aimé parcourir la France et le monde à sa rencontre. Les satisfactions sont aussi intérieures ; j'ai beaucoup appris, par exemple comment réensauvager un fleuve, après l'accident de l'usine Sandoz sur le Rhin pour lequel j'avais été appelé par le ministre Carignon à évaluer les dommages sur l'environnement. Je crois aussi avoir réussi à prendre quelques bonnes mesures ; il fallait s'arc-bouter contre les communistes et leur productivisme à l'ancienne, mais Michel Rocard comprenait bien l'écologie. La bataille fut épique pour les pots catalytiques, mais c'est passé. Ma satisfaction, c'est aussi la protection de l'Antarctique voulue par Rocard, la sanctuarisation du Pacifique au sud du 40e parallèle pour protéger les baleines, les enfants chéris de *Greenpeace*. J'ai également cassé provisoirement le commerce de l'ivoire des éléphants en Afrique, mais il a repris depuis. Quant aux déceptions… j'ai fait des bêtises aussi, saisi par l'*hybris*, « la démesure » ; j'ai pensé que je pouvais être plus fort que le clivage politique français traditionnel !

En 1981, vous avez publié Sur la vague verte *aux éditions Robert Laffont. Quels principes et quelles idées avez-vous souhaité y exprimer à l'époque ?*

C'était un livre de circonstance. Auparavant, en 1978, j'avais écrit *Quand vous voudrez,* un titre un peu aristo ! *Sur la vague verte* participait de la propagande pour la campagne présidentielle ; je voulais familiariser les lecteurs à ma façon de penser inspirée par la théorie des systèmes, notamment par le paradoxe. La logique de l'univers n'est pas une logique où A et B s'excluent ; c'est la coexistence des contraires, qui restent des contraires. Donc, au lieu d'opposer systématiquement ce qui est contraire et de figer des antagonismes (le gagnant et le perdant ; la gauche et la droite…), en politique, quand on gère le pays, il faut savoir doser. Pensons aux philosophes présocratiques découvrant les principes permanents d'amitié et/ou d'hostilité entre les éléments (eau, terre, air, feu) : il faut faire avec ! Tout animal qui naît a deux enseignements contraires : ne t'occupe que de toi et fais gaffe à tous les autres ; que faire ?

Avez-vous l'impression d'avoir été entendu ? Êtes-vous optimiste ?

Cette manière de considérer les systèmes comme emboîtés ou empilés – et non en rapport d'opposition – n'est pas assez répandue, et je n'ai pas été lu ou entendu. En revanche, sur l'écologie en général, j'ai l'impression d'avoir été entendu ; quand j'ai commencé à me battre pour l'écologie, le mot n'était pas dans le *Dictionnaire Larousse…* Il y est entré depuis. Le mouvement s'est développé, la thématique aussi. Cependant, il y a le changement climatique, qui a été ma priorité de ministre. Mais y arrivera-t-on ? Je n'en suis pas sûr ; il y a trop de pétrole, trop de tout…

En quoi votre réflexion s'est-elle infléchie depuis ?

À l'époque du livre, je me sentais porte-parole du mouvement écologiste ; ma réflexion économique n'était pas encore affinée ; or, il faut pouvoir travailler, il faut que les entreprises prospèrent... Depuis *Sur la vague verte*, j'ai été maire : directement aux prises avec la misère sociale, j'ai appris à utiliser le budget dont je disposais. Puis j'ai été consultant ; d'idéaliste soixante-huitard que j'étais, je suis devenu plus réaliste. Ce que j'ai acquis également c'est un sentiment de solidarité avec le paysan des Andes, le pêcheur mauritanien, l'institutrice afghane... On a du mal à être Européen déjà... Alors le monde ! la planète ! J'entends parfois des gens qui se moquent du réchauffement climatique parce que l'hiver est froid, mais ils oublient les incendies de forêts en Australie au même moment. J'ai eu la chance de connaître le monde et de voir la diversité des sociétés.

Vos responsabilités de coordonnateur exécutif de la Conférence des Nations unies sur le Développement durable (Rio+20), qui vous ont été confiées par le Secrétaire général des Nations unies, Ban Ki-moon, en 2010, vous ont-elles permis d'agir davantage et plus librement que vos responsabilités antérieures, en particulier dans la politique française ?

L'écologie c'est la planète... Donc, indépendamment de tout ce qu'il faut faire pour sa ville, sa région, son pays, le voisinage, quand vous travaillez à New York, aux Nations unies, et que vous vous déplacez dans le monde entier, vous êtes légitime. D'autre part, même si la langue française est l'une des langues de travail des Nations unies, elle est peu utilisée et la « jet set » écolo mondiale parle l'anglais ; j'ai donc pu faire valoir mes points de vue sans trop de difficulté. C'est un paradoxe, mais pour faire connaître la France et la faire triompher... il faut parler l'anglais. Regardez *France 24* ! Oui, Rio+20 m'a apporté des satisfactions : beaucoup d'engagement, 500 milliards de dollars promis, trente recommandations aux chefs d'État, un accord intergouvernemental de soixante pages entre 193 pays ; certes il y a des freins (la crise économique, la politique des pays, la difficulté à tout suivre…), mais il y a eu un accord qui donne une instruction d'agir et une légitimité à cette action, avec dix décisions concrètes (une comptabilité économique au-delà du PIB, la prise en compte de la nature, des objectifs de développement durable à échéance 2015, etc.). Toutefois, est-ce que le riche, par exemple, va changer ses modes de vie et de consommation en pensant à l'humanité ?

Une question plus personnelle pour clore cet entretien… Comment vous appliquez-vous vous-même le devoir de citoyenneté écologique au quotidien ?

Je suis arrivé à l'écologie par le vélo ! C'est lui qui m'a façonné. En 1972, j'ai co-organisé la première manif à vélo… 10 000 personnes pour demander des vélos gratuits à Paris… C'est fait. On est content de se retourner et de voir que des choses ont été réalisées. Pour moi, l'engagement « écolo » ne doit pas être seulement intellectuel mais physique ; le corps doit participer. Sinon je suis « écolo » naturellement, comme Horace ou le paysan de l'Attique dans l'Antiquité ; je fais attention à ce que je mange : des légumes… et du poisson parce que je suis breton ; j'essaie de séparer mes déchets… bref des trucs tout simples.

Avez-vous une obsession « écolo » particulière ? Pour être écologiquement correct ?

Non. Je ne suis pas un ayatollah de l'écologie. Mais j'ai l'amour des animaux. Dans quelques années, notre génération sera jugée sur son comportement vis-à-vis des animaux. La nouvelle *Controverse de Valladolid* est là : les découvertes les plus récentes montrent que les animaux sont doués de raison et de sensibilité ; or, nous traitons les animaux, pour des raisons économiques, comme on traitait les esclaves au XVIIIᵉ siècle. Ce sont pourtant nos compagnons d'évolution.

Qu'avez-vous progressivement changé dans votre mode de vie depuis que vous avez affirmé votre souci de l'écologie et de l'environnement, en 1969, l'année du premier pas sur la Lune, comme vous l'avez déclaré ?

J'ai arrêté de fumer en 1981 : décision politique et non de santé. Quand on est porte-parole des écologistes, ce n'est pas possible de fumer ; j'ai remplacé la cigarette par un noyau de cerise ! En revanche, je n'ai jamais aimé les voitures ni l'odeur de l'essence et encore moins les hérissons morts le long des routes ; je n'ai donc pas eu à évoluer dans ce domaine.

Quelle est votre prochaine étape ? Votre prochain combat ?

Je m'intéresse au monde de l'entreprise car c'est une des principales institutions du monde moderne. Est-ce qu'on ne peut pas mieux l'organiser pour préserver le capital naturel ? L'idée nouvelle serait que l'entreprise appartient à tous ceux qui sont intéressés par sa marche, et non plus seulement à ses actionnaires. Par ailleurs, on s'est beaucoup occupé des océans et de l'atmosphère, mais pas des sols ; pourtant c'est vivant ; au microscope, un sol est un vrai zoo avec un admirable artisan sur qui prendre modèle : le ver de terre. Il faut simplement voir si on peut être utile ; dans la vie il y a les bœufs qui tracent leur sillon et les papillons qui passent d'une fleur à l'autre ; sans ces derniers que ferait-on ? Ils pollinisent. Il faut des papillons pour conseiller les politiques.

Que pensez-vous du gaz de schiste ?

En Chine, en Inde, aux États-Unis, le gaz de schiste contribue à la défaite du principal pollueur : le charbon. En France, le gaz russe ou algérien nous coûte très cher. S'il y a un moyen d'y substituer du gaz de schiste national, pourquoi s'en priver dans un contexte économique où les usines ferment les unes après les autres ? La première des choses est d'aller voir, d'explorer, puis, si les ressources sont là, de trouver le moyen de les exploiter correctement, avec l'accord des populations, et avec une taxe carbone affectée aux économies d'énergie et au développement des énergies renouvelables. Cela vaut aussi pour le pétrole de schiste. Dans les pays émergents, contrairement à l'Europe, les jeunes ont confiance dans la technique ; les mentalités ne sont pas frileuses devant tout ce qui comporte un risque. Une technique démoniaque, cela n'existe pas, on peut toujours l'améliorer ; et, par ailleurs, il n'y a pas de repas gratuit, que ce soit pour l'économie ou pour l'écologie. Le solaire, par exemple, consomme de l'espace.

C'est donc vers le monde de l'entreprise que vous voulez vous tourner à présent ?

On m'a fait remarquer récemment qu'aucune Constitution française ne mentionne le principe de la liberté d'entreprendre ; ce n'est pas normal. Bien sûr il ne faut pas être angélique, mais les idées néomarxistes sur lesquelles une partie de la gauche reste campée sont dépassées. Il faut absolument réconcilier la France avec l'entreprise. Oui, je l'affirme, on peut être en même temps écologiste et favorable à l'entreprise. L'entrepreneur n'est pas systématiquement un patron de caricature. À la vérité, il revient peut-être aux écologistes de diffuser l'esprit d'entreprise et de familiariser les Français avec la dimension économique du développement durable, c'est-à-dire la création de richesses. Les générations futures ne seraient pas servies si notre génération leur transmettait une économie en lambeaux.

CARTES

La Méditerranée antique (1 cm = 280 km)

© Les Belles Lettres

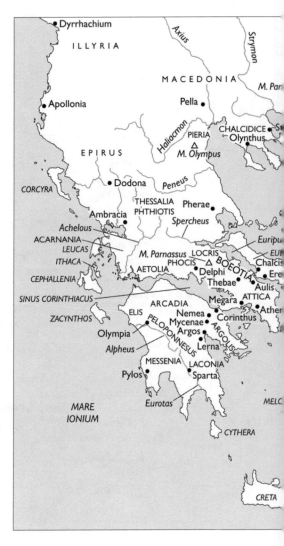

Le monde grec (1 cm = 98 km)

© Les Belles Lettres

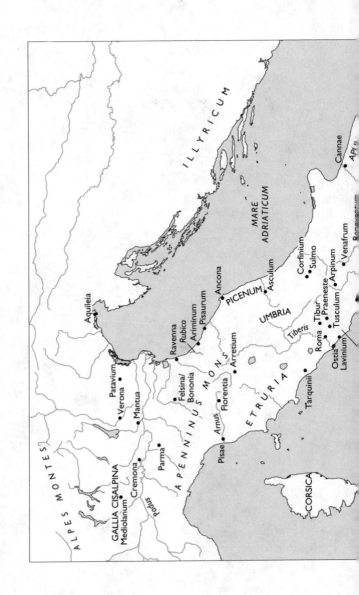

L'Italie antique (1 cm = 93 km)

© Les Belles Lettres

PRÉFACE

Peut-on parler d'écologie, d'écosystème
ou encore d'environnement à propos de l'Antiquité ?

L'écologie est un concept introduit en France par l'école des *Annales de Géographie*, plus particulièrement par Paul Vidal de la Blache, dans le prolongement des travaux de Friedrich Ratzel ; quant au terme, même si on le lit à travers ses composants, éco- (*oikos*, « la maison », « l'habitat ») et -logie, il date de 1873, en allemand, sous la forme *Ökologie* (Ernst Haeckel, *Morphologie générale des organismes*), pour désigner « la science des relations des organismes avec le monde environnant, c'est-à-dire, dans un sens large, la science des conditions d'existence » ; il faut attendre 1904 pour le voir naître dans la langue française, sous la forme *œcologie*.

Autant dire que traiter d'écologie(s) antique(s) peut apparaître comme un anachronisme propre à déchaîner les foudres des antiquisants classiques – autant que d'aborder Cicéron à travers la grille de lecture des *gender studies* (études consacrées au genre, le masculin ou le féminin). Et ils n'auraient pas tort de dire que tout le jargon, scientifique et/ou politique, généré par le concept d'écologie – biotique, biocénose, écosystème, biotope, écophysiologie, synécologie, biomes, etc. – est illisible au regard d'un monde qui ignorait l'industrie, les gaz à effet de serre, la couche d'ozone, la forêt amazonienne, le retrait de la banquise ou les algues vertes, sans qu'il faille pour autant le faire vivre « d'amour et d'eau fraîche ».

Et pourtant ! Au sens large, l'écologie ne désigne pas autre chose que le domaine de réflexion qui s'occupe de l'étude des interactions – ainsi que de leurs conséquences – entre les individus isolés ou en groupe, d'une part, et le milieu qui les entoure et dont ils font eux-mêmes partie, d'autre part. Sont alors concernés la totalité du monde vivant (humains, animaux, plantes, micro-organismes, etc.) mais également tout ce qui n'est pas vivant (les matériaux inorganiques, les objets, etc.). Faut-il dès lors toujours considérer le contenu auquel réfère le mot « écologie » comme totalement anachronique ?

Chercher l'existence de ce que recouvre aujourd'hui la « crise écologique » serait certes inepte ; mais vouloir faire l'histoire des liens qui existent entre l'homme et son environnement – dès l'Antiquité – est tout à fait judicieux. Cela revient à essayer de retrouver dans les textes grecs et latins ce que les auteurs disent, suggèrent ou taisent de ces liens. Sur le segment – pour employer un terme moderne qui ne laisse pas le mot « écologie » trop seul dans cette grande analepse vers le monde antique à laquelle notre *Signet* entraîne –, les savants ne sont pas nombreux, mis à part l'Italien Paolo Fedeli, et tout reste à faire, au-delà de simples constats ou relevés.

Les Grecs, les Perses, les Romains ou les Carthaginois – tous les peuples de l'Antiquité que nous allons convoquer à travers les textes – vivaient-ils réellement dans un monde qui ne connaissait ni spéculation immobilière, ni pollution, ni dé-naturation de l'environnement, ni falsification des produits naturels ? Nourriture bio, respect de la nature (les forêts, le littoral, le sous-sol), qualité de l'eau et de l'air ne sont pas des préoccupations datant seulement de l'ère dite industrielle. L'*industria*, « l'activité », des Grecs et des Romains mettait déjà à mal le royaume de Dame Nature, au nom du principe que l'homme ne peut se soumettre à son environnement naturel mais doit le dominer. Bien naturellement, des voix se sont élevées, dès les temps antiques, pour dénoncer cette attitude et ce discours. Il y a donc chez elles l'amorce d'un discours écologique. Et, dès lors, il n'est pas absurde de considérer que le combat écologique a déjà commencé pour sauver la planète et être éco-citoyen.

Notre *Signet* aurait pu s'intituler *ÉCOL-O²* ! Le dioxygène n'est-il pas indispensable à la vie ? Mais le combat écologique dont les Anciens ont posé les bases – en quelque sorte l'alpha –, appelle un Ω rimbaldien, prométhéen et démiurgique, celui de « Voyelles »… « Ô l'Oméga » ! Ce sera donc *ÉCOLΩ*.

ÉCOLΩ lancera tout d'abord un appel venu des temps antiques à repenser notre cadre de vie et nos modes de vie de manière *écolωgique* ; il fera également le constat que, même si l'écologie est un concept récent, les Grecs et les Romains, dans leurs raisonnements et/ou leurs comportements, étaient eux-mêmes parfois déjà *écolωgiques* sans être encore pleinement *écolωgistes*. Enfin, dans une réflexion sur les genres et les formes littéraires, pourquoi ne pas considérer qu'un certain type de textes et/ou d'œuvres puisse relever – au-delà d'une simple approche thématique – d'un genre nouveau, à la fois transgénérique et multiforme, qui constituerait la catégorie de l'*écolωgique* ?

Car, si le genre n'est pas encore né, les discours critiques le précèdent, avec l'écocritique qui rapproche littérature et environnement – esthétique littéraire et conscience environnementale – pour envisager si l'esthétique littéraire n'est pas une éco-*logie* et pour définir, même, l'existence d'une « écopoétique » ; cette voie a été prise en France par Alain Suberchicot, François Gavillon, Nathalie Blanc, Thomas Pughe ou Denis Chartrier (entre autres) – dans le sillage de l'*ecocriticism* post-moderniste anglo-saxon ; il existe une association, l'ASLE, et des colloques commencent à réunir les chercheurs, tel celui de Beyrouth 2014, coordonné par Dima Hamdan : « Écologie et Écocritique : la littérature dans ses états unis », autour des polarités « homme »/« nature » ou « exister »/« habiter » dans la littérature. Mais il s'agit encore essentiellement pour ces discours critiques de travailler sur la littérature nord-américaine.

Or, les auteurs grecs et latins dont nous allons revisiter les textes écrivent déjà – même sans le savoir – pour un monde en danger, mission que se donne l'écocritique. Il serait en effet grandement erroné de réduire la nature antique aux fameux *loci amoeni*, les « lieux agréables » de Théocrite et de Virgile. Et il y a bien, en Grèce et à Rome, le départ d'une littérature « post-pastorale », concept défini par Terry Gifford. Le monde antique est déjà un monde menacé ; la nature y est en danger, loin d'être seulement elle-même une source de dangers pour l'homme. *ÉCOLΩ* sonne ainsi comme un avertissement lancé à notre époque par les Anciens... il y a plus de deux mille ans déjà.

I

LA NATURE ET L'HOMME

ENVIRONNEMENT GÉOGRAPHIQUE
ET
TEMPÉRAMENT DES HOMMES

L'idée selon laquelle le climat pourrait influencer substantiellement la nature de l'être humain et de la société a particulièrement marqué la pensée de Montesquieu, dans son traité *De l'esprit des lois* ; la théorie des climats est connue : « Ce sont les différents besoins dans les différents climats, qui ont formé les différentes manières de vivre ; et ces différentes manières de vivre ont formé les diverses sortes de lois. » (3ᵉ partie, Livre XIV, chap. X) ; *La Germanie* de Tacite, auteur de prédilection de Montesquieu, n'y est pas étrangère.

Avant lui, le cortège est long de ceux qui avancèrent l'idée d'un déterminisme de l'environnement naturel sur le tempérament des hommes : Aristote, Posidonius d'Apamée, Hippocrate, Vitruve ; puis, plus tard, sans volonté d'exhaustivité, Ibn Khaldoun dans ses *Prolégomènes de l'histoire universelle* (1377), Jean Bodin dans ses *Six Livres de la République* (1576), Nicolas Boileau dans son *Art Poétique* (1674) et toute la philosophie des Lumières dont témoigne par exemple l'article « Climat » de l'*Encyclopédie* (1751-1772) ; la théorie des climats apparaît une dernière fois dans la philosophie allemande des premières années du xixᵉ siècle, avec Herder et Hegel (*La Raison dans l'histoire*).

L'environnement, le climat et les ressources naturelles d'une part, les caractéristiques physiques et les comportements humains d'autre part, voilà les éléments dont il faut partir pour constater l'action supposée – et bien attestée dans le discours des Grecs et des Romains – des premiers sur les seconds, dans l'attente de vérifier si, au-delà, on peut parler d'interaction réciproque.

Beaucoup de savants et d'intellectuels se sont élevés contre cette lecture du monde associant théorie de la race et théorie de l'environnement ; elle est largement rejetée de nos jours comme intolérable, après avoir été le fondement de politiques de colonisation. Que l'on songe à l'*Essai sur l'inégalité des races humaines* de Gobineau en 1855, faisant de la race indo-européenne l'ancêtre de toutes les classes dirigeantes de l'Europe ! Les conséquences funestes de ce mythe pour l'Histoire sont tristement connues entre XIXe et XXe siècles – avec *Le Choc des civilisations* d'un certain Samuel Huntington plus récemment.

C'est pourtant bien le discours qu'Hippocrate a légué au monde antique, dans *Sur les airs, les eaux et les lieux,* amplifié par l'un des deux grands maîtres à penser de l'Antiquité dans sa *Politique,* au livre VII. *Aristoteles dixit !* « Aristote a dit ! » Et, sans qu'on y associe systématiquement et idéologiquement la théorie de la race, les scientifiques cherchent à comprendre quelle peut être l'influence de l'environnement sur le génome ; théorie de l'évolution et théorie du transformisme ont opposé Darwin et Lamarck au XIXe siècle – rivales du fixisme. La question est toujours débattue, mais que ce soit l'environnement qui conditionne le génome ou les êtres vivants qui s'adaptent aux changements intervenant dans l'environnement, il y a bien un lien.

HOMÈRE
VIIIᵉ s. av. J.-C.

VIRGILE
Iᵉʳ s. av. J.-C.

CLAUDIEN
Vᵉ s. ap. J.-C.

Vitruve

C'est un spécialiste d'architecture qui donne la clé du parallèle qui peut être établi entre l'environnement naturel et les tempéraments humains. Dans le prolongement des philosophes hylozoïstes présocratiques d'Asie Mineure, qui croient que la matière est douée de vie par elle-même, il considère que les quatre éléments qui constituent l'univers déterminent tout ce qui naît, croît et meurt.

LES PRINCIPES VITAUX :
L'AIR, LE FEU, L'EAU, LA TERRE

L'un des Sept Sages, Thalès de Milet, professa que le principe de toutes choses est l'eau, Héraclite, le feu, les prêtres mages, l'eau et le feu ; disciple d'Anaxagore, Euripide – que les Athéniens appelèrent « le philosophe dramaturge » –, l'air et la terre ; il ajoutait que celle-ci, fécondée par les pluies du ciel qui l'imprègnent, avait produit les générations d'humains et de tout ce qui vit au monde, et que ce qu'elle avait créé, se désagrégeant sous l'inéluctable contrainte du temps, revenait encore en elle, et que ce qui naissait de l'air retournait pareillement vers les zones du ciel sans connaître l'anéantissement mais, transformé par sa désagrégation, retombait dans l'état particulier où il se trouvait primitivement. Pythagore cependant, Empédocle, Épicharme, d'autres physiciens aussi et philosophes posèrent l'existence de quatre principes : l'air, le feu, la terre, l'eau, dont la connexion étroite produit, suivant le schéma fixé par la nature, les qualités conformes à la diversité des espèces.

Or, nous remarquons que non seulement ce qui prend naissance est le produit de ces éléments, mais aussi que rien ne se nourrit sans leur action, ne se développe ni ne trouve protection. En effet, des corps privés d'afflux respiratoire ne peuvent pas conserver vie, si une

9

diffusion d'air ne développe pas sans relâche inspirations et expirations. Si la chaleur, d'autre part, n'est pas dans le corps en provision convenable, il n'y aura pas de souffle vital ni de stature ferme, et les aliments énergétiques ne pourront pas avoir leur coction au degré voulu. Pareillement, si les membres du corps ne sont pas nourris par les aliments de la terre, ils dépériront, perdant ainsi un de leurs composants, le principe terrestre.

Si, d'autre part, les êtres vivants sont privés de l'action de l'eau, vidés de leur sang et vidés de la sève que donne le principe liquide, ils se dessécheront totalement. Aussi l'Intelligence divine n'a-t-elle pas voulu que ce qui est particulièrement nécessaire aux humains soit peu accessible et cher, comme le sont les perles, l'or, l'argent et tous les autres biens que ne réclament ni notre corps ni notre nature ; mais ce sans quoi la vie des mortels ne peut être assurée, elle l'a répandu et offert à portée de main sur toute l'étendue du monde. Si donc, par exemple, un début d'asphyxie vient à se produire dans un corps, l'air dont la fonction est de suppléer à ce manque le comble. Disposées d'autre part, comme auxiliaires de la chaleur, l'ardeur du soleil et la découverte du feu rendent l'existence plus sûre. Pareillement, les fruits de la terre offrent une abondance d'aliments qui, comblant jusqu'aux désirs inutiles, sustente et entretient les êtres vivants d'une nourriture incessante. Quant à l'eau, en pourvoyant non seulement à la boisson, mais également à une infinité de besoins pratiques, elle présente dans ses divers usages l'agrément de la gratuité.

De l'architecture, VIII, 1

HOMÈRE
VIIIᵉ s. av. J.-C.

VIRGILE
Iᵉʳ s. av. J.-C.

CLAUDIEN
Vᵉ s. ap. J.-C.

Hippocrate

Dans un discours strictement médical, Hippocrate fait dépendre les différences, plus grandes qu'en Asie, entre les peuples de l'Europe du taux de coagulation du sperme, mais celui-ci n'est pas dû à un autre facteur que le climat. S'ajoutent encore, pour expliquer les différences physiques et mentales entre les peuples de l'Europe, la qualité du sol, le relief, la présence de fleuves ou les vents.

DIS-MOI COMMENT COAGULE TA SEMENCE
ET JE TE DIRAI QUI TU ES

Quant à la population du reste de l'Europe, elle offre en son sein des différences aussi bien par la taille que par l'aspect physique, à cause des changements de saisons qui sont grands et fréquents, avec des chaleurs fortes et des hivers rudes, des pluies abondantes et inversement des sécheresses prolongées, et avec des vents d'où résultent des changements nombreux et divers. De ces conditions, il est naturel que la population se ressente et qu'en particulier la génération, lors de la coagulation de la semence, varie et ne soit pas la même chez le même individu en été et en hiver, ni non plus par temps pluvieux et par temps sec. C'est pourquoi, à mon sens, le corps présente plus de variations chez les Européens que chez les Asiatiques, et que la taille offre les différences les plus grandes au sein même de la population dans chaque cité ; car il se produit plus d'altérations au moment de la coagulation de la semence quand les changements de saisons sont fréquents que quand les saisons sont proches et semblables. Et pour le moral, le raisonnement est le même. La sauvagerie, l'inflexibilité et la fougue existent en un tel naturel ; car les chocs fréquents subis par l'esprit y implantent la sauvagerie, tandis qu'ils effacent la douceur et l'aménité. C'est pourquoi les habitants de l'Europe sont plus vaillants, à mon sens, que ceux de l'Asie ; car dans un climat toujours à peu près égal règnent les conduites indolentes, tandis que dans un climat changeant ce sont des conduites endurantes, pour l'âme comme pour le corps, et à partir de l'oisiveté et de l'indolence la lâcheté grandit, tandis qu'à partir de l'endurance et des efforts, c'est le courage. C'est à cause de cela que les habitants de l'Europe sont plus belliqueux.

Il existe aussi en Europe des nations qui diffèrent les unes des autres par leur taille, leur aspect physique et leur courage. Les facteurs qui provoquent ces différences sont ceux qui ont déjà été mentionnés dans les développements précédents. Je vais, toutefois, faire un exposé encore plus précis. Chez ceux qui habitent en pays montagneux, raboteux, élevé et riche en eaux, et qui sont soumis à des changements de saisons comportant de grands écarts, dans cet endroit-là, il est normal que des corps soient grands et naturellement bien disposés pour l'endurance et le courage et que de tels naturels possèdent la sauvagerie et la férocité à un degré qui n'est pas du tout négligeable. En revanche, ceux qui habitent des lieux enfoncés, couverts de prairies et étouffants, qui ont part plus aux vents chauds qu'aux vents froids et qui usent d'eaux chaudes, ceux-là ne peuvent certes pas être grands ni élancés, mais ils ont poussé en largeur, sont charnus, ont les cheveux foncés, sont eux-mêmes de teint plutôt foncé que blanc et, par ailleurs, ils sont moins phlegmatiques que bilieux. Quant au courage et à l'endurance, ces qualités de l'âme ne peuvent certes pas exister de par la nature au même degré, mais la loi s'y ajoutant peut les parfaire, dans la mesure où ce trait de caractère n'est pas inné en eux. Et s'il y a des fleuves dans ce pays qui drainent hors de lui l'eau stagnante et l'eau de pluie, ces gens-là jouiront d'une meilleure santé et auront le corps souple ; mais s'il n'y a pas de fleuves et s'ils boivent des eaux de fontaine et des eaux stagnantes et marécageuses, il est nécessaire que de telles constitutions soient plutôt ventrues et malades de la rate. D'autre part, chez ceux qui habitent un pays élevé, lisse, venteux et riche en eaux, les corps seront grands et proches l'un de l'autre, mais les esprits seront moins courageux et plus doux ; car chez ceux qui habitent un pays au climat tempéré et qui usent aussi d'eaux très abondantes et bonnes, chez ces gens-là, le physique et le moral sont bons ; ils sont bien en chair, de grande stature et se ressemblent entre eux. Mais chez ceux qui habitent des lieux au sol léger, dépourvus d'eau, dénudés et ne jouissant pas, par ailleurs, d'un climat tempéré, à cause des changements de saisons, il est normal que, dans ce pays-là, les corps soient durs, tendus, plutôt blonds que foncés, et que, pour les mœurs et le caractère, ils soient fiers et indépendants. Car là où les changements de saisons sont les plus fréquents et où les saisons diffèrent le plus entre elles, dans ce lieu vous trouverez que les corps, les mœurs et les natures diffèrent le plus. Voilà donc ce qui cause les plus grandes différences que connaisse la nature humaine. Viennent ensuite le pays dans lequel on se nourrit, et les eaux. De fait vous trouverez, en règle générale, qu'à la nature du pays se conforment et le physique et le moral des habitants.

Airs, eaux, lieux, XXIII, 1, 21-3, 7 ; XXIV, 1, 8-9, 7

HOMÈRE
VIIIᵉ s. av. J.-C.

VIRGILE
Iᵉʳ s. av. J.-C.

CLAUDIEN
Vᵉ s. ap. J.-C.

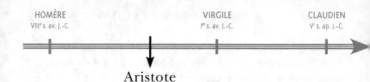

Aristote

Dans le prolongement d'Hippocrate, Aristote théorise la différence entre les peuples de l'Asie et ceux de l'Europe, au livre VII de la Politique. *Le rôle déterminant du climat n'a pas seulement des effets sur l'organisme humain mais aussi sur le caractère des hommes. Le philosophe légitime ainsi la supériorité des Grecs par leur position intermédiaire entre l'Europe et l'Asie.*

GRECS DE SOUCHE

Les peuples des régions froides et ceux de l'Europe sont pleins de courage mais manquent plutôt d'intelligence et d'habileté ; aussi se maintiennent-ils dans une relative liberté mais ils manquent d'organisation politique et sont incapables de commander à leurs voisins. Les peuples de l'Asie, au contraire, sont dotés d'une nature intelligente et de capacité technique, mais ils manquent de courage, aussi demeurent-ils dans une soumission et un esclavage perpétuel.

Quant à la race des Hellènes, comme elle a géographiquement une position intermédiaire, ainsi participe-t-elle à ces deux types : elle est, en effet, courageuse et douée d'intelligence ; c'est pourquoi elle demeure libre, jouit de la meilleure organisation politique et est capable de commander à tous les peuples si elle parvient à une unité de constitution. La même diversité se retrouve aussi chez les peuples grecs comparés entre eux : les uns ont un naturel doué d'une seule qualité, les autres ont un heureux mélange de ces deux facultés. Il est donc évident que ceux qui sont prêts à se laisser docilement conduire à la vertu par le législateur doivent être naturellement doués d'intelligence et aussi de courage.

Quant à cette particularité que, au dire de certains, doivent avoir les *Gardes* – être aimables envers les gens connus, mais agressifs vis-à-vis des inconnus –, c'est, de fait, le « cœur » qui crée cette amabilité, car c'est cette faculté de l'âme grâce à laquelle nous aimons.

Politique, VII, 1327b-1328a

HOMÈRE
VIIIe s. av. J.-C.

VIRGILE
Ier s. av. J.-C.

CLAUDIEN
Ve s. ap. J.-C.

Cicéron

L'Arpinate n'est pas en reste ! Dans un contexte romano-campanien particulièrement tendu, il développe un raisonnement similaire pour différencier les Romains et les Carthaginois, mais également les Italiens de Campanie. Selon lui, ce ne sont pas les lois de la génétique qui déterminent le comportement des hommes, mais le contexte naturel et la situation géographique du pays dans lequel la vie quotidienne et l'existence se déroulent.

MER, MONTAGNE, CAMPAGNE :
LES TEMPÉRAMENTS Y DIFFÈRENT

Ce qui détermine le caractère des peuples, ce n'est pas tant l'origine et le sang que ce que la nature nous fournit pour l'ordinaire de la vie, ce qui sert à notre nourriture, à notre subsistance. Les Carthaginois étaient portés à la fraude et au mensonge, non par tempérament mais à cause de la situation de leur pays. Leurs ports les mettant en relations avec une foule de trafiquants et d'étrangers d'origines diverses, l'amour du gain les inclinait à la tromperie. Les Ligures des montagnes sont durs et sauvages : ils ont été formés par leur sol même, qui ne produit rien qu'à force de culture et de travail. Les Campaniens se sont toujours enorgueillis de l'excellence de leurs terres, de l'abondance de leurs récoltes, de la salubrité, de l'heureuse ordonnance et de la beauté de leur ville. C'est à cette abondance et à cette affluence de tous les biens qu'est liée tout d'abord cette arrogance qui engagea Capoue à réclamer à nos ancêtres le privilège de fournir l'un des deux consuls, et ensuite cette mollesse qui vainquit par la volupté Hannibal lui-même, que les armes n'avaient pu vaincre encore. Lorsque dans ce pays les décemvirs auront, en vertu de la loi de Rullus, installé cinq mille colons, établi cent décurions, dix augures, six pontifes, imaginez leur fierté, leur emportement, leur insolence. Rome, placée dans un site de montagnes et de vallées et comme suspendue dans les airs avec ses maisons à plusieurs étages, percée de rues médiocres et très étroites, Rome, en comparaison de leur Capoue, qui s'étale au milieu d'une vaste plaine, dans une admirable situation, sera l'objet de leurs moqueries et de leur mépris. Les champs du Vatican et de la région Pupinienne ne leur paraîtront sans doute pas dignes d'être comparés à leurs riches et fertiles campagnes. Mais les villes qui en grand nombre avoisinent Capoue, c'est par dérision et par plaisanterie qu'ils les mettront en parallèle avec les nôtres. C'est Véies, Fidènes, Collatia et, ma foi, Lanuvium même, Aricia, Tusculum qu'ils compareront avec Calès, Teanum, Naples, Pouzzoles, Cumes, Pompéi, Nuceria.

Sur la loi agraire, 2, 35

HOMÈRE
VIIIᵉ s. av. J.-C.

VIRGILE
Iᵉʳ s. av. J.-C.

CLAUDIEN
Vᵉ s. ap. J.-C.

Vitruve

*Toujours dans le prolongement d'Hippocrate, Vitruve lie
influences du climat et constitution physique ou caractère des
hommes ; plus particulièrement, c'est le timbre de la voix qui
change selon qu'un pays est sec ou humide.*

VOIX FAIBLES ET AIGUËS AU SUD,
VOIX GRAVES ET PROFONDES AU NORD

Le timbre de la voix présente également des différences et des variations d'une population à l'autre. En
voici la cause : la limite qui, d'Est en Ouest, cerne le plan
de niveau de la Terre et sépare l'univers en deux parties,
supérieure et inférieure, paraît former un cercle, disposé
de niveau par la nature, que les mathématiciens appellent
aussi « horizon ». Cette donnée donc étant admise et fixée
dans notre esprit, traçons une ligne depuis le bord de la
partie nord jusqu'au bord qui domine le point sud de
l'axe du monde ; puis, de là, une seconde ligne, montant
en oblique vers le « pivot » supérieur, derrière les étoiles
de la Grande Ourse : nous remarquerons sans hésita-
tion qu'il y a ainsi dans le monde une figure triangu-
laire, comparable à l'instrument que les Grecs appellent
sambyque. En conséquence, s'agissant de la partie des
régions méridionales la plus proche du « pivot » inférieur, par rapport à la ligne d'axe, la faible élévation
du ciel fait que les populations qu'il surplombe ont un
son de voix grêle et suraigu, comparable à celui de la
corde de la *sambyque* la plus proche de l'angle. Puis, leur
tension allant diminuant, les cordes suivantes établissent,
dans les populations, jusqu'à la Grèce qui est au centre,
une échelle de sons. C'est de même d'après une progres-
sion régulière que, dans les populations, depuis la partie
centrale jusqu'à l'extrême Nord, là où s'élève au plus
haut le ciel, la nature rend plus graves les sons émis par

la voix. Du fait de son inclinaison et en fonction de la température que donne le soleil, le système du monde paraît ainsi composer, dans un accord parfait, un tout harmonieux. Les populations donc qui sont dans la zone médiane entre les pivots sud et nord de l'axe du monde ont, en parlant, un son de voix moyen, accordé avec le diagramme musical. S'avance-t-on vers le Nord ? Les populations de ces zones, au-dessus desquelles le ciel est plus haut et où l'humidité ramène les sons émis jusqu'à l'hypate et au *proslambanomenos*, reçoivent nécessairement de la nature un timbre plus grave. Pareillement, si l'on s'avance de la zone médiane jusqu'au Sud, le timbre de voix des populations est le timbre grêle et suraigu des paranètes et des nètes. Or, que les sons graves sont bien un effet des climats humides, les sons aigus des climats très chauds, l'expérience suivante permet de le constater : prenons deux coupes ayant eu, dans un même four, une cuisson identique, d'un poids identique et rendant un même son à la percussion. Plongeons-en une dans l'eau, puis retirons-la de l'eau. Frappons-les alors l'une et l'autre. C'est un fait qu'après cette opération la différence du son rendu sera considérable entre elles et que leur poids, nécessairement, ne sera pas le même. D'une manière analogue, si c'est d'un même type que procède la constitution physique des hommes, et d'un même système de l'univers, la chaleur d'une région fait que les sons émis au contact de l'air sont aigus chez certains, cependant que l'abondance d'humidité donne à d'autres un timbre de voix très grave.

De l'architecture, VI, 1, 3-10

HOMÈRE
VIIIᵉ s. av. J.-C.

VIRGILE
Iᵉʳ s. av. J.-C.

CLAUDIEN
Vᵉ s. ap. J.-C.

Pline l'Ancien

Les Éthiopiens qui vivent au sud et les hommes qui habitent au nord représentent des types extrêmes de l'humanité, sous l'influence du ciel. Au milieu, bénéficiant de conditions naturelles meilleures, il y a les nations qui exercent leur hégémonie.

L'HUMANITÉ DES EXTRÊMES

Il est hors de doute que les Éthiopiens sont rôtis par la radiation de l'astre tout proche et ont en naissant l'air brûlé du soleil, que leur barbe et leurs cheveux sont crépus, tandis que dans la zone contraire les races ont la peau blanche et glacée avec de longs cheveux blonds ; le froid raide de l'air rend ces derniers sauvages, sa mobilité rend les autres sages et leurs jambes mêmes fournissent la preuve que chez les uns l'action de la radiation solaire attire les sucs dans le haut du corps et que chez les autres ils sont refoulés dans ses parties inférieures par la chute des liquides. Dans la région glaciale, on rencontre des bêtes pesantes, dans l'autre des animaux de formes variées, et surtout de nombreuses espèces d'oiseaux dont le feu céleste accélère la vitesse. Mais dans les deux régions, les êtres sont de grande taille, là sous la poussée des feux, ici nourris par l'humidité. Quant à la zone intermédiaire, grâce à un salutaire mélange des deux éléments, les terres y sont fertiles en produits de toutes sortes, la taille des êtres mesurée, avec une juste proportion même dans la couleur de la peau ; les mœurs y sont douces, le jugement clair, l'intelligence féconde et capable d'embrasser la nature tout entière ; en outre, ces races détiennent des empires que n'ont jamais possédés celles des régions extrêmes ; en revanche, même ces dernières ne leur ont pas été soumises, mais détachées du reste du monde, elles sont vouées à la solitude par des excès de la nature.

Histoire naturelle, II, 80

HOMÈRE
VIIIe s. av. J.-C.

VIRGILE
Ier s. av. J.-C.

CLAUDIEN
Ve s. ap. J.-C.

Hippocrate

*Hippocrate prend l'exemple des peuples qui habitent la région
marécageuse du Phase pour montrer l'influence directe du milieu
naturel sur le milieu humain. Plus loin, aux chapitres 17-22, ce
sont les Scythes, en Europe cette fois, qui lui permettent de faire
le même constat.*

PEUPLES DU PHASE : PEUPLES DÉPHASÉS ?

Venons-en aux habitants du Phase. Ce pays-là est
marécageux, chaud, humide et couvert d'une végétation
dense. Des pluies, là même, tombent en toute saison, à la
fois fréquentes et violentes. Les habitants passent leur vie
dans les marais ; leurs habitations de bois et de roseaux
sont construites au milieu des eaux ; ils se déplacent
peu à pied dans la ville et dans le port, mais avec des
pirogues faites d'un seul tronc d'arbre ils sillonnent le
pays en montant et en descendant, car les canaux sont
nombreux.

Les eaux qu'ils boivent sont chaudes et stagnantes,
putréfiées par le soleil et grossies par les pluies ; le Phase
lui-même est le plus stagnant de tous les fleuves et celui
qui coule le plus paisiblement. Les fruits qui viennent là
même sont tous atrophiés, amollis et inachevés à cause
de la grande quantité d'eau ; aussi ne mûrissent-ils pas.
Un brouillard épais provenant des eaux occupe le pays.
Voilà donc les raisons pour lesquelles les habitants du
Phase ont un corps différent de celui de tous les autres
hommes : pour la taille, ils sont grands ; pour l'épaisseur ils sont excessivement épais, aucune articulation
n'est visible ni aucun vaisseau, et ils ont un teint jaunâtre
comme s'ils étaient atteints d'hydropisie ; ils ont la voix
la plus grave de toutes, car l'air qu'ils respirent n'est pas
limpide, mais humidifié par le *notos* et brumeux. Pour
les efforts physiques, ils sont plutôt paresseux de naturel.

21

Les saisons ne comportent pas d'importants changements ni vers la chaleur étouffante ni vers le froid ; et les vents sont fréquents, de caractère austral, à l'exception d'une brise locale. Celle-ci souffle de temps en temps, violente, pénible et chaude ; on appelle ce vent *cenchron*. En revanche, le borée ne pénètre pas souvent, et quand il souffle il est sans force et atténué.

Airs, eaux, lieux, XV

HOMÈRE
VIIIe s. av. J.-C.

VIRGILE
Ier s. av. J.-C.

CLAUDIEN
Ve s. ap. J.-C.

Tacite

Il ne peut y avoir qu'une vie difficile dans un pays où la forêt et les marécages recouvrent les terres au lieu de champs cultivables ; c'est pourtant le lot des Germains. Cela en fait des barbares. Quant au sentiment de Tacite à leur égard, il est complexe : mènent-ils une vie primitive ou offrent-ils un miroir inversé de leurs excès aux Romains ?

LES GERMAINS ?
UN PEUPLE QUI N'EST PAS GÂTÉ PAR LA NATURE

Ils ont des yeux bleus pleins d'agressivité, des cheveux roux, des corps d'une haute stature et vigoureux – mais pour un premier effort seulement ; car ils n'ont pas la même endurance pour les travaux pénibles et, si leur climat ou leur sol les ont habitués à endurer le froid et la faim, ce n'est pas du tout le cas de la soif ni de la chaleur.

Une certaine diversité caractérise le pays en apparence, mais globalement c'est une terre tantôt hérissée de forêts, tantôt noyée de marécages, plus humide ou plus battue par les vents selon qu'elle regarde les Gaules ou le Norique et la Pannonie ; c'est une terre assez fertile, mais impropre aux arbres à fruits ; le bétail y abonde mais, la plupart du temps, les animaux sont de petite taille. Et même le gros bétail semble avoir perdu sa noblesse naturelle et ses cornes majestueuses ; les gens se réjouissent plutôt du grand nombre des bêtes, car elles constituent leurs seules richesses et le bien qu'ils estiment le plus.

J'ignore si c'est par bienveillance ou dans leur colère, mais les dieux leur ont refusé l'argent et l'or ; pour autant, je ne saurais affirmer qu'aucun filon en Germanie ne produise ces métaux : qui a jamais pensé à fouiller pour qu'on dise le contraire ? En fait, ils n'attachent pas à leur possession et à leur usage les mêmes idées que nous.

La Germanie, IV, 2-V, 3 (traduction Patrick Voisin).

HOMÈRE
VIIIᵉ s. av. J.-C.

VIRGILE
Iᵉʳ s. av. J.-C.

CLAUDIEN
Vᵉ s. ap. J.-C.

Quinte Curce

À un degré ultime de barbarie, il y a les Paropamisades, sur la route d'Alexandre et de son armée, du côté de l'Hindu Kush, en Asie.

C'EST LA NATURE SAUVAGE DES LIEUX QUI FAIT LE SAUVAGE

Quant au roi, il pénétra avec ses troupes chez une nation que ses voisins même connaissaient mal car l'absence de commerce interdisait tout rapport de réciprocité. On appelle Paropamisades ces sortes de sauvages, les moins policés des Barbares ; l'âpreté du milieu physique avait encore endurci le caractère des hommes. Le pays s'oriente en grande partie vers le pôle glacial du Septentrion : sur l'Occident, il rejoint la Bactriane, et la partie méridionale est en direction de la mer indienne. Les cabanes, fondations comprises, sont de briques ; et comme le terrain ne donne pas de bois, même sur la croupe dénudée des montagnes, cette même brique sert à édifier les maisons jusqu'à leur faîte. Mais la bâtisse, évasée du bas, diminue insensiblement de largeur à mesure qu'elle s'élève et, à la fin, elle se resserre à peu près en façon de carène. On laisse là une ouverture, et on reçoit la lumière par le haut. Les vignes et les arbres, qui ont pu résister en un pays si glacé, sont enfouis profondément. L'hiver, ils restent cachés dans leur trou et, quand l'hiver, dissipé, découvre le sol, ils sont rendus au ciel et au soleil. Mais la terre supporte une telle épaisseur de neiges, durcies par le gel et un froid à peu près ininterrompu, qu'on ne trouve même pas trace d'oiseaux ou de bêtes fauves. La lumière du ciel a plutôt l'obscurité d'une ombre : on dirait la nuit, si bien qu'on a peine à distinguer les objets qui sont à proximité. L'armée, isolée parmi cette absence si complète de civilisation, souffrit alors de tous les maux qu'il est possible d'endurer : famine, froid, épuisement, désespoir.

Histoires, t. II, VII, 3

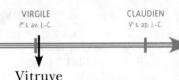

HOMÈRE
VIIIᵉ s. av. J.-C.

VIRGILE
Iᵉʳ s. av. J.-C.

CLAUDIEN
Vᵉ s. ap. J.-C.

Vitruve

La supériorité du peuple romain est clairement corrélée à la situation géographique du pays où il vit. C'est la nature des lieux qui a donné aux Italiens – et aux Romains pour y établir leur ville – toutes les conditions propices au développement de leur corps et de leur âme.

ENTRE SEPTENTRION ET MIDI, IL Y A L'ITALIE

Les dispositions que la nature a établies dans l'univers étant donc telles, et toutes les nations étant différenciées par le déséquilibre de leurs composantes, le territoire idéal, sur l'étendue de la Terre entière et de ses régions, est celui qu'occupe, au centre du monde, le peuple romain. C'est de fait dans les populations d'Italie qu'en matière d'endurance, et sous le double rapport de la constitution physique et de la force morale, se rencontre l'équilibre le plus achevé. De même en effet que la planète Jupiter, se déplaçant à mi-distance entre la planète brûlante de Mars et la planète glacée de Saturne, est elle-même tempérée, de la même manière l'Italie, située entre Nord et Sud, possède, par la combinaison de cette double influence, un équilibre de qualités insurpassables : sa sagesse politique brise le courage des Barbares, la force de son bras, les calculs des habitants du Sud. C'est ainsi que l'Intelligence divine a établi l'État romain dans une région tempérée exceptionnelle, de manière qu'il assure sa domination sur toute l'étendue du monde.

De l'architecture, VI, 1, 10-11

LA TRADITION DES *LAUDES*
(LOUANGES)

L'opposition Grecs ou Romains *vs* Barbares (Orientaux, Carthaginois ou Germains) – et la nécessaire supériorité des uns sur les autres en termes de races – est tributaire de cette vision du monde physique. Les Grecs puis les Romains vont donc célébrer leur propre sol, terre, pays ou terroir. Les *laudes Asiae, laudes Europae, laudes Italiae* ou *laudes Romae* constituent un discours topique, largement repris dans la littérature, plus particulièrement poétique, dans une perspective idéologique : légitimer la puissance politique. Il n'y a pas véritablement de *laudes Graeciae*, les Grecs n'ayant pas eu conscience que leurs cités très souvent en guerre les unes contre les autres constituaient un pays ; ils ont donc fait l'éloge tantôt de l'Asie, tantôt de régions ou de villes de la Grèce (l'Arcadie, Athènes, etc.), tantôt encore de l'imaginaire Atlantide, selon le lieu ou le moment. Théorie de l'environnement et théorie des races vont inévitablement se croiser une fois encore.

Les Anciens auraient-ils été chauvinistes ou cocardiers ? On appelle chauvinistes ceux qui manifestent de façon excessive et trop exclusive leur patriotisme, leur nationalisme ou leur régionalisme. Anachronisme, si l'on sait que le premier mot vient du soldat du Ier Empire Nicolas Chauvin, médiatisé mais ridiculisé par la comédie *La Cocarde tricolore* des frères Cogniard, en 1831 ; et, de façon plus large, il y a la figure du « soldat-laboureur », patriote cultivant et défendant sa terre, mis en scène par Eugène Scribe en 1821, dans une comédie du même nom *Le Soldat laboureur*. Leur archétype lointain dans l'Antiquité est un certain Lucius Quinctius Cincinnatus, le Romain célèbre des premiers temps de la République. Cincinnatus se consacrait à la culture de ses terres quand le Sénat le supplia d'accepter le commandement suprême ; alors qu'il savait que son départ risquait d'appauvrir sa famille si les récoltes n'étaient pas assurées pendant son absence, il accepta pour sauver sa patrie et, en seize jours, il battit les Èques. Aurélius Victor conclut : « Il déposa la dictature seize jours après l'avoir acceptée, et retourna cultiver son champ. »

Le soldat Chauvin ne serait qu'une légende créée par des chansonniers et des vaudevillistes, puis reprise par des historiens, sous la Restauration et pendant la Monarchie de Juillet, mais le mot « chauvinisme » est bel et bien une réalité linguistique aujourd'hui pour désigner un sentiment tel que celui que les Grecs puis les Romains ressentirent à plusieurs niveaux. Et Cincinnatus fut à sa manière un soldat-laboureur chauviniste qui est devenu légendaire.

Éloges de l'Atlantide, éloges de l'Asie, éloges de l'Europe, éloges de l'Italie, éloges de Rome prennent le relais du simple éloge de la nature – car toutes les natures ne se valent pas – et se multiplient au cours des différents siècles pour dresser un panégyrique de ceux qui y habitent : chanter les louanges de la région du monde où l'on vit ne peut conduire qu'à son autocélébration ; ou, plutôt, le plus court chemin pour s'autocélébrer n'est-il pas de vanter cette partie du monde bénie des dieux où l'on vit ?

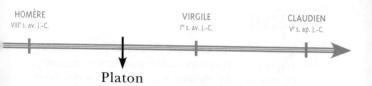

HOMÈRE
VIIIe s. av. J.-C.

VIRGILE
Ier s. av. J.-C.

CLAUDIEN
Ve s. ap. J.-C.

Platon

Le mythe de l'Atlantide offre la première louange : celle d'une nature prolifique en métaux, animaux et culture.

UN PAYS DE COCAGNE

Ainsi naquit d'Atlas toute une race nombreuse et chargée d'honneurs. Toujours le plus vieux était roi et il transmettait sa royauté à l'aîné de ses enfants. De la sorte, ils conservèrent le pouvoir pendant de nombreuses générations.

Ils avaient acquis des richesses en telle abondance que jamais sans doute avant eux nulle maison royale n'en posséda de semblables et que nulle n'en possédera aisément de telles à l'avenir. Ils disposaient de tout ce que pouvait fournir la ville elle-même et aussi le reste du pays. Car, si beaucoup de ressources leur venaient du dehors, du fait de leur empire, la plus grande part de celles qui sont nécessaires à la vie, l'île elle-même les leur fournissait. D'abord tous les métaux durs ou malléables que l'on peut extraire des mines. En premier lieu, celui dont nous ne connaissons plus que le nom, mais dont il y avait alors, outre le nom, la substance même, l'orichalque. On l'extrayait de terre en maints endroits de l'île : c'était le plus précieux, après l'or, des métaux qui existaient en ce temps-là. Pareillement, tout ce que la forêt peut donner de matériaux propres au travail des charpentiers, l'île le fournissait avec prodigalité. De même, elle nourrissait en suffisance tous les animaux domestiques ou sauvages. L'espèce même des éléphants y était très largement représentée. En effet, non seulement la pâture abondait pour toutes les autres espèces, celles qui vivent dans les lacs, les marais et les fleuves, celles qui paissent sur les montagnes et dans les plaines, mais elle regorgeait pour toutes, même pour l'éléphant, le plus gros et le plus vorace des animaux. En outre, toutes les essences aromatiques, que nourrit encore maintenant le sol, en quelque endroit que ce soit, racines, pousses ou bois des arbres, résines qui distillent des fleurs ou des fruits, la terre alors les produisait et les faisait prospérer. Elle donnait encore et les fruits cultivés et les graines qui ont été faites pour nous nourrir et dont nous tirons les farines (nous en nommons céréales les diverses variétés). Elle produisait ce fruit ligneux, qui nous fournit à la fois des breuvages, des aliments et des parfums, ce fruit écailleux et de conservation difficile qui a été fait pour nous instruire et nous amuser, celui que nous offrons, après le repas du soir pour dissiper la lourdeur d'estomac et soulager le convive fatigué. Oui, tous ces fruits-là, l'île, que le soleil éclairait alors, les donnait, vigoureux, superbes, magnifiques, en quantités inépuisables.

Ainsi, recueillant sur leur sol toutes ces richesses, les habitants de l'Atlantide construisirent les temples, les palais des rois, les ports, les bassins de radoub, et ils embellirent aussi tout le reste du pays.

Critias, 114-115

HOMÈRE
VIIIe s. av. J.-C.

VIRGILE
Ier s. av. J.-C.

CLAUDIEN
Ve s. ap. J.-C.

Hippocrate

La théorie moderne du déterminisme – que l'on fait tradi-
tionnellement partir d'Aristote – est due à Hippocrate de Cos qui
montre la supériorité de l'Asie sur l'Europe. Mais est-ce à l'avan-
tage des hommes qui habitent une Asie trop gâtée par la nature ?

TOUT EST BEAUCOUP PLUS BEAU
ET PLUS GRAND EN ASIE

Je dis que l'Asie diffère au plus haut point de l'Europe
par la nature de toutes choses, aussi bien des plantes qui
poussent du sol que des hommes. Car tout vient beaucoup plus beau et plus grand en Asie ; ce pays est plus
doux que l'autre et les caractères des hommes y sont plus
amènes et plus faciles. La cause en est le mélange tempéré
des saisons, parce que l'Asie est située à égale distance
des levers du soleil du côté de l'Orient, et à une plus
grande distance du froid. Or, ce qui contribue le plus à
la croissance et à la douceur dans tous les domaines, c'est
quand rien n'est prédominant avec violence mais que
règne en tout l'égalité. Cependant la situation à travers
l'Asie n'est pas partout semblable, mais la partie du
pays qui est située à égale distance du chaud et du froid
possède les plus beaux fruits, les plus beaux arbres, le
plus beau temps et jouit des eaux les plus belles, qu'elles
proviennent du ciel ou qu'elles sortent de la terre, car
elle n'est ni brûlée à l'excès par le chaud, ni consumée
par des sécheresses et le manque d'eau, ni violentée par
le froid, ni humidifiée par le *notos* et détrempée par des
pluies abondantes et par la neige.

Quant aux plantes saisonnières, il est normal qu'elles
poussent là même en grand nombre, soit qu'elles
proviennent de semences soit que d'elle-même la terre
les offre aux hommes qui consomment leurs fruits en
adoucissant ces plantes, de sauvages qu'elles étaient, et

en les transplantant dans un terrain convenable. Et le bétail élevé là, il est normal qu'il soit le plus prospère, le plus prolifique et le meilleur pour nourrir ses petits ; quant aux habitants, il est normal qu'ils soient bien en chair, les plus beaux de corps, les plus grands de taille et les moins différents entre eux aussi bien pour le corps que pour la taille. Et il est normal que cette contrée se rapproche le plus du printemps par la modération naturelle des saisons. Mais le courage, l'endurance, le goût de l'effort et la fougue ne sauraient exister en une telle nature […], ni d'une même espèce ni d'une autre espèce, mais il est nécessaire que le plaisir l'emporte.

Airs, eaux, lieux, XII, 2, 15 ; 7, 5

HOMÈRE
VIIIe s. av. J.-C.

VIRGILE
Ier s. av. J.-C.

CLAUDIEN
Ve s. ap. J.-C.

Strabon

En entrant par le détroit des Colonnes d'Hercule dans la mer qui sépare la côte de Libye et celle d'Europe, le géographe se propose de donner un aperçu global de l'Europe. Toutes les conditions naturelles semblent réunies pour que des sociétés organisées et puissantes s'y développent.

L'EUROPE EST ENTIÈREMENT HABITABLE

C'est par l'Europe qu'il nous faut commencer, parce qu'elle possède une grande variété de formes, qu'elle est la mieux douée en hommes et en régimes politiques de valeur, et qu'elle a été pour le monde la grande dispensatrice des biens qui lui étaient propres ; de plus elle est habitable dans sa totalité, sauf la petite fraction inhabitée par suite du froid, à la lisière de ces peuples qui vivent dans des chariots, vers le Tanaïs, le Méotis et le Borysthène. Dans le secteur habitable, les pays au climat rigoureux ou les régions montagneuses offrent par nature des conditions de vie précaires ; mais, avec une bonne administration, même les pays misérables et les repaires de brigands deviennent policés. Les Grecs par exemple, dans un pays de montagnes et de pierres, ont mené une vie heureuse grâce à l'intelligence qu'ils avaient de l'organisation politique, des techniques, et généralement de tout ce qui constitue l'art de vivre. À leur tour, les Romains, en prenant sous leur tutelle nombre de peuples naturellement peu policés du fait des pays qu'ils occupent, âpres ou dépourvus de ports ou glacés ou pénibles à habiter pour toute autre raison, ont créé des liens qui n'existaient pas auparavant et enseigné aux peuplades sauvages la vie en société.

Toute la partie de l'Europe qui est plate et jouit d'un climat tempéré est naturellement portée vers un tel mode de vie : dans un pays heureux tout concourt à la paix, tandis que dans un pays misérable tout conduit à la guerre et au mâle courage. Mais les peuples peuvent se rendre des services les uns aux autres : les uns offrent le secours de leurs armes, les autres celui de leurs récoltes, de leurs connaissances techniques, de leur formation morale. Bien évidemment, ils peuvent aussi se faire grand tort les uns aux autres s'ils ne se viennent pas en aide ; sans doute, ceux qui possèdent les armes l'emportent-ils par la force, à moins qu'ils ne soient vaincus par le nombre. Or il se trouve que, sous ce rapport aussi, notre continent est naturellement bien doué, car il est entièrement composé d'une mosaïque de plaines et de montagnes, de sorte que partout coexistent la tendance paysanne et sociale et l'instinct guerrier. C'est le premier élément qui domine, celui qui porte à la paix ; aussi règne-t-elle sur l'ensemble, grâce aussi à l'influence des peuples dominants, Grecs d'abord, Macédoniens et Romains ensuite. Ainsi, tant pour la paix que pour la guerre, l'Europe est totalement autonome : elle possède une réserve inépuisable d'hommes pour se battre, pour travailler la terre et pour administrer les cités. Une autre de ses supériorités est qu'elle produit les fruits les meilleurs, ceux qui sont indispensables à l'existence, ainsi que tous les minerais utiles ; elle ne fait venir de l'extérieur que des parfums et des pierres d'un grand prix, dont la privation ou l'abondance n'ajoute rien au bonheur de notre vie. L'Europe nourrit également des troupeaux en quantité, mais peu de bêtes sauvages. Telles sont, dans leurs grandes lignes, les caractéristiques de ce continent.

Géographie, II, 5, 26

HOMÈRE
VIIIe s. av. J.-C.

VIRGILE
Ier s. av. J.-C.

CLAUDIEN
Ve s. ap. J.-C.

Varron

Les laudes Italiae *trouvent leur point de départ chez un agronome. L'Italie est une terre comblée où la nature favorise le travail de l'agriculteur ; l'environnement naturel fait la supériorité de l'agriculture italienne, même si l'intervention humaine est nécessaire pour prendre le relais des bienfaits de la nature.*

L'ITALIE EST UN PAYS DE COCAGNE

Quand nous fûmes assis :

AGRASIUS. – Vous qui avez parcouru tant de pays, est-ce que vous en avez vu un mieux cultivé que l'Italie ?

AGRIUS. – Pour moi, je ne pense pas qu'il en existe qui soit aussi intégralement cultivé. D'abord, étant donné que le globe terrestre est divisé par Ératosthène en deux parties qui correspondent essentiellement à la nature des choses, l'une tournée au midi et l'autre au septentrion, et puisque sans aucun doute la partie septentrionale est plus salubre que la méridionale, et que les contrées les plus salubres sont les plus fertiles, et que l'Italie y est située, on doit dire qu'elle était plus propice à l'agriculture que l'Asie, d'abord parce qu'elle est en Europe, deuxièmement parce que notre zone est plus tempérée que la zone continentale. Car, à l'intérieur, on a des hivers presque éternels, et ce n'est pas étonnant puisque ces régions sont situées entre le cercle septentrional et le pôle, où le soleil, jusqu'à six mois de suite, n'apparaît pas. Aussi dit-on que de ce côté-là, dans l'océan même, la navigation est impossible, parce que la mer est gelée.

FUNDANIUS. – Voilà un endroit où tu penses que l'on pourrait faire pousser quelque chose, et, une fois poussé, le cultiver ! Il dit bien vrai le vers de Pacuvius, que si le soleil ou la nuit régnaient perpétuellement, le souffle du feu ou le froid feraient périr tous les fruits de la terre. Pour moi, ici où la nuit et le jour reviennent et s'en vont avec mesure, pourtant, les jours d'été, si je ne les coupais en intercalant une sieste à midi, la vie n'est pas possible. Mais là-bas, dans un jour ou une nuit de six mois, comment semer, faire croître ou récolter quoi que ce soit ? Au contraire, qu'y a-t-il en Italie d'utile qui non seulement ne pousse, mais encore ne vienne d'une qualité exceptionnelle ? Quel blé amidonnier comparer à celui de Campanie ? Quel blé poulard à celui d'Apulie ? Quel vin à celui de Falerne ? Quelle huile à celle de Venafrum ? L'Italie n'est-elle pas plantée d'arbres, au point de paraître tout entière un verger ? Est-ce que la Phrygie est plus couverte de vignes, elle qu'Homère appelle « terre de vignoble » ? ou de *triticum* Argos, que le même poète nomme « riche en blé » ? En quel pays un seul jugère produit-il des dix à quinze *cullei* de vin, autant que certaines régions d'Italie ?

Économie rurale, I, 2, 3-7

Virgile

C'est bien un discours idéologique au service d'un projet politique qui est écrit par une des plumes officielles du futur empereur Auguste – encore Octave au moment des Géorgiques –, puisque Virgile, relayé par Mécène à qui le poème fut dédié, lui aurait lu ce dernier pendant quatre jours, après la bataille d'Actium en 31 avant J.-C., avant de le parachever vers 28, juste avant qu'Octave ne devînt princeps, « le Prince ». Contrairement aux autres pays du monde connu, l'Italie est le pays qui rassemble tout ce que l'homme peut souhaiter ; elle peut donc se suffire à elle-même dans quelque domaine que ce soit et fait ainsi des Italiens des hommes supérieurs ; la propagande est évidente.

L'ÂGE D'OR REVISITÉ PAR L'ITALIE

Mais ni la terre des Mèdes, si riche en forêts, ni le beau Gange, ni l'Hermus, dont l'or trouble les eaux, ne sauraient lutter de mérites avec l'Italie, ni Bactres ni l'Inde ni la Panchaïe, toute entière couverte de sables thurifères. Notre pays n'a pas été labouré par des taureaux soufflant du feu par les naseaux pour recevoir comme semence les dents d'un dragon monstrueux ; il ne s'est pas hérissé d'une moisson belliqueuse de casques et de lances drues ; mais les épis lourds et la liqueur de Bacchus, le Massique, y donnent à plein ; il est couvert d'oliviers et de gras bétail. D'un côté le cheval de bataille s'élance, tête haute, dans la plaine ; de l'autre, ô Clitumne, les blancs troupeaux et le taureau, grande victime, ont été souvent baignés dans ton fleuve sacré, avant de conduire aux temples des dieux les triomphes romains. Ici règne un printemps perpétuel et l'été en des mois qui ne sont pas les siens ; deux fois les brebis y sont pleines, deux fois l'arbre y donne des fruits. Par contre, on n'y trouve pas les tigres féroces et la race cruelle des lions, ni les aconits qui trompent les malheureux qui les

cueillent, ni de serpent couvert d'écailles qui traîne à
terre d'immenses anneaux, ou qui ramasse en spirale un
corps si long. Ajoute tant de villes remarquables et de
travaux d'art, tant de places fortes bâties par la main de
l'homme sur des rochers abrupts, et de fleuves coulant
au pied de murailles antiques. Faut-il mentionner les
mers qui baignent notre pays, la Supérieure et l'Inférieure ? ou ses grands lacs : toi, Larius, le plus grand,
et toi, Benacus, dont les flots se soulèvent et grondent
comme une mer ? Faut-il mentionner nos ports, la digue
ajoutée en bordure du Lucrin, et la mer indignée qui s'y
brise avec grand fracas là où le ressac fait retentir au loin
l'onde Julienne, et où le flux Tyrrhénien pénètre dans les
eaux de l'Averne ? Notre pays aussi nous a décelé dans
ses veines des filons d'argent et des mines de cuivre ; l'or
même y a coulé en abondance. Notre pays a produit une
race ardente, les Marses et la jeunesse Sabellienne, et le
Ligure habitué à la vie dure, et les Volsques armés de
l'épieu ; il a produit les Décius, les Marius, les Camilles
au grand cœur, les Scipions endurcis à la guerre, et toi,
le plus grand de tous, César, qui, aujourd'hui vainqueur
aux ultimes confins de l'Asie, écartes des hauteurs de
Rome l'Indien désarmé. Salut, grande nourricière de
moissons, terre de Saturne, grande mère de héros : en
ton honneur j'entreprends de célébrer l'art antique qui
a fait ta gloire, j'ose ouvrir les sources sacrées et je chante
à travers les villes romaines le poème d'Ascra.

Géorgiques, II, 136-178

HOMÈRE
VIIIe s. av. J.-C.

VIRGILE
Ier s. av. J.-C.

CLAUDIEN
Ve s. ap. J.-C.

Pline l'Ancien

L'éloge d'une terre qui comble ses habitants se retrouve chez le naturaliste de l'époque impériale : conditions climatiques, environnement, tout contribue à une Italia felix, une « Italie heureuse », au-delà de la seule Campanie, qualifiée ainsi par la tradition. D'ailleurs, on y vit vieux en des temps où la durée de la vie était plus courte.

L'ITALIE : UN CHEF-D'ŒUVRE DE LA NATURE

Et je n'ignore pas que l'on pourrait à bon droit m'imputer un esprit ingrat et paresseux, si je ne parlais qu'en passant et au pas de course, comme je viens de le faire, d'une terre qui est à la fois l'enfant et la mère de toutes les autres, choisie par la volonté des dieux pour donner au ciel même plus d'éclat, rassembler des empires dispersés, adoucir les mœurs, rapprocher par la pratique d'une langue commune les idiomes discordants et sauvages de tant de peuples et faire naître le dialogue, donner aux hommes la civilisation, en un mot, devenir l'unique patrie de toutes les nations du monde entier. Mais comment faire ? Tant de gloire en ces lieux – qui pourrait les évoquer tous ? –, tant de célébrité chez chaque chose et chaque peuple ! On en reste saisi. La ville de Rome à elle seule dans cet ensemble, comme un visage qui mérite d'être porté par une aussi belle encolure, en quel ouvrage faudrait-il donc la décrire ? Et comment vanter ne serait-ce que la côte de la Campanie, avec sa fertilité et son opulence charmantes, qui montrent bien qu'en ce seul endroit la nature s'est plu à réaliser son chef-d'œuvre ? Ajoutez toute cette salubrité vivifiante qui se maintient d'un bout à l'autre de l'année, ce climat tempéré, ces campagnes fertiles, ces coteaux bien exposés, ces bocages sans rien de malsain, ces bois ombragés, ces forêts aux essences somptueuses, les brises fréquentes descendant des montagnes, cette fertilité en céréales, en vignes et en oliviers, les toisons réputées de ses moutons, les cous puissants de ses taureaux, tant de lacs, l'abondance de tant de fleuves et de sources qui l'arrosent tout entière, tant de mers et de ports, et la terre ouvrant de toutes parts son sein au commerce et, comme pour venir en aide aux mortels, s'avançant elle-même avec empressement dans les mers.

Histoire naturelle, III, 6, 39-41

VILLE OU CAMPAGNE ?

Le phénomène désigné par le mot « néo-rura-lisme » révèle de nos jours un intérêt grandissant pour la vie à la campagne de la part de citadins voulant fuir la pollution, le bruit et les nuisances. Et, parallèlement, les campagnes se vident toujours un peu plus de leurs cultivateurs, depuis l'ère industrielle. Ces migrations de populations entre la ville et la campagne ont eu lieu à toutes les époques : l'attrait de la ville pour les uns, celui de la nature pour les autres contribuent à ce double mouvement.

C'est le choix de vivre à la campagne qui nous inté-resse ici, *viure al pais*, « vivre au pays » diraient les adeptes de la vie au Larzac ! D'ailleurs, *Vivre à la campagne* est le titre d'un ouvrage de John Seymour appelant à écono-miser l'énergie, à profiter des ressources naturelles, à apprendre à recycler, etc. ; et l'on connaît l'aphorisme attribué tantôt à Alphonse Allais tantôt à Henri Monnier sous les formes : « Les villes devraient être construites à la campagne » ou « On devrait construire les villes à la campagne, l'air y est tellement plus pur ! », à partir de la phrase de Jean-Louis Auguste Commerson (1851) : « Si l'on construisait actuellement des villes, on les bâtirait à la campagne, l'air y serait plus sain. »

Malgré l'évolution des réalités sociales, l'opposi-tion ville/campagne (*urbs/rus*) est un débat classique, et il existe dans la littérature antique un *topos*, un « lieu commun », remontant à Homère, celui du *locus amoenus*, du « lieu agréable », alternative à la vie urbaine et aux rapports sociaux. C'est ce conflit ville/campagne qu'il faut à présent exhumer – c'est-à-dire « faire sortir de terre » –, pour faire apparaître ce qui a été pendant des siècles une idéologie de la terre, voire une religion de la terre. En face de la ville qui incarne toutes les pollutions et tous les désagréments dus à la vie en société, la campagne est un lieu d'équilibre et de vie naturelle. Tous les auteurs s'accordent à le montrer, qu'ils soient agronomes, poètes ou philosophes. Il faudrait donc, à l'image d'Horace prêt à décevoir Mécène, quitter la ville et retourner à la campagne, en Sabine.

« Aimer à loisir cette nature / Faite à souhait pour Fénelon », écrit Verlaine dans un poème des *Romances sans paroles* intitulé « Malines ». Fénelon, dans les *Aventures de Télémaque,* au second livre, célèbre la nature à la manière des Anciens : « Bientôt Apollon montra à tous ces bergers les arts qui peuvent rendre leur vie agréable. Il chantait les fleurs dont le printemps se couronne, les parfums qu'il répand et la verdure qui naît sous ses pas. Puis il chantait les délicieuses nuits de l'été, où les zéphyrs rafraîchissent les hommes et où la rosée désaltère la terre. Il mêlait aussi dans ses chansons les fruits dorés dont l'automne récompense les travaux des laboureurs, et le repos de l'hiver, pendant lequel la jeunesse folâtre danse auprès du feu. Enfin, il représentait les forêts sombres qui couvrent les montagnes et les creux vallons, où les rivières, par mille détours, semblent se jouer au milieu des riantes prairies. Il apprit ainsi aux bergers quels sont les charmes de la vie champêtre, quand on sait goûter ce que la simple nature a de merveilleux. »

Or, vouloir ressusciter le mode de vie rural en milieu urbain, voilà l'utopie – et non le fait de vouloir retrouver l'Âge d'or à la campagne. N'était-ce pas le pari du fameux Jardin d'Épicure, qui se trouvait au centre d'Athènes ? Pour vivre heureux, il fallait y vivre caché, afin de parvenir à la paix de l'âme.

HOMÈRE
VIIIᵉ s. av. J.-C.

VIRGILE
Iᵉʳ s. av. J.-C.

CLAUDIEN
Vᵉ s. ap. J.-C.

Sénèque

À la ville, en aucun cas l'intérieur de sa maison ne peut être un refuge ; on y est poursuivi par la pollution sonore des activités urbaines, qu'elle traverse les planchers ou qu'elle pénètre par les fenêtres. Le philosophe est mieux prémuni que le poète : le bruit s'arrête à sa porte. Mais il y a pire ! Ce sont les passions que nous avons à l'intérieur de nous-mêmes qui sont les plus difficiles à faire taire.

SEUL LE SAGE STOÏCIEN PEUT RESTER SOURD AU VACARME URBAIN

Me voici au milieu d'un vrai charivari. Je suis logé juste au-dessus d'un établissement de bains ; et maintenant représente-toi tout ce que peut la voix humaine pour exaspérer les oreilles. Quand les champions du gymnase s'entraînent en remuant leurs haltères de plomb, quand ils peinent ou font comme s'ils peinaient, je les entends geindre ; chaque fois qu'ils renvoient le souffle retenu, ce sont des sifflements, un halètement des plus aigres. Si je suis tombé sur quelque baigneur passif qui ne veut rien de plus que la friction populaire, j'entends le bruit de la main claquant sur les épaules avec un son différent, selon qu'elle arrive à creux ou à plat. Mais qu'un joueur de balle survienne et se mette à compter les points qu'il fait, c'est le coup de grâce. N'oublie pas le chercheur de querelles, le filou pris sur le fait, l'homme qui trouve que dans le bain il a une jolie voix. N'oublie pas la piscine et l'énorme bruit d'eau remuée à chaque plongeon. Outre ces gens qui, à défaut d'autre chose, ont des intonations naturelles, figure-toi l'épileur poussant d'affilée un glapissement en fausset, afin de signaler sa présence, et ne se taisant que pour écorcher les aisselles et faire crier un autre à sa place. Puis, c'est le marchand de saucisses, le confiseur et tous ces garçons de taverne qui ont chacun pour crier leur marchandise une modulation caractéristique.

« Tu es de fer, vas-tu me dire, ou tu es sourd, si tu ne perds pas la tête parmi tant de clameurs variées, dans un pareil tintamarre ; vois notre ami Chrysippus, à qui la salutation journalière fait endurer la mort. » Pour moi, je le garantis, ce brouhaha ne me trouble pas plus que la vague ou une chute d'eau, encore que, si j'en crois l'histoire, certain peuple ait déplacé sa ville principale, pour cette unique raison qu'il ne pouvait supporter le fracas d'une cataracte du Nil. À mon sens, l'accent de la voix distrait plus que le bruit : elle tire l'attention ; le bruit ne fait que remplir et frapper l'oreille. Dans ce qui résonne autour de moi sans me distraire je compte les voitures passant au galop et le charpentier mon locataire et le serrurier mon voisin, ou ce marchand qui, près de la *Meta Sudans,* essaie ses trompettes et ses flûtes, ne musiquant pas, piaillant. Plus encore que le son continu, je trouve gênant celui qui cesse par intervalles.

Au reste, je me suis dorénavant si bien aguerri à toutes ces misères que j'endurerais jusqu'à la voix terriblement stridente d'un chef de manœuvre marquant aux rameurs la mesure. Je force mon âme à se concentrer sur elle-même, sans diversion vers l'extérieur. Tout peut bien retentir au dehors, pourvu que le dedans soit sans tumulte, pourvu que le désir et la crainte ne se gourment pas, pourvu que l'avarice et le faste fassent bon ménage et se laissent l'un l'autre en paix.

Lettres à Lucilius, livre VI, 56, 1-5

HOMÈRE
VIIIᵉ s. av. J.-C.

VIRGILE
Iᵉʳ s. av. J.-C.

CLAUDIEN
Vᵉ s. ap. J.-C.

Horace

Comment écrire de la poésie dans le vacarme incessant de Rome ? La poésie demande le calme et la nature. C'est ce que le poète expliqua à Mécène qui voulait le retenir à Rome ; il lui fit comprendre que la protection dont il jouissait ne devait pas le priver de son indépendance. « Rome lui devenait insupportable, et il cherchait sans doute dans son esprit quelque moyen de fuir les importuns qui l'obsédaient, de retrouver la paix et la liberté qu'il avait perdues. C'est alors que Mécène lui donna le bien de la Sabine, c'est-à-dire un asile sûr qui le mettait à l'abri des fâcheux et où il allait ne vivre que pour lui-même », écrit Gaston Boissier dans La Maison de campagne d'Horace *(1895).*

LE FRACAS, DE JOUR COMME DE NUIT

Sans parler du reste, penses-tu qu'à Rome il me soit possible d'écrire des poésies, au milieu de tant d'occupations et de fatigues ? Celui-ci m'invite à lui servir de caution, cet autre à écouter ses écrits toute affaire cessante ; l'un est alité sur la colline de Quirinus, l'autre tout au bout de l'Aventin ; il faut leur rendre visite à tous deux ; tu vois que la distance est gentille et honnête. « Mais ce ne sont que rues larges et sans obstacles, où rien ne peut gêner la méditation. » C'est un entrepreneur qui se hâte, bouillant d'impatience, avec ses mules et ses portefaix, c'est un cabestan qui élève en tournant soit une pierre soit une poutre énormes, c'est un convoi funèbre qui dispute le passage à des chariots pesamment chargés ; d'un côté court un chien enragé, de l'autre un porc fangeux. Va maintenant, et médite des vers harmonieux.

Tous les écrivains en chœur aiment les bois et fuient les villes, clients, comme il sied, de Bacchus qui fait sa joie du sommeil et de l'ombre. Et tu veux, toi, qu'au milieu de ce fracas, de nuit et de jour, je chante et suive dans leur étroit sentier les traces des poètes inspirés ? Un homme de talent qui, ayant élu domicile dans la tranquille Athènes, a donné sept ans à l'étude et vieilli sur les livres et dans les pensées, bien souvent sort de chez lui plus silencieux qu'une statue et provoque les éclats de rire du public. Mais ici, au milieu du flot des affaires et des tempêtes de la ville, je jugerais qu'il n'est pas déplacé d'agencer des mots pour éveiller le son de la lyre ?

Épîtres, II, 2, 65-86

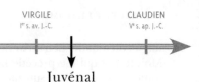

HOMÈRE
VIIIᵉ s. av. J.-C.

VIRGILE
Iᵉʳ s. av. J.-C.

CLAUDIEN
Vᵉ s. ap. J.-C.

Juvénal

La vie effrénée que mènent les habitants de Rome est un thème dont s'inspirera Boileau racontant les embarras de Paris, dans une poésie d'essence satirique. Mieux vaut donc acheter une maison à la campagne. La Rome impériale de Juvénal et Paris à l'époque de Boileau connaissent la même démographie galopante.

ROME, UNE VILLE QUI BROIE SES HABITANTS

Si tu as la force de t'arracher aux jeux du Cirque, tu te procureras à Sora, à Fabrateria, à Frusino, une très agréable maison pour le prix que te coûte à Rome la location annuelle d'un obscur taudis. Tu auras là-bas un jardinet, avec un puits peu profond, d'où, sans avoir besoin de corde, tu puiseras l'eau aisément pour la distribuer à tes légumes naissants. Vis amoureux de ta bêche, soigne toi-même ton jardin et sache en tirer de quoi régaler cent pythagoriciens. En quelque lieu, en quelque coin qu'on vive, c'est quelque chose d'avoir fait de soi un propriétaire, fût-ce d'un seul lézard !

À Rome, nombre de malades succombent à l'insomnie. Cette langueur même leur vient d'une nourriture insuffisamment digérée qui séjourne dans l'estomac et y fermente. Dans quel appartement loué le sommeil est-il possible ? Il faut avoir beaucoup d'argent pour dormir dans cette ville. Voilà la principale cause de nos maladies. Le passage des voitures dans les sinuosités des rues étroites, les querelles du troupeau qui n'avance plus, ôteraient le sommeil à Drusus même ou à des veaux marins. Le riche, quand une affaire l'appelle, se fera porter à travers la foule qui s'ouvre devant lui ; il progressera rapidement au-dessus des têtes dans sa vaste litière liburnienne. Chemin faisant, il lira, écrira, dormira là-dedans, car, fenêtres closes, on y dort le

47

mieux du monde. Et il arrivera tout de même avant nous. Moi, le flot qui me précède fait obstacle à ma hâte ; la foule pressée qui me suit me comprime les reins. L'un me heurte du coude ; l'autre me choque rudement avec une solive. En voici un qui me cogne la tête avec une poutre ; cet autre, avec un *métrète*. Mes jambes sont grasses de boue. Une large chaussure m'écrase en plein et un clou de soldat reste fixé dans mon orteil. Voyez-vous cette cohue et cette fumée autour de la sportule ?

Satires, III, 223-249

HOMÈRE
VIIIᵉ s. av. J.-C.

VIRGILE
Iᵉʳ s. av. J.-C.

CLAUDIEN
Vᵉ s. ap. J.-C.

Martial

Il y a pourtant un refuge pour échapper aux bruits inces-
sants de la ville, plus directement accessible que la recherche
du summum bonum *par le philosophe : c'est la campagne.*
Et quand on ne supporte plus du tout la vie romaine, le repos
se trouve en Celtibérie (Espagne), à Bilbilis, village natal de
Martial.

POUR DORMIR ET RATTRAPER
TRENTE ANS DE VEILLES :
RIEN DE MIEUX QUE LA CAMPAGNE

Pourquoi ai-je l'habitude de me diriger vers les humbles champs de mon aride Nomentum et vers le foyer rustique de ma villa ? Tu veux le savoir ? C'est que, Sparsus, la méditation et le repos sont à Rome également interdits à qui n'est pas riche. Le droit de vivre vous est refusé le matin par les maîtres d'école, la nuit par les boulangers, toute la journée par les marteaux des chaudronniers. D'un côté, c'est le changeur de loisir qui fait sonner sur sa table malpropre sa provision de pièces à l'effigie de Néron ; de l'autre, le batteur de poussière d'or espagnol frappe de son maillet brillant sa pierre usée ; et la troupe fanatique de Bellone ne s'arrête pas, non plus que le naufragé bavard au torse emmailloté, ou le Juif auquel sa mère a appris à mendier, ni le chassieux colporteur d'allumettes soufrées. Qui peut compter les pertes subies par le sommeil paresseux ? Celui-là dira combien de vases d'airain sont frappés par les mains de la Ville, lorsque la Lune suppliciée est battue par le sabot magique. Pour toi, Sparsus, tu ignores toutes ces misères, et tu ne peux les connaître, menant une vie si confortable dans l'ancien domaine de Pétilius, toi dont la terrasse contemple de haut les cimes des montagnes et qui possèdes là une campagne en ville avec un vigneron romain ; l'automne

49

n'étale pas vendange plus ample sur le coteau de Falerne ; à l'intérieur de ton seuil, une chaste promenade s'étend pour ton char, un profond sommeil y règne, avec un repos que ne trouble aucune langue, et le jour n'y pénètre que si tu le laisses entrer. Moi, les rires de la foule qui passe m'éveillent et j'ai Rome à mon chevet. Accablé de dégoût, toutes les fois que j'ai envie de dormir, je vais à ma villa.

Épigrammes, t. II, 1ère partie, XII, 57

Tandis que peut-être tu erres sans repos, Juvénal, dans la Subura pleine de cris, ou que tu foules aux pieds la colline de la souveraine Diane, tandis que, par les seuils des grands personnages, ta toge trempée de sueur t'évente et que dans tes courses le grand et le petit Caelius te harassent, pour moi, retrouvée après bien des hivers, ma Bilbilis m'a accueilli et a fait de moi un paysan, Bilbilis, fière de son or et de son fer. Ici, adonné à la paresse, nous cultivons, grâce à un labeur agréable, Boterdus et Platea (tels sont les noms sans élégance que l'on rencontre sur le sol de la Celtibérie) ; je jouis d'un sommeil profond et interminable, que souvent la troisième heure du jour a de la peine à faire cesser, et je me rattrape entièrement de toutes les veilles que j'avais supportées pendant trois fois dix ans. La toge est ici inconnue, mais, à ma demande, on me donne un vêtement à portée de la main, pris sur une chaise boiteuse. À mon lever, un foyer garni d'un royal monceau de bûches tirées du bois de chênes voisin m'accueille, et la femme de mon intendant lui fait une abondante couronne de marmites. Le veneur vient ensuite, et un veneur que l'on voudrait bien posséder dans une forêt écartée. L'intendant imberbe distribue leurs rations aux esclaves et demande à couper ses longs cheveux. C'est ainsi que j'aime à vivre, ainsi que j'aime à mourir.

Épigrammes, t. II, 1ère partie, XII, 18

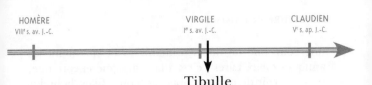

HOMÈRE
VIIIᵉ s. av. J.-C.

VIRGILE
Iᵉʳ s. av. J.-C.

CLAUDIEN
Vᵉ s. ap. J.-C.

Tibulle

Dans le droit fil des Idylles *de Théocrite, le poète élégiaque latin célèbre non pas les armes et un guerrier comme Virgile* (arma virumque cano…) *mais la campagne et ceux qui y vivent.*

C'EST À LA CAMPAGNE QUE TOUT A COMMENCÉ

Je chante les campagnes et les dieux de la campagne : leurs leçons ont fait perdre à l'homme l'habitude d'assouvir sa faim avec le gland du chêne ; ces dieux lui ont appris les premiers à assembler des charpentes et à couvrir une étroite demeure d'un feuillage verdoyant ; les premiers aussi, dit-on, ils apprirent aux bœufs à le servir et adaptèrent au chariot la roue. Alors on renonça aux aliments sauvages, alors fut planté l'arbre fruitier, alors le jardin bien arrosé but l'eau qui le fertilisa, alors la grappe dorée, pressée sous les pieds, donna son jus et l'eau des sobres fut mélangée au vin pur qui ôte le souci. Les campagnes produisent les moissons, quand, au fort de la chaleur du soleil, la terre, chaque année, abandonne sa blonde chevelure à la campagne ; au printemps, l'abeille légère amasse le suc des fleurs dans sa ruche, empressée à remplir du doux miel ses rayons. Le laboureur le premier, fatigué de pousser continuellement la charrue, a chanté des paroles rustiques d'une mesure déterminée et le premier, après avoir mangé, il modula sur les tuyaux séchés du chalumeau un air destiné à être joué devant les dieux couronnés de fleurs, et c'est le laboureur qui, la figure rougie de vermillon, conduisit le premier, ô Bacchus, les danses dont l'art était jusqu'alors inconnu ; et on lui donnait en présent mémorable, tiré d'une étable bien pleine, le chef du troupeau, un bouc, grand accroissement pour de minces ressources. C'est à la campagne que, pour la première fois, l'enfant tressa une couronne de fleurs printanières et en ceignit les antiques dieux Lares ; c'est à la campagne encore que, pour fournir de quoi occuper les jeunes filles, la brebis éclatante de blancheur porte une molle toison, et voilà pour les femmes des travaux, voilà l'origine de la laine à filer chaque jour et de la quenouille et du fuseau qui sous le pouce fait tourner l'écheveau, tandis qu'une des tisseuses, appliquée avec attention au travail de Minerve, chante, et que la toile résonne quand le peigne en touche les bords.

Lui-même, Cupidon, c'est aussi aux champs, au milieu des troupeaux, qu'il est né, dit-on, et parmi les cavales indomptables.

Élégies, II, 1, 37-68

HOMÈRE
VIIIe s. av. J.-C.

VIRGILE
Ier s. av. J.-C.

CLAUDIEN
Ve s. ap. J.-C.

Varron

Il existe une antériorité indiscutable de la vie champêtre par rapport à la vie citadine ; et l'agronome juge la première plus recommandable que l'autre, fondatrice d'un peuple de citoyens-paysans.

LA NATURE A DONNÉ LES CAMPAGNES ET L'ART A CONSTRUIT LES VILLES

Puisqu'il existe traditionnellement deux modes de vie pour les hommes, l'une à la campagne, l'autre à la ville, comment n'est-il pas évident, Pinnius, que ces types de vie non seulement diffèrent par le lieu, mais ont aussi dans le temps une origine diverse ? En effet, la vie aux champs est beaucoup plus ancienne, parce qu'il fut un temps où les hommes habitaient les campagnes et n'avaient pas de villes. De fait, la plus ancienne cité, en Grèce selon la tradition, est Thèbes en Béotie, bâtie par le roi Ogygos ; sur le territoire romain, la plus ancienne est Rome, fondée par le roi Romulus ; car ici, c'est seulement de nos jours – et non pas quand Ennius l'écrivait – que l'on peut dire :

Il y a sept cents ans, un peu plus ou un peu moins, que l'illustre Rome a été fondée, sous d'augustes augures. Thèbes, fondée, dit-on, avant le déluge d'Ogygos, a cependant quelque deux mille cent ans. Si l'on rapproche cette époque de l'âge primitif où l'on a commencé à cultiver les champs et où les hommes habitaient dans des cabanes et dans des huttes, sans savoir ce qu'étaient un mur et une porte, on voit que les agriculteurs sont antérieurs aux habitants des villes d'un très grand nombre d'années. Rien d'étonnant à cela, puisque la divine nature a donné les champs, alors que la technique humaine a construit les villes, puisque tous les arts, dit-on, ont été inventés en Grèce en l'espace d'un millier d'années, tandis qu'il n'y a jamais eu d'époque où des champs dans le monde n'aient pu être cultivés. Et non seulement la culture des champs est plus ancienne, mais elle a plus de valeur. Et ce n'est donc pas sans raison que nos ancêtres essayaient de ramener leurs concitoyens de la ville à la campagne, car, en temps de paix, ils étaient nourris par les Romains de la campagne et, en temps de guerre, ils bénéficiaient de leur protection. Et ce n'est pas sans raison qu'ils appelaient la terre en même temps « mère » et « Cérès » et qu'ils considéraient que ceux qui la cultivaient menaient une vie pieuse et utile et qu'ils étaient les seuls survivants de la race du roi Saturne. Un fait concorde avec cela : c'est que l'on appelle « initiations » principalement les rites sacrés en l'honneur de Cérès. Et, pareillement, le nom de la ville de Thèbes indique aussi que les campagnes sont plus anciennes, du fait que ce nom est venu d'une réalité géographique et non pas du fondateur.

Économie rurale, III, 1, 1-6

HOMÈRE
VIIIᵉ s. av. J.-C.

VIRGILE
Iᵉʳ s. av. J.-C.

CLAUDIEN
Vᵉ s. ap. J.-C.

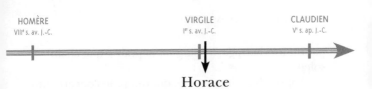

Horace

S'adressant à son fermier qui regrette les plaisirs de la ville, le poète lui vante les avantages de la vie à la campagne.

L'HOMME HEUREUX VIT À LA CAMPAGNE

Je dis, moi, que le bonheur c'est de vivre à la campagne ; tu dis, toi, que c'est de vivre à la ville. Gens à qui plaît la condition d'autrui et qui, naturellement, prennent la leur en aversion, dans notre déraison nous accusons injustement, l'un et l'autre, un lieu qui n'en peut mais c'est notre âme qui est en faute, notre âme qui jamais ne peut échapper à elle-même.

Autrefois, esclave à tout faire, tu appelais de tes vœux secrets la campagne ; maintenant, régisseur rural, tu désires la ville, les jeux et les bains. Pour moi, tu sais que je suis conséquent avec moi-même et que je ne m'en vais jamais sans tristesse quand de maudites affaires me traînent à Rome.

Nous ne sommes pas épris des mêmes objets ; de là le désaccord entre toi et moi. Car les lieux que tu regardes comme des solitudes désolées et inhospitalières, celui-là les appelle charmants qui pense comme moi, et ceux que tu trouves beaux, il les déteste. C'est la cellule d'un lupanar, c'est une taverne grasse qui te donnent le regret de la ville, je le vois bien ; c'est aussi qu'on fera produire à ce petit coin de terre du poivre et de l'encens plus vite que du raisin, c'est qu'il n'y a là, dans le voisinage, ni cabaret qui puisse te fournir du vin, ni courtisane jouant de la flûte, dont la musique te fasse sauter et retomber pesamment sur le sol ; et cependant il te faut remuer des champs, que le hoyau depuis longtemps n'a pas touchés, soigner le bœuf après l'avoir dételé et cueillir des feuilles pour le rassasier. Nouveau travail que le ruisseau donne à ta paresse, s'il vient à pleuvoir et qu'il faille lui enseigner, par un fort barrage, à épargner la prairie que chauffe le soleil.

Apprends maintenant ce qui rompt le concert entre nous : moi à qui il fallait autrefois des toges fines, des cheveux parfumés, moi qui, tu le sais, plaisais, sans bourse délier, à l'avide Cinara et qui m'imbibais, dès le milieu du jour, des flots du Falerne, ce que j'aime aujourd'hui, c'est un repas bref, c'est le sommeil sur l'herbe, au bord d'un ruisseau. Je ne rougis pas de m'être amusé, mais je rougirais de ne pas couper court au jeu. Là-bas personne ne cherche à entamer mon bonheur d'un regard oblique ni à l'empoisonner d'une haine et d'une morsure secrètes. Mes voisins, seulement, rient de me voir remuer les mottes de terre et les pierres. Mais, toi, tu aimerais mieux ronger à la ville, avec mes esclaves d'ici, ta ration de pain, et tu cours, dans tes vœux, grossir leur nombre, tandis que mon valet d'écurie à la langue bien pendue t'envie la jouissance de la provision de bois, du troupeau, du jardin.

Le bœuf lent désire la selle, le cheval, la charrue. Mon avis est que l'un et l'autre fasse, de bonne grâce, le métier qu'il sait faire.

Épîtres, I, 14, 10-44

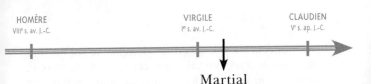

HOMÈRE
VIIIᵉ s. av. J.-C.

VIRGILE
Iᵉ s. av. J.-C.

CLAUDIEN
Vᵉ s. ap. J.-C.

Martial

Les Romains éprouvent le besoin de retrouver l'atmosphère de la nature en ville, mais sans les vaches ou la glaise. Une nature aménagée et civilisée en quelque sorte.

SUR LES PENTES DU JANICULE,
LA CAMPAGNE EN VILLE

Les quelques arpents de terre de Julius Martialis, plus fortunés que les jardins des Hespérides, s'étendent sur la longue pente du Janicule. De vastes terrasses abritées dominent nos collines. Le sommet, plat avec un léger renflement, jouit d'un ciel plus radieux, et, tandis que les brouillards noient les creux des vallées, il brille seul d'une lumière particulière : le toit harmonieux de la haute villa s'élève avec grâce vers les étoiles claires. D'ici, on peut contempler les sept collines-reines et évaluer toute l'étendue de Rome ; on peut aussi parcourir du regard les coteaux d'Albe et de Tusculum, toute la verdure qui rafraîchit les abords de notre ville, l'antique Fidènes et la mignonne Rubrae, et le bois sacré, chargé de fruits, d'Anna Perenna, que réjouit un sang virginal. De là, on distingue le promeneur des voies Flaminia et Salaria sans entendre rouler sa voiture : aussi le bruit des roues ne nuit-il pas à ce doux sommeil que ni la voix d'un chef de rameurs, ni les cris des portefaix ne peuvent interrompre, bien que le pont Mulvius soit si proche et que les barques sillonnent de leur vol les îlots sacrés du Tibre. Cette maison de campagne – ou, si l'on préfère, cette maison de ville –, son possesseur lui donne du prix : vous vous figurerez qu'elle est à vous, tant elle est peu hautaine, tant elle est généreuse, tant elle s'ouvre pour une hospitalité empressée : on la prendrait pour le foyer si accueillant d'Alcinoüs ou pour celui de Molorchus nouvellement enrichi. Vous qui, aujourd'hui, trouvez que tout cela est peu de chose, domptez le sol du frais Tibur ou de Préneste avec une centaine de hoyaux et donnez à un seul fermier Setia suspendue au flanc de son coteau, mais laissez-moi suivre mes goûts et préférer les quelques arpents de Julius Martialis.

Épigrammes, t. I, IV, 64

VIE DE LUXE OU FRUGALITÉ
CONFORME À LA NATURE

La campagne est, naturellement et linguistiquement, le lieu de la frugalité, puisque le mot *frugalitas*, « frugalité », vient de *frux, frugis*, et surtout de son pluriel *fruges*, « les céréales », « les produits du sol ». Dès lors un clivage s'est développé entre la ville – lieu du luxe, des vices et des excès – et la campagne – lieu de la simplicité et de la frugalité.

Ainsi, la vie qu'Épicure mena dans son jardin fut simple et frugale ; selon Dioclès, cité par Diogène Laërce, « un verre de vin lui suffisait, et il buvait de préférence de l'eau ». Il en résulte tout un idéal de vie que la formule du Chevalier de Méré résume au XVIIe siècle : « Comme l'esprit se perd dans le luxe, il se forme dans la frugalité. »

L'alimentation des Romains en est un reflet, avant sa sophistication à l'époque impériale ; sous la République, ils se contentaient d'une nourriture simple ; ils mangeaient peu, des mets assez grossiers, et la loi punissait même ceux qui se livraient à des banquets trop riches. Leur alimentation était principalement constituée de céréales comme l'orge, le blé et le froment avec lesquelles on fabriquait une bouillie (*pulmentum*) qui resta, même pendant l'époque impériale, l'aliment des plus pauvres. Grâce aux conquêtes, des produits plus rares et plus fins venus d'Orient parvinrent à Rome, et les Romains aisés commencèrent à organiser des banquets de plus en plus fastueux ; mais l'essentiel de la population romaine resta pauvre et rurale : pour elle, les rations quotidiennes ne changèrent pas ; et Horace d'inviter quelques amis autour d'un repas fait de poireaux, de pois chiches et de quelques gâteaux.

Mais ce clivage entre le luxe associé à la ville et la frugalité associée à la campagne ne concerne pas seulement l'alimentation : les vêtements, les moyens de locomotion, etc., tout est reflet de vertus ou de vices incarnés par des personnages célèbres, anciens consuls vertueux ou empereurs fous, de Scipion ou Caton à Héliogabale. Pourtant, les philosophes comme les poètes prônent la simplicité des campagnes et tentent de vivre selon ce modèle à la ville ; mais parfois ces ancêtres des « bobos » avouent combien il est difficile de résister aux tentations du luxe.

Vivre « vert », consommer « bio », être proches de la nature, tel est le choix de vie pour certains dans l'Antiquité, mais ce n'est pas tout à fait la même chose selon que l'on vit à la campagne ou à la ville ! Il ne faut donc pas mésestimer une part d'idéalisation, un effet de mode, un discours plus formel que réel. Il y a un fossé entre vivre de façon frugale à la campagne et jouer à « comme si » à la ville. L'idéologie philosophique peut régler à priori la question, entre l'épicurisme le plus ascétique et l'hédonisme le plus débridé, mais la réalité était probablement beaucoup plus nuancée qu'un clivage ou un schéma conventionnel « ville *vs* campagne » opposant luxe et frugalité.

HOMÈRE
VIIIe s. av. J.-C.

VIRGILE
Ier s. av. J.-C.

CLAUDIEN
Ve s. ap. J.-C.

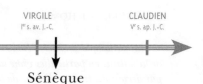

Sénèque

C'est dans l'alimentation que se révèlent en premier lieu les excès des habitants des villes, esclaves de leur ventre tels des animaux. Le ventre de Rome préfigure celui de Paris chez Zola.

VILLES

Pendant combien de temps nos semis couvriront-ils des plaines qui feraient vivre les grandes cités ? Combien de temps emploierons-nous tout un peuple à moissonner pour nous ? Combien de temps une multitude de navires, et de plus d'une mer, apportera-t-elle l'approvisionnement d'une seule table ? Très peu d'arpents suffisent à un taureau pour se bien repaître ; une famille d'éléphants se contente d'une seule forêt : il faut la terre et la mer pour repaître l'homme. Comment ! Après octroi d'un corps si médiocre, la nature nous aurait octroyé un estomac à ce point insatiable qu'il passe les exigences du plus énorme animal et du plus glouton ! Rien de tout cela. Nous sommes obligés à si peu envers la nature, on s'arrange avec elle à si bon compte ! Ce n'est pas la faim de notre ventre qui nous coûte beaucoup, mais l'ambition.

Mettons donc ces malheureux, que Salluste appelle « les esclaves de leur ventre », au rang des animaux, non des hommes ; certains, non pas même au rang des animaux, mais des morts. Vivre, c'est profiter à beaucoup ; vivre, c'est profiter de soi. Quant à ceux qui végètent tapis à l'écart, ils sont dans leur demeure comme dans un tombeau. Juste au pas de la porte de ces gens, on peut inscrire leur nom sur du marbre. Ils ont anticipé leur mort.

Lettres à Lucilius, livre VI, 60, 2-4

Le philosophe stoïcien dénonce tout ce qui est contre les lois de la nature, en particulier vivre la nuit comme si c'était le jour, par dégoût du train ordinaire de la vie. Il élargit sa réflexion à d'autres champs d'application pour en tirer la même leçon.

CEUX QUI DIVORCENT D'AVEC LA NATURE

Tu me demandes d'où naît cette dépravation de l'âme, qui est horreur du jour et report de toute l'existence dans le cadre de la nuit ? C'est que tout vice est révolte contre la nature, séparation d'avec l'ordre légitime. Principe dans le monde du plaisir : mettre sa joie en une existence bouleversée, ne pas dévier seulement de la droite raison, mais s'en éloigner tant qu'on peut, dès lors s'aller camper carrément dans la déraison même. Ne penses-tu pas qu'ils vivent au rebours de la nature ces gens qui boivent à jeun, qui logent le vin dans leur estomac vide et ne passent aux aliments qu'une fois soûls ? C'est pourtant une extravagance fréquente, chez les jeunes gens amateurs de culture physique, d'attendre presque d'être au seuil de la piscine pour boire – mieux, pour faire de rouges bords – tout nus et, sous le strigile qui passe et repasse, ôter la sueur, effet des multiples et brûlantes rasades. Ne boire qu'après le déjeuner ou le souper, procédé du vulgaire, façons de propriétaires ruraux, qui ne se connaissent pas en plaisir. Le vin pur qui réjouit n'est pas celui qui surnage sur les aliments, mais celui qui pénètre franchement jusqu'aux nerfs. L'ivresse bienfaisante est celle qui s'installe en place libre. N'est-ce pas, à ton sens, vivre contre-nature que de faire avec la femme échange de costume ? n'est-ce pas vivre au rebours de la nature que de prétendre perpétuer l'éclat de l'enfance chez qui en a passé l'âge ? Conçoit-on sort plus cruel, plus misérable ? Il ne sera jamais homme, afin de pouvoir plus longtemps se prêter à un homme ? lui que son sexe devait avoir soustrait au viol, même son âge ne l'y soustrait pas ? Ne vivent-ils pas au rebours de la nature ces amateurs passionnés de la rose hivernale, qui,

par les affusions d'eau chaude, par d'habiles transformations produisant de la chaleur en plein hiver, font surgir
une fleur printanière ? Au rebours de la nature, ceux
qui plantent des vergers sur la plate-forme des tours ; les
propriétaires de palais sur les toits et la cime desquels
se balancent des boqueteaux enracinés à des hauteurs
jusqu'où les cimes de troncs n'auraient, sans extrême
hardiesse, déjà pu s'élever ? Au rebours de la nature,
ceux qui jettent jusque dans la mer les fondations de
leurs thermes et ne croient pas nager assez voluptueu-
sement si leurs bassins d'eaux chaudes ne sont battus du
flot et de la tempête ? Ayant pris pour règle de ne vouloir
que ce qui va au rebours de la nature, ils finissent par un
complet divorce avec elle. « Il fait jour : c'est le temps du
sommeil. Tout repose : c'est le moment de commencer
nos exercices, de prendre la litière, de déjeuner. Le jour
n'est plus loin : c'est l'heure de dîner. Gardons-nous
bien de faire comme font les gens. Piètre chose que de
suivre dans la vie les voies battues, celles du commun. Le
jour est à la masse, laissons-le lui ; faisons-nous un matin,
qui soit spécialement nôtre. »

Lettres à Lucilius, livre XX, 122, 5-9

HOMÈRE
VIIIe s. av. J.-C.

VIRGILE
Ier s. av. J.-C.

CLAUDIEN
Ve s. ap. J.-C.

Aelius Lampridius

Quel meilleur exemple de dépravation et de luxure que celui de Varius Avitus Bassianus, plus connu comme étant l'empereur Antonin Héliogabale ou Élagabal ? Il est le négatif du Romain des origines de Rome, cultivateur d'un fonds de terre.

PARCE QU'IL LE VALAIT BIEN ?

Le premier de tous les particuliers, il couvrit ses lits d'étoffes à fils d'or, luxe alors autorisé officiellement depuis que Marc Aurèle avait mis en vente publiquement tout l'ameublement impérial. Ensuite, il donna l'été des banquets que différenciaient leurs couleurs ; aujourd'hui vert foncé, un autre jour vert de mer ou vert bleuté, et ainsi de suite, la teinte variant constamment durant tous les jours de l'été. Puis, le premier, il eut des réchauds en argent, le premier aussi des chaudrons de ce métal, puis des vases ciselés de cent livres d'argent dont quelques-uns souillés des figures les plus lubriques. Le vin à la résine de lentisque, le vin au pouliot et toutes ces recettes auxquelles le luxe reste actuellement attaché sont de son invention. Quant au vin rosat (dont il devait à d'autres la formule), il en renforça l'arôme avec des graines de pin broyées. En tout cas, on ne lit pas le nom des boissons de ce type avant Héliogabale. Pour lui, il n'y avait de vie que dans la quête de voluptés nouvelles. Le premier, il fit des quenelles de poisson, d'huîtres ordinaires ou « pierreuses » et d'autres coquillages marins de ce genre, de langouste, de crevettes, de squilles. Il faisait joncher de roses les salles à manger, les lits de table, les portiques (où il se promenait longuement), et il le faisait avec toutes sortes de fleurs : lis, violettes, jacinthes et narcisses. Il ne se baignait qu'en des piscines parfumées d'onguents réputés ou de safran. Il ne s'allongeait volontiers que sur des canapés contenant du poil de lièvre ou des plumes de perdrix arrachées sous les ailes, et il changeait souvent de coussins.

Quelquefois, il marquait envers le Sénat un tel mépris qu'il traitait ses membres d'« esclaves en toge ». Le peuple romain n'était à ses yeux que le tenancier d'un même et unique domaine. Quant à l'ordre équestre, il n'en faisait aucun cas.

Histoire Auguste, t. III, 1ère partie :
Vies de Macrin, Diaduménien et Héliogabale, 19, 1-20, 1

HOMÈRE
VIIIᵉ s. av. J.-C.

VIRGILE
Iᵉʳ s. av. J.-C.

CLAUDIEN
Vᵉ s. ap. J.-C.

Ovide

Où sont les valeurs simples des premiers temps de Rome ?
Le poète, par la bouche de Janus, constate que l'or est l'alpha et
l'oméga de ses concitoyens : il permet de tout posséder et on fait
tout pour en avoir.

FAIM SACRÉE DE L'OR

Oh, comme tu connais mal ton siècle si tu t'ima-
gines que le miel est plus doux que la pièce de monnaie
qu'on reçoit ! Déjà, sous le règne de Saturne, j'avais de
la peine à trouver quelqu'un qui ne fût pas sensible à
la douceur du gain. Avec le temps s'est développée la
passion de posséder, qui maintenant est à son comble ;
elle ne peut plus guère aller au-delà. Aujourd'hui, les
richesses ont plus de prix qu'au temps jadis, quand le
peuple était pauvre, quand Rome était neuve, quand
une modeste cabane abritait Quirinus, le fils de Mars, et
que l'algue du fleuve suffisait à lui fournir une couche
étroite. Jupiter avait de la peine à se dresser en pied
dans un sanctuaire exigu et sa main droite ne tenait
qu'un foudre d'argile. Le Capitole était orné de feuillages comme il l'est aujourd'hui de pierres précieuses et
le sénateur paissait lui-même ses brebis : on n'avait pas
honte de prendre un repos paisible sur de la paille et de
poser sa tête sur du foin. Le préteur rendait la justice
au peuple en quittant tout juste la charrue ; détenir une
mince pièce d'argenterie suffisait à vous faire accuser.
Mais une fois que la fortune de ce lieu eut redressé la
tête et que Rome eut touché du front le séjour des dieux,
se développa, en même temps que les richesses, une
folle envie de richesses : plus on possède, plus on exige.
Gagner pour dépenser, regagner ce qu'on a dépensé,
déchaîne les rivalités, et cette alternance même alimente
les vices : ainsi en est-il de ceux qui ont le ventre gonflé

par l'hydropisie ; plus ils boivent d'eau, plus ils ont soif. Aujourd'hui, ce qui a du prix c'est l'argent : la fortune procure les honneurs, la fortune procure les amis ; partout le pauvre gît par terre.

Les Fastes, I, 191-218

HOMÈRE
VIII* s. av. J.-C.

VIRGILE
I* s. av. J.-C.

CLAUDIEN
V* s. ap. J.-C.

Sénèque

Sous l'Empire, il faut être philosophe pour savoir résister au luxe. Et, même lorsqu'on partage les valeurs de la simplicité et de la frugalité, la tentation n'est jamais très à l'écart et elle ébranle les certitudes. Qu'en est-il dès lors de celui qui n'a pas embrassé la voie de la sagesse !

ROME, LA VILLE DE LA TENTATION

J'ai un profond amour de la simplicité, je l'avoue : ce que j'aime, ce n'est point un lit fastueusement dressé, ce ne sont point des vêtements que l'on tire du fond d'un coffre, que l'on torture sous des poids et des vis sans nombre pour les obliger à prendre du lustre, mais un costume ordinaire et grossier, qu'on entretienne sans souci et qu'on porte sans scrupule ; ce que j'aime, ce n'est pas une nourriture que cent esclaves préparent et regardent manger, qu'on commande je ne sais combien de jours d'avance et que servent je ne sais combien de bras, ce sont des mets faciles à trouver et à apprêter, qui n'aient rien de recherché ni de rare, dont on soit sûr de ne manquer nulle part, qui ne pèsent ni à la bourse ni à l'estomac, et qui ne ressortent point par où ils sont entrés ; ce que j'aime, c'est un serviteur simplement mis, un petit esclave mal dégrossi, c'est la massive argenterie de mon père, homme rustique dont la vaisselle n'était point signée, c'est une table qui n'éblouisse pas par ses marbrures, qui ne soit pas connue de la ville entière pour avoir successivement appartenu à toute une série d'amateurs, mais qui soit d'un usage commode et devant laquelle on ne voit les yeux des convives ni s'écarquiller de plaisir, ni flamboyer de jalousie. Et quand je suis bien conquis à cette façon de vivre, voici que je me laisse fasciner par la pompe de quelque *paedagogium*, par le spectacle d'esclaves plus soigneusement costumés que pour un défilé public et chamarrés d'or, d'un bataillon de domestiques resplendissants, d'une maison où tout jusqu'au sol qu'on foule est précieux, où la richesse est si bien prodiguée dans les moindres coins que les plafonds même étincellent de ce peuple de courtisans qui s'empresse autour des fortunes qu'on gaspille. Et que dire de ces eaux limpides et transparentes qui courent autour des salles de festin et des festins eux-mêmes, dignes de leur décor ? Que le luxe, au sortir d'une longue et ingrate tempérance m'enveloppe tout à coup de son éclat et m'entoure de son tumulte, je sens mes regards vaciller ; j'en supporte la vue moins aisément que la pensée, et je reviens de là non pas corrompu, mais découragé : je ne porte plus la tête aussi haute au milieu de mes pauvres meubles, je sens poindre une morsure secrète et me prends à douter si toutes ces somptuosités ne valent pas qu'on les préfère. Rien dans tout cela qui change mes sentiments mais rien non plus qui ne les ébranle.

Dialogues. De la tranquillité de l'âme, I, 5-9

HOMÈRE
VIIIᵉ s. av. J.-C.

VIRGILE
Iᵉʳ s. av. J.-C.

CLAUDIEN
Vᵉ s. ap. J.-C.

Juvénal

*« Je te recevrai comme savait le faire le roi Évandre. » Voilà
ce que promet le poète à Persicus s'il tient sa promesse de venir
dîner chez lui ; il veut lui montrer que sa table est en conformité
avec ses préceptes de vie frugale à l'ancienne.*

À TABLE D'HÔTE RUSTIQUE…
NOURRITURE BIO GARANTIE

Tu vas voir aujourd'hui, Persicus, si les belles choses
que je dis, je ne les mets pas aussi dans ma vie, moi, dans
mes habitudes, dans mes actes ; si je vante les légumes
tout en faisant bombance à huis clos, et si je commande
de la bouillie à mon esclave devant les gens pour lui
glisser ensuite à l'oreille : « Non ! des gâteaux ! » Tu t'es
promis comme convive, tu auras en moi un Évandre ; tu
viendras, tel le héros de Tirynthe ou tel cet hôte moins
grand sans doute, mais qui pourtant touchait lui aussi au
ciel par sa race : tous deux s'élevèrent jusqu'aux astres,
l'un par les eaux, l'autre par les flammes.

Écoute le menu : le marché n'en aura point fait les
frais. Des pâturages de Tibur viendra un chevreau bien
gras, le plus tendre du troupeau. Il n'aura pas encore
brouté l'herbe ni osé mordre aux branches des jeunes
saules : il a plus de lait que de sang ; des asperges de
montagne que, laissant là son fuseau, la fermière a
cueillies ; puis de gros œufs, encore tout chauds des
tresses de foin, avec les poules qui les ont pondus, des
raisins conservés une partie de l'année, aussi beaux
qu'ils l'étaient à leurs ceps ; des poires de Signia et de
Syrie et, dans les mêmes corbeilles, des pommes au frais
parfum, rivales de celles du Picenum : tu n'auras pas à
les redouter maintenant que le froid a séché l'automne
et qu'elles n'offrent plus l'inconvénient d'un suc âcre
encore.

C'eût été déjà une débauche qu'un tel repas, jadis, pour notre Sénat. Curius cueillait ses légumes et les faisait cuire lui-même sur son chétif foyer. Aujourd'hui, sous ses larges entraves, un esclave malpropre qui fouille la terre n'en voudrait pas : c'est qu'il se rappelle la saveur d'une vulve de truie dans une taverne bien chaude. Un dos de porc séché, suspendu à une claie à larges entrelacs, voilà ce qu'autrefois on servait aux jours de fête, avec, aux anniversaires, un morceau de lard pour les proches et un peu de viande fraîche, s'il en restait de la victime immolée. Quelque cousin, trois fois consul, général d'armée, ancien dictateur, arrivait à ce repas avant l'heure habituelle, portant sur l'épaule le hoyau qui lui avait servi à dompter la glèbe de la montagne. [...]

Je me gare d'un convive orgueilleux qui me compare à lui et méprise les fortunes modestes. Chez nous, pas une once d'ivoire, fût-ce sous forme de dés ou de jetons. Les manches mêmes de mes couteaux sont en os : voit-on que cela donne un goût rance aux viandes, ou que la poularde qu'ils découpent en soit moins savoureuse ? Point de maître d'hôtel, supérieur à toutes les officines, disciple du docte Tryphérus chez qui on détaille des mets de choix, tétines de truie, lièvre, sanglier, antilope, oiseaux de Scythie, flamant gigantesque, chèvre de Gétulie, avec un couteau émoussé et ce festin en bois d'orme éveille des échos dans tout Suburre. Lever un émincé de chevreuil ou une aile de poule d'Afrique, le mien ne le saurait pas : c'est un novice un peu naïf et qui n'est habitué qu'aux tranches des modestes grillades. Un jeune esclave, dont la mise est grossière, mais le protège contre le froid, te présentera des coupes plébéiennes qui n'ont coûté que quelques sous. Pas de Phrygien, ni de Lycien, ni de sujet acheté au marchand d'esclaves. Un point important : quand tu demanderas quelque chose, demande-le en latin. Tous portent le même accoutrement ; cheveux coupés et lisses, peignés exprès aujourd'hui en l'honneur des convives. L'un est le fils d'un pâtre inculte, l'autre d'un bouvier : il soupire après sa mère qu'il n'a pas vue depuis longtemps, il est triste et regrette sa cabane et ses chevreaux familiers. C'est un enfant d'un visage, d'une réserve digne d'une naissance libre : on voudrait que fussent tels ceux que revêt la pourpre éclatante. Il n'apporte pas aux bains, avec une voix enrouée, des testicules gros comme le poing, il n'a point déjà donné ses aisselles à épiler et ne dissimule pas craintivement un membre énorme derrière un vase d'huile. Il te servira du vin, qui est né sur les montagnes d'où il est lui-même venu et sur le haut desquelles il a joué. Vin et échanson sont du même cru. [...] Notre souper nous donnera aujourd'hui des plaisirs d'une autre qualité.

Satires, XI, 56-185

HOMÈRE
VIII° s. av. J.-C.

VIRGILE
I° s. av. J.-C.

CLAUDIEN
V° s. ap. J.-C.

Martial

Le poète invite ses amis à une « petite bouffe » sans préten-
tion ; certes, ce n'est pas frugal en quantité mais la nourriture
vient de la ferme. Pas d'oiseaux du Nil, ni d'ours de Germanie.

À LA BONNE FRANQUETTE

Stella, Nepos, Canius, Cerialis, Flaccus, venez-vous ?
Ma salle à manger comporte sept places : nous sommes
six, ajoutez Lupus. Mon intendante m'a apporté des
mauves laxatives et les richesses variées dont se pare
mon jardin : par exemple, la laitue aplatie et le poireau à
sectionner en tranches, sans oublier la menthe flatueuse,
ni l'herbe qui porte à l'amour. Des œufs coupés menus
couronneront des anchois sur un lit de rue ; et il y aura
des tétines de truie relevées par de la saumure de thon.
Voilà pour les hors-d'œuvre. Mon modeste repas ne
comprendra qu'un service : un chevreau soustrait à la
dent d'un loup féroce ; des côtelettes grillées qui n'ont
pas besoin du fer du découpeur, des fèves, nourriture
d'artisans, et de jeunes choux verts. À cela s'ajoutera un
poulet ainsi que du jambon qui a déjà survécu à trois
repas. Quand vous n'aurez plus faim, je vous servirai
des fruits mûrs, un flacon de vin de Nomentum débar-
rassé de sa lie et qui atteignit deux fois trois ans sous le
consulat de Frontin. Comptez en outre des plaisanteries
sans fiel, une franchise qui ne vous effraiera pas au matin
suivant et pas une parole que vous voudriez n'avoir point
lâchée. Que mes convives parlent à leur aise des Verts
et des Bleus ! Les coupes que je fais remplir ne feront
d'aucun de mes hôtes un accusé.

Épigrammes, t. II, 1ère partie, X, 48

HOMÈRE
VIIIe s. av. J.-C.

VIRGILE
Ier s. av. J.-C.

CLAUDIEN
Ve s. ap. J.-C.

Cicéron

Il existe de nombreux exemples de ce qu'était la vie simple et frugale des anciens Romains : outre Scipion l'Africain qui habitait une maison de campagne misérable, il y a Manius Curius, vainqueur des Samnites, des Sabins et de Pyrrhus. À cette époque, on repoussait l'or, car la vraie richesse venait de l'agriculture et de l'élevage : le mot pecunia, *« la richesse » vient d'ailleurs de* pecus, *« le bétail ».*

LES SÉNATEURS AUX CHAMPS

Je pourrais exposer encore beaucoup de plaisirs champêtres ; mais je sens que j'en ai déjà trop dit ; vous me pardonnerez toutefois : je me suis laissé entraîner par mon goût des travaux champêtres, et la vieillesse a tendance à bavarder, je l'avoue pour ne pas sembler l'affranchir de tout défaut.

Eh bien ! c'est ce genre de vie que M. Curius, après avoir triomphé des Samnites, des Sabins et de Pyrrhus, a pratiqué dans ses dernières années ; et quand je regarde sa maison, qui est peu éloignée de la mienne, je ne peux admirer assez soit la modération de l'homme soit l'austérité du siècle : Curius était assis à son foyer quand les Samnites lui apportèrent un grand poids d'or ; il les repoussa, disant qu'il trouvait beau, non d'avoir de l'or, mais de commander à ceux qui en ont. Une telle grandeur d'âme pouvait-elle ne pas rendre sa vieillesse agréable ? Mais je passe aux agriculteurs, pour ne pas m'éloigner de moi-même. Les sénateurs, c'est-à-dire des vieillards, vivaient alors aux champs, puisque L. Quinctius Cincinnatus était en train de labourer quand on lui annonça qu'il avait été fait dictateur ; c'est sur son ordre de dictateur que le maître de la cavalerie C. Servillus Ahala coupa court aux projets de Sp. Maelius, qui aspirait à la royauté, en le mettant à mort. De leurs maisons de campagne, ils étaient convoqués au Sénat, Curius et les autres vieillards ; d'où le nom de « courriers » donné à ceux qui les convoquaient. Eurent-ils donc une vieillesse lamentable, ces hommes qui prenaient plaisir à cultiver la terre ? Pour moi, je doute qu'il puisse en exister de plus heureuse : non seulement on remplit un devoir, car l'agriculture profite à tout le genre humain, mais on y trouve le charme que j'ai dit, et on en tire une pleine abondance de tout ce qui sert à la vie des hommes, et même au culte des dieux ; ainsi, puisque certains éprouvent le besoin de ces biens, nous voici réconciliés avec le plaisir. En effet, un bon propriétaire, assidu à l'ouvrage, a toujours des celliers remplis de vin, d'huile et même de vivres, toute la maison pleine, des porcs, des chevreaux, des agneaux, des poules, du lait, du fromage, du miel en abondance. Quant au jardin, les agriculteurs l'appellent eux-mêmes un second saloir. Ces plaisirs sont encore relevés, aux heures de loisir, par la chasse aux oiseaux et aux bêtes. Faut-il évoquer davantage la verdure des prés, les rangées d'arbres, la beauté des vignobles ou des oliveraies ? Pour conclure d'un mot, rien ne peut être d'un plus grand profit ni d'un plus bel aspect qu'un champ bien cultivé. Or, loin d'en interdire la jouissance, la vieillesse y invite et y attire : où trouverait-elle, en effet, mieux que là, soit la douce chaleur du soleil ou du feu, soit inversement la fraîcheur propice de l'ombre ou de l'eau ?

Caton l'Ancien. De la vieillesse, XVI, 55-57

HOMÈRE
VIII° s. av. J.-C.

VIRGILE
I°° s. av. J.-C.

CLAUDIEN
V° s. ap. J.-C.

Suétone

Si l'on en croit le biographe, l'empereur Auguste avait des goûts simples et faisait preuve de sobriété, incarnant la modération à table qui était encore l'idéal des Romains.

DU PAIN ET DES DATTES

En fait de nourriture – car je ne veux pas négliger même ces détails –, il était fort sobre et de goûts presque vulgaires. Ce qu'il préférait, c'était le pain de ménage, les petits poissons, le fromage de vache pressé à la main, et les figues fraîches, de cette espèce qui donne deux fois l'an ; il mangeait même avant le dîner, à toute heure et en tout lieu, suivant les exigences de son estomac. Il dit lui-même dans une de ses lettres : « En voiture, nous avons goûté avec du pain et des dattes » ; dans une autre : « Pendant que ma litière me ramenait de la galerie chez moi, j'ai mangé une once de pain et quelques grains d'un raisin dur » ; ailleurs encore : « Mon cher Tibère, même un Juif, le jour du sabbat, n'observe pas aussi rigoureusement le jeûne que je l'ai fait aujourd'hui, car c'est seulement au bain, passé la première heure de la nuit, que j'ai mangé deux bouchées, avant que l'on se mît à me frictionner. » Cet appétit capricieux l'obligeait quelquefois à dîner tout seul, soit avant, soit après un banquet, alors qu'il ne prenait rien au cours du repas.

Il était également très sobre de vin, par nature. Il ne buvait d'ordinaire pas plus de trois fois par repas lorsqu'il campait devant Modène, à ce que rapporte Cornelius Nepos. Plus tard, dans ses plus grands excès, il ne dépassa pas douze cyathes ou, s'il venait à les dépasser, il vomissait. Il préféra entre tous le vin de Rhétie et ne but pas en général au cours de la journée. Pour se désaltérer, il prenait un morceau de pain trempé d'eau fraîche, une tranche de concombre, un pied de petite laitue, ou bien un fruit très juteux, récemment cueilli ou conservé.

Après le repas de midi, sans quitter ses vêtements ou ses chaussures ni se couvrir les pieds, il faisait une courte sieste, en tenant sa main sur ses yeux. Au sortir du dîner, il se retirait dans une petite litière destinée à ses veilles ; il y demeurait tard dans la nuit, jusqu'à ce que le reste de sa besogne quotidienne fût achevé ou près de l'être.

Vies des douze Césars. César-Auguste,
LXXVI, 1 ; LXXVIII, 2

HOMÈRE
VIIIe s. av. J.-C.

VIRGILE
Ier s. av. J.-C.

CLAUDIEN
Ve s. ap. J.-C.

Horace

Le rat des champs n'est pas prêt à changer sa vie modeste contre celle de son ami vivant à la ville. C'est l'histoire que raconte Cervius à ses compagnons de table, au cours d'une discussion pour savoir si les hommes sont heureux par les richesses ou par les vertus.

UN TROU À LA CAMPAGNE

Donc, la conversation s'engage ; on ne s'y occupe pas des villas et des maisons d'autrui, ni de savoir si Lépos danse bien ou mal, mais nous débattons des sujets qui nous touchent plus directement et qu'il est mauvais d'ignorer : si les richesses ou la vertu donnent aux hommes le bonheur souverain ; quel est le mobile des amitiés, l'intérêt ou le bien moral ; quelle est la nature du bien, et quel en est le degré suprême.

Cependant, mon voisin Cervius, sur un ton badin, fait à propos quelques contes de vieilles femmes. Si quelqu'un, dans son ignorance, vante l'inquiète richesse d'Arelius, il prend la parole en ces termes : « Jadis, un rat des champs reçut, dit-on, un rat de ville dans son pauvre trou, vieil hôte traitant un vieil ami, âpre et ménager de ses provisions, sachant toutefois, pour les soins de l'hospitalité, se relâcher de son naturel serré. Bref, tel qu'il était, il ne se montra point avare de sa réserve de pois chiches et d'avoine au long grain ; il donna, les apportant dans sa bouche, des raisins secs et des bouts de lard à demi mangés, désireux de vaincre par la variété du repas les dégoûts d'un convive qui effleurait à peine, d'une dent dédaigneuse, chacun des mets, pendant que le maître de maison, étendu sur de la paille fraîche, mangeait lui-même du blé et de l'ivraie, sans toucher au meilleur du festin. Enfin le citadin lui dit : « Quel plaisir trouves-tu, ami, à vivre de privations, sur la croupe d'un bois bordé de précipices ? Ne veux-tu pas, aux forêts sauvages, préférer les hommes et la ville ? Mets-toi en route avec moi, si tu veux m'en croire, puisque tout ce qui vit sur la terre a reçu du sort une âme mortelle et qu'il n'est, ni pour les grands ni pour les petits, aucun moyen de fuir la mort. En conséquence, mon bon, tant que tu le peux encore, vis heureux au milieu des délices, vis sans oublier combien est court le temps de ton existence. » Ces paroles décident le campagnard, et aussitôt, d'un bond léger, il saute hors de chez lui ; ensuite, ils s'acheminent tous deux vers la ville, désirant se glisser nuitamment le long des murs.

Et déjà la nuit tenait dans le ciel le milieu de sa course, lorsque tous deux portent leurs pas dans une riche maison, où des étoffes teintes de pourpre rutilante brillaient sur des lits d'ivoire et où restaient, d'un grand festin de la veille, nombre de plateaux posés sur des corbeilles dressées dans un coin. Donc, ayant installé le campagnard, qui s'allonge sur une étoffe de pourpre, l'hôte, comme un serviteur court-vêtu, trottine, fait aux mets succéder les mets, s'acquitte du rôle même d'un esclave domestique, léchant préalablement tout ce qu'il apporte. L'autre, couché, se félicite du changement de son sort et se comporte, dans cette heureuse aubaine, en joyeux convive, quand, soudain, un grand bruit de porte les fait, l'un et l'autre, sauter à bas du lit. Nos gens de courir épouvantés par toute la salle, et de se démener plus encore, près de rendre l'âme, lorsque, dans la haute maison, a retenti la voix des Molosses. Et le rustique de dire alors : « Ce n'est point cette vie qu'il me faut » ; puis : « Adieu ! Ma forêt et l'abri sûr de mon trou me consoleront de mes humbles gesses. »

Satires, II, 5, 7-117

HOMÈRE
VIIIe s. av. J.-C.

VIRGILE
Ier s. av. J.-C.

CLAUDIEN
Ve s. ap. J.-C.

Lucrèce

Pour le disciple latin d'Épicure, le corps a peu de besoins et l'esprit en est plus libre également. Autarcie (autosuffisance) et ataraxie (absence de tracas) sont les clés du summum bonum, le « bien suprême » que veut atteindre le sage.

LE CRI DE LA NATURE

Mais rien n'est plus doux que d'occuper solidement les hauts lieux fortifiés par la science des sages, régions sereines d'où l'on peut abaisser ses regards sur les autres hommes, les voir errer de toutes parts, et chercher au hasard le chemin de la vie, rivaliser de génie, se disputer la gloire de la naissance, nuit et jour s'efforcer par un labeur sans égal, de s'élever au comble des richesses ou de s'emparer du pouvoir. Ô misérables esprits des hommes, ô cœurs aveugles ! Dans quelles ténèbres et dans quels dangers s'écoule ce peu d'instants qu'est la vie ? Ne voyez-vous pas ce que crie la nature ? Réclame-t-elle autre chose que pour le corps l'absence de douleur et pour l'esprit un sentiment de bien-être, dépourvu d'inquiétude et de crainte ?

Ainsi, pour le corps, nous le voyons, il est besoin de bien peu de chose. Tout ce qui peut supprimer la douleur est capable également de lui procurer maint plaisir exquis. Et dans cet état, la nature elle-même ne réclame rien de plus agréable : s'il n'y a point parmi nos demeures de statues dorées de jeunes gens, tenant dans leurs mains droites des flambeaux allumés pour éclairer des orgies nocturnes ; si notre maison n'est pas toute brillante d'argent, toute éclatante d'or ; si les cithares n'en font pas résonner les vastes salles lambrissées et dorées ; il nous suffit du moins, étendus entre amis sur un tendre gazon le long d'une eau courante, sous les branches d'un grand arbre, de pouvoir à peu de frais apaiser agréablement notre faim ; surtout quand le temps sourit et que la saison parsème de fleurs les herbes verdoyantes. Et des fièvres brûlantes ne quittent pas plus vite le corps, que l'on s'agite sur des tapis brodés, sur la pourpre écarlate, ou qu'il faille s'aliter sur une étoffe plébéienne.

Aussi, puisque pour notre corps les trésors ne sont d'aucun secours, ni la noblesse, ni la gloire du trône, comment pour le reste seraient-ils plus utiles à l'esprit ?

De la nature, II, 7-39

II

LES ATTEINTES
À LA NATURE
ET À L'ENVIRONNEMENT

LE DÉBOISEMENT
ET LA DÉFORESTATION

Le pillage des ressources naturelles n'est visible pour le sous-sol que lors d'effondrements de terrains. En revanche, les montagnes portent comme autant de plaies à ciel ouvert les stigmates d'autres agressions : forêts massivement abattues et carrières blanches de pierre et de marbre où la végétation ne repousse plus. C'est le spectacle le plus immédiat de la nature violée par les hommes, dans certaines régions du monde aujourd'hui tout comme autour de la Méditerranée dans l'Antiquité. Les massacres à la cognée ont ouvert la voie aux massacres à la tronçonneuse.

Toutefois, le problème n'était pas envisagé de la même manière que de nos jours ; les forêts n'étaient pas perçues comme le « poumon vert de la Terre » ; point de syndrome de la forêt amazonienne ou d'obsession de la couche d'ozone. Les espèces animales délogées et menacées, ou le biotope, ne préoccupaient personne. Le problème était religieux et culturel. Il n'existait pas non plus une conscience de la montagne à préserver ; point de parcs naturels. Elle était le domaine du sauvage et elle était propice à fournir ce dont les hommes avaient besoin pour leur vie quotidienne – champ inépuisable pour des matériaux de construction permettant le développement urbain : le bois, la pierre et les métaux –, quitte à défigurer des régions habitées.

Avant même que le sol ne fût taillé et creusé, ce sont donc les forêts qui disparaissaient, et les causes de la déforestation ne manquent pas, au-delà du décapage nécessaire à l'ouverture de carrières : recherche constante de terres à cultiver ou de pâturages nouveaux ; besoins en combustible pour le chauffage de la maison ou des thermes publics ; éléments indispensables pour fondre les métaux, fabriquer le verre et alimenter le four du potier ; nécessité du bois de construction pour les maisons, les villes, les navires ; matériau pour l'artisanat ; produits dérivés à usage domestique, telle la poix utilisée pour le calfatage des navires, la vinification ou la médecine – et pour le trafic de laquelle avaient lieu des petits meurtres en forêt, comme en témoigne Cicéron dans le *Brutus* (XXII).

C'est ainsi que le patrimoine forestier a commencé à se réduire en étendue bien avant les temps modernes ; des forêts entières disparurent dans les temps anciens. Pour dédramatiser les scrupules religieux et les propos des gens superstitieux – beaucoup de bois et de forêts étant sacrés –, les nécessités pragmatiques et rationalistes de la civilisation étaient invoquées.

Géographiquement, étaient en première ligne les régions forestières côtières bénéficiant de la présence de cours d'eau descendant de la montagne vers la mer avec une embouchure propice à une activité portuaire. Les billes de bois y flottaient abondamment, économie de main d'œuvre et de transport. Rome en a largement bénéficié, mais elle en a aussi subi les conséquences.

L'exploitation des forêts trouvait sa légitimation d'une part dans la transformation d'une violation sacrilège à l'égard de la nature en affirmation de la supériorité de la civilisation sur la barbarie, d'autre part dans la bonne conscience qui veut croire que les forêts repoussent lorsqu'elles sont exploitées rationnellement. L'Italie était même exportatrice de bois, selon Cassiodore.

HOMÈRE
VIII° s. av. J.-C.

VIRGILE
I° s. av. J.-C.

CLAUDIEN
V° s. ap. J.-C.

Lucrèce

C'est par le feu que les forêts furent, semble-t-il, détruites en premier ; le philosophe, qui retrace l'origine de la vie sur Terre, la vie des premiers hommes et les débuts de la civilisation, y voit trois causes, dont deux relèvent de l'action des hommes.

LES FORÊTS DÉVORÉES PAR LE FEU

Au reste, le bronze, l'or et le fer, comme l'argent et le plomb, furent découverts, quand l'incendie eut consumé de sa flamme d'immenses forêts sur les grandes montagnes, soit par la chute de la foudre céleste, soit qu'en se faisant la guerre dans les bois les hommes y missent le feu pour effrayer leurs ennemis, soit que, séduits par la bonté du sol, ils voulussent y défricher des champs fertiles ou les convertir en pâturages, soit pour détruire les bêtes sauvages et s'enrichir de leur proie : car on se servit pour la chasse de trappes et de feu avant d'entourer les bois de filets et de les battre avec des chiens. Quoi qu'il en soit, quelle que fût la cause de ces flammes, quand leur ardeur avait, au milieu d'un fracas horrible, dévoré les forêts jusqu'au plus profond de leurs racines, et quand leurs feux avaient calciné les entrailles de la terre, il coulait dans ses veines brûlantes et venait se réunir dans les cavités du sol des ruisseaux d'or et d'argent, comme de bronze et de plomb. Puis quand les hommes voyaient ces métaux solidifiés répandre sur la terre l'éclat de leurs vives couleurs, ils les emportaient, séduits par leur beauté brillante et polie, et remarquaient en outre que chacun d'eux gardait la forme et l'empreinte du creux dont il provenait. Alors l'idée entrait en eux que ces métaux, fondus eu feu, étaient capables de se couler dans toutes les figures et les formes d'objets possibles, et qu'on pouvait, en les forgeant, les aiguiser et les amincir en pointes aussi fines qu'on voulait, de

87

manière à s'en faire des armes, à pouvoir couper les forêts, aplanir le bois, raboter et polir les poutres, percer, trouer, perforer.

De la nature, V, 1241-1268

HOMÈRE
VIIIe s. av. J.-C.

VIRGILE
Ier s. av. J.-C.

CLAUDIEN
Ve s. ap. J.-C.

Denys d'Halicarnasse

Le bois des forêts de la Sila était réputé pour sa variété, pour sa quantité et pour sa qualité : il était destiné à l'artisanat et aux usages domestiques, plus particulièrement à la construction de bateaux et de maisons.

DES MULTIPLES USAGES DU BOIS

Les Bruttiens, après leur soumission volontaire aux Romains, leur remirent la moitié de la zone montagneuse qu'on appelle Sila. Celle-ci est couverte d'une forêt composée d'essences de bois propres à la construction des maisons, des navires et de toutes sortes d'équipements. On y trouve en grande quantité du sapin de haute futaie, du peuplier noir, du résineux, du hêtre et du pin, du chêne épais, des frênes nourris par les eaux vives, et bien d'autres essences formant une forêt profonde dont les branches entrelacées couvrent tout le jour la montagne de leur ombre.

Parmi ces arbres, ceux qui poussent tout près de la mer et des fleuves sont abattus juste au-dessus de la racine et les troncs entiers sont tirés jusqu'aux ports tout proches. Ils suffisent au ravitaillement de toute l'Italie en bois pour les chantiers navals et la construction des maisons. Les arbres qui poussent à l'intérieur des terres et loin des fleuves sont débités en rondins transportés à dos d'homme. On en tire des rames, des javelots, toutes sortes d'armes et le mobilier domestique. Mais les résineux, qui sont les plus nombreux, sont exploités pour leur résine et fournissent la poix dite bruttienne, la plus odorante et la plus onctueuse de toutes celles que nous connaissons. De l'affermage de cette forêt le peuple romain tire chaque année d'importants revenus.

*Rome et la conquête de l'Italie
aux IVe et IIIe s. avant J.-C., XX, 15*

HOMÈRE
VIIIe s. av. J.-C.

VIRGILE
Ier s. av. J.-C.

CLAUDIEN
Ve s. ap. J.-C.

Pline l'Ancien

Il existait une véritable industrie du bois qui avait parfois des difficultés à pourvoir à la demande ; la qualité du bois en dépendait.

LE BOIS N'A PAS TOUJOURS LE TEMPS DE SÉCHER

Le moment de couper les arbres qu'on veut seulement écorcer, comme les billes pour les madriers transversaux des toits et toutes les autres pièces cylindriques, est celui où ils bourgeonnent ; autrement on ne peut détacher l'écorce sous laquelle se met la pourriture, et le bois noircit. Les bois équarris et les bois écorchés à la hache se coupent du solstice d'hiver au Favonius ou, s'il faut agir avant, au coucher de l'Arcture ou même de la Lyre, avec comme extrême limite le solstice d'été. Nous donnerons en leur lieu les dates de ces constellations. On pense généralement qu'il suffit de ne pas abattre un arbre à équarrir avant qu'il ait donné ses fruits. Le rouvre, coupé au printemps, est sujet à la vermoulure, mais, coupé en hiver, il ne se gâte ni ne se déjette ; autrement, il est sujet à se tordre et à se fendre, ce qui se produit dans le liège, même coupé à temps. Il est extrêmement important aussi de tenir compte de la lune, et l'on veut que la coupe n'ait lieu que du vingtième au trentième jour. Mais on reconnaît unanimement l'extrême avantage d'abattre les arbres dans sa conjonction, que les uns appellent jour de l'interlune, les autres, jours du silence de la lune. Du moins Tibère César, après l'incendie du pont de la naumachie, prescrivit de couper ainsi en Rhétie les mélèzes destinés à sa reconstruction. Selon certains, la lune doit être en conjonction et au-dessous de l'horizon, ce qui ne peut se produire que la nuit. Si la conjonction tombe le dernier jour du solstice d'hiver, le bois dure éternellement ; le meilleur bois ensuite est celui qui est coupé quand la conjonction coïncide avec les astres nommés ci-dessus. Certains ajoutent encore le lever de la Canicule : ainsi auraient été coupés les bois pour le Forum d'Auguste. Ni les jeunes arbres ni les vieux ne donnent un excellent bois d'œuvre. Quelques-uns aussi (et cette pratique n'est pas mauvaise) font une entaille circulaire jusqu'à la moelle et laissent les arbres sur pied pour que toute l'humidité s'écoule. Voici des faits remarquables de l'Antiquité : lors de la première guerre punique, la flotte de l'amiral Duillius prit la mer soixante jours après la coupe des arbres. L. Pison rapporte que, pour combattre le roi Hiéron, deux cent vingt vaisseaux furent construits en quarante-cinq jours. Dans la seconde guerre punique aussi, la flotte de Scipion prit la mer quarante jours après le premier coup de hache. Tant le choix du moment favorable a d'importance quand on est pressé !

Histoire naturelle, XVI, 74

HOMÈRE
VIIIᵉ s. av. J.-C.

VIRGILE
Iᵉʳ s. av. J.-C.

CLAUDIEN
Vᵉ s. ap. J.-C.

Homère

Les bûchers furent une source importante de déboisement,
comme l'attestent les funérailles de Patrocle.

AHAN !

Il dit, et il fait chez tous naître le désir des sanglots.
Quand apparaît l'Aurore aux doigts de rose, ils sont
encore là, à se lamenter autour du mort pitoyable. Mais
voici que le roi Agamemnon donne l'ordre qu'hommes
et mules, de toutes les baraques, aillent chercher du
bois. Un preux est chargé d'y veiller, Mérion, l'écuyer
du courtois Idoménée. Ils partent, ayant en main
cognées de bûcheron et cordes bien tressées. Les mules
marchent devant. Et ils vont sans cesse montant, descendant, longeant, zigzaguant. Mais à peine arrivés aux
flancs de l'Ida aux sources sans nombre, vite ils s'em-
pressent d'abattre, avec le bronze au long tranchant,
des chênes hauts et feuillus, qui tombent à grand fracas.
Les Achéens alors les fendent et les lient derrière leurs
mules. Celles-ci, de leurs pieds, dévorent l'espace ; elles
aspirent à la plaine à travers les halliers touffus. Et tous
les coupeurs de bois portent aussi des rondins – ainsi
l'ordonne Mérion, l'écuyer du courtois Idoménée – et
ils les jettent côte à côte sur le rivage, à l'endroit où
Achille médite un grand tombeau pour Patrocle et
lui-même.

Puis, lorsqu'ils ont étalé en tous sens une masse
énorme de bois, ils s'assoient là, tous ensemble, et
attendent. Mais, brusquement, Achille à ses Myrmidons
belliqueux donne ordre de ceindre le bronze et d'at-
teler, tous, leurs chevaux et leurs chars. Ils se lèvent,
revêtent leurs armes et montent, tous, sur les chars,
combattants comme cochers. Les chars sont devant ;
derrière marche une nuée de gens de pied ; ils sont

innombrables. Au milieu, Patrocle est porté par les siens. Le cadavre se vêt tout entier des cheveux coupés sur leurs fronts qu'ils s'en viennent jeter sur lui. Derrière vient le divin Achille, soutenant la tête du mort, désolé : il mène chez Hadès un ami sans reproche !

Iliade, XXIII, 108-137

Depuis le monde homérique où Ulysse construit son navire pour repartir de l'île de Calypso, la construction navale justifiait également l'abattage d'arbres.

COMMENT CONSTRUIRE UN NAVIRE

De son berceau de brume, à peine était sortie l'Aurore aux doigts de rose, qu'Ulysse revêtait la robe et le manteau. La Nymphe se drapa d'un grand linon neigeux, à la grâce légère, elle ceignit ses reins de l'orfroi le plus beau ; d'un voile retombant elle couvrit sa tête, puis fut toute au départ de son grand cœur d'Ulysse. Tout d'abord, elle vint lui donner une hache aux deux joues affûtées, un gros outil de bronze, que mettait bien en mains un manche d'olivier aussi ferme que beau ; ensuite, elle apporta une fine doloire et montra le chemin vers la pointe de l'île, où des arbres très hauts avaient poussé jadis, aulnes et peupliers, sapins touchant le ciel, tous morts depuis longtemps, tous secs et, pour flotter, tous légers à souhait. Calypso lui montra cette futaie d'antan, et la toute divine regagna son logis. Mais lui, coupant ses bois sans chômer à l'ouvrage, il jetait bas vingt arbres, que sa hache équarrit et qu'en maître il plana, puis dressa au cordeau. Calypso revenait : cette toute divine apportait les tarières.

Ulysse alors perça et chevilla ses poutres, les unit l'une à l'autre au moyen de goujons et fit son bâtiment.

Odyssée, V, 228-249

HOMÈRE
VIIIᵉ s. av. J.-C.

VIRGILE
Iᵉʳ s. av. J.-C.

CLAUDIEN
Vᵉ s. ap. J.-C.

Tite-Live

En 205 avant J.-C., Scipion produit des jeux à la veille de son expédition en Afrique : l'Étrurie, région qui fournissait de grandes quantités de bois, ne fut pas ménagée pour constituer la flotte.

DES FORÊTS MENÉES EN BATEAU

S'il n'avait ni obtenu ni accompli de grands efforts pour obtenir de faire une levée, Scipion réussit à avoir l'autorisation de recruter des volontaires et, parce qu'il avait déclaré que sa flotte ne coûterait rien à l'État, de recevoir les dons versés par les alliés pour construire de nouveaux navires. Les peuples d'Étrurie furent les premiers, chacun suivant ses ressources, à promettre d'aider le consul : les Cérites offrirent du blé et des vivres de toute sorte pour les équipages, les gens de Populonia, du fer, ceux de Tarquinies, des toiles pour les voiles, ceux de Volterra, des varangues pour les quilles et du blé, ceux d'Arretium, 3 000 boucliers, autant de casques, des javelots, des gèses, des lances longues, au total 50 000, en nombre égal pour chaque catégorie ; des haches, des bêches, des faux, des paniers, des moulins à bras, autant qu'il en fallait pour charger 40 vaisseaux de guerre, 120 000 boisseaux de froment et de quoi constituer les provisions des décurions et des rameurs ; les habitants de Pérouse, de Clusium, de Ruselles, du bois pour la fabrication des navires et une grande quantité de blé ; on se servit aussi du bois des forêts de l'État. Les peuples d'Ombrie et, en outre, les habitants de Nursia, de Réate, d'Amiternum et ceux de tout le territoire sabin, promirent des soldats ; beaucoup de volontaires marses, péligniens et marrucins se firent inscrire pour servir dans la flotte. Les habitants de Camerinum, qui avaient avec les Romains un traité d'alliance sur un pied d'égalité, envoyèrent une cohorte tout armée de 600 hommes. Comme la construction de 30 carènes de navires (20 quinquérèmes, 10 quadrirèmes) avait été mise en chantier, Scipion en personne pressa si bien les travaux que 45 jours après qu'on eut tiré le bois des forêts, les navires équipés et armés furent mis à la mer.

Histoire romaine, t. XVIII, livre XXVIII, 45, 13-21

HOMÈRE
VIIIᵉ s. av. J.-C.

VIRGILE
Iᵉʳ s. av. J.-C.

CLAUDIEN
Vᵉ s. ap. J.-C.

Pline l'Ancien

Certaines essences rares étaient importées pour des usages très particuliers, parfois jusqu'à épuisement des forêts, tel le cèdre des montagnes de l'Atlas ou de Mauritanie pour des tables luxueuses.

LES BIJOUX DES HOMMES :
DES TABLES DE L'ATLAS

L'Atlas est renommé pour sa forêt d'arbres particuliers dont j'ai aussi fait mention. À cette chaîne confine la Mauritanie, où abondent les citres, et d'où vient cette folie des tables de citre que les femmes rétorquent aux hommes quand ils leur reprochent leurs perles.

Il existe encore aujourd'hui une table de citre payée par Cicéron 500 000 sesterces, et cela, malgré sa fortune médiocre, et, fait plus étonnant encore, dans un temps comme le sien ! On mentionne aussi celle de Gallus Asinius, qui lui coûta un million de sesterces. Deux de ces tables dépendant de la succession du roi Juba furent vendues, l'une 1 200 000 sesterces, et l'autre, un peu moins. Récemment, il s'en est perdu une venant de Céthégus dans un incendie, qui avait coûté un 1 300 000 sesterces, la valeur d'un grand domaine, si tant est qu'on voulût mettre une pareille somme dans une propriété.

Les plus grandes qu'on ait jamais vues furent l'une, celle commandée par Ptolémée, roi de Mauritanie : elle était faite de deux demi-cercles, mesurait quatre pieds et demi de diamètre et un quart de pied d'épaisseur, et l'art, en cachant la jointure, avait fait un miracle plus grand que n'aurait pu le faire la nature ; l'autre, d'une seule pièce, est la table de l'affranchi de Tibère, Nomius, dont elle a reçu le nom : elle a, en largeur, quatre pieds moins trois quarts de pouce, et un pied moins la même fraction en épaisseur. À ce sujet je ne dois pas omettre de mentionner que la table de l'empereur Tibère, large de quatre pieds deux pouces et trois lignes, mais épaisse seulement d'un pouce et demi, était revêtue d'un placage fait d'une lame de citre, alors que son affranchi Nomius en possédait une si riche.

Ces loupes sont des excroissances de la racine ; et les plus estimées sont celles qui se sont développées entièrement en terre ; elles sont plus rares que les broussins du tronc et des rameaux. À vrai dire, ce que l'on paie si cher est donc un défaut de l'arbre, et l'on peut juger de sa grosseur et de l'ampleur de ses racines par le diamètre des tronçons. Le citre ressemble, par son feuillage, son odeur et son tronc, au cyprès femelle et même au cyprès sauvage. C'est le mont Ancorarius, dans la Mauritanie intérieure, qui produisait le citre le plus estimé ; il est déjà épuisé.

Histoire naturelle, XIII, 29

L'EXPLOITATION FORCENÉE
DU SOL ET DU SOUS-SOL

Il paraît concevable que l'homme fasse produire à la terre ce qu'elle peut lui apporter (les cultures), extraie de ses entrailles ce qu'elle recèle (les minerais), la dépouille de ses parures (les forêts), voire essaie d'améliorer ses propres conditions de vie lorsque la nature ne leur est pas favorable (insalubrité des marécages, irrigation, protection contre les intempéries, etc.).

En fait, deux problèmes se posent ; le premier est naturellement celui de savoir jusqu'où l'homme peut (ab)user de la nature (*uti non abuti !*) : y a-t-il une norme, une morale, une éthique, des lois, des principes, des interdits, des limites à ne pas dépasser ou enfreindre ? Quant au second, il constitue un préalable : il ne s'agit pas de savoir jusqu'où cela est possible mais, tout simplement, si cela est possible en soi.

Pour les Anciens, modifier ce que la nature a prévu, voulu, disposé à l'usage des hommes sous le mode de l'usufruit et non de la propriété est assimilable à un viol ou à un sacrilège à l'égard de Mère Nature ; il s'agit d'une question de respect religieux et non de prise de conscience d'un environnement naturel à préserver. Rien à voir avec notre moderne *Save the Planet !* pour nous et pour nos enfants. La question n'était pas de l'ordre d'un débat entre agriculteurs et industriels tournés vers l'exploitation massive des ressources naturelles *vs* protecteurs de l'environnement et écologistes, soit Monsanto *vs* José Bové et les faucheurs d'OGM.

D'un constat de départ selon lequel la nature a pourvu à tous les besoins de l'homme, on passe vite à celui que les hommes ne savent pas être raisonnables mais cherchent à épuiser ses ressources, pensant que tout est inépuisable – même si des voix plus pessimistes s'élèvent – ou qu'il faut du moins en profiter tant que la nature est généreuse. Rien n'a été inventé à l'ère du pétrole et du gaz naturel. Cela concerne une agriculture qualifiée aujourd'hui d'intensive ou de productiviste – au lieu d'extensive ; cela concerne surtout les ressources du sous-sol pour lesquelles les territoires de l'Hadès sont violés ; cela concerne enfin le remodelage des paysages par l'aplanissement des montagnes ou le détournement de cours d'eau. Il faut ensuite envisager les atteintes à la mer et à sa vie poissonneuse – et non seulement à la terre. Seul le ciel semble épargné dans les temps antiques, n'ayant connu que l'infraction mythique d'Icare, aussitôt puni pour son audace.

Par conséquent, la civilisation industrielle à venir n'a pas encore transformé un problème qui est d'ordre essentiellement religieux et moral en problème économique ou scientifique ; et l'usage déraisonné et démesuré des ressources de la nature ne conduit pas aux mêmes conclusions qu'aujourd'hui. Il est tout simplement condamnable de profaner Mère Nature à la surface de la Terre et de vouloir s'aventurer dans des réseaux souterrains qui conduisent aux enfers ; et, de surcroît, l'avidité humaine qui se greffe sur la profanation ne peut être que condamnée.

Mais l'histoire de Rome montre que le problème n'a fait que s'amplifier ; pour ce qui est des mines creusées dans la terre, une constitution impériale de 382 après J.-C. autorisa tout citoyen romain à creuser et ouvrir une mine, moyennant un impôt au fisc et un contrat avec le propriétaire de la terre.

HOMÈRE
VIIIe s. av. J.-C.

VIRGILE
Ier s. av. J.-C.

CLAUDIEN
Ve s. ap. J.-C.

Xénophon

L'Attique semble jouir d'un contexte naturel particulière-ment privilégié : la terre comme la mer sont sources de biens inépuisables ; il y a surtout le marbre du Pentélique et les mines d'argent du Laurion.

UNE ÉCHOGRAPHIE DE L'ATTIQUE

Il m'a paru tout de suite que notre pays est naturel-lement propre à fournir de multiples revenus. Pour le prouver, je vais décrire d'abord la nature de l'Attique. Que notre climat soit très tempéré, les productions du sol suffisent à le montrer. En tout cas, les plantes qui ne pourraient même pas germer ailleurs portent des fruits chez nous. Comme la terre, la mer, qui environne notre pays, est aussi très productive. En outre, tous les biens que les dieux nous dispensent à chaque saison viennent ici plus tôt qu'ailleurs et disparaissent plus tard. Ce n'est pas seulement par les productions que chaque année voit pousser et vieillir que cette contrée l'emporte sur les autres, mais encore par des richesses qui ne s'épuisent pas. La nature lui a donné du marbre en abondance, dont on fait des temples magnifiques, de magnifiques autels et des statues dignes de la majesté des dieux. Beaucoup de Grecs et de Barbares nous en demandent. Nous avons aussi des terres qui, ensemencées, ne portent pas de moissons, mais qui, fouillées, font vivre plus de monde que si elles produisaient du blé. Si elles renfer-ment de l'argent, c'est évidemment par une faveur de la Providence. En tout cas, parmi les nombreux pays voisins, continentaux ou insulaires, aucun ne possède le moindre filon d'argent. On pourrait croire, sans choquer la raison, que notre pays occupe à peu près le centre de la Grèce et même du monde habité ; car, plus on s'en éloigne, plus les froids et les chaleurs qu'on rencontre sont pénibles à supporter. Et si l'on veut aller d'un bout de la Grèce à l'autre, on passe autour d'Athènes, comme au centre d'un cercle, soit qu'on voyage par mer, soit qu'on voyage par terre. Sans être entourée d'eau de tous côtés, Athènes n'en a pas moins les avantages d'une île : elle a tous les vents à son service, soit pour importer ce dont elle a besoin, soit pour exporter ce qu'elle veut ; car elle est entre deux mers. Sur terre aussi, elle reçoit une grande quantité de marchandises ; car elle est sur le continent.

Sur les revenus, I, 1-3

HOMÈRE
VIIIe s. av. J.-C.

VIRGILE
Ier s. av. J.-C.

CLAUDIEN
Ve s. ap. J.-C.

Sénèque

*Pourtant, la nature avait pris soin d'enfouir la triade
maudite des métaux qui conduisent les hommes à se battre entre
eux. Mais c'est vers les entrailles de la terre que l'homme préfère
tourner ses yeux plutôt que vers le ciel, inversant les valeurs et
défiant les dieux d'en haut.*

L'HOMME CREUSE SA TOMBE
EN MÊME TEMPS QUE DES MINES

La nature ne nous prédispose au vice en nulle
manière. Oui, elle nous fait naître innocents et libres ;
elle n'a rien exposé à nos yeux qui pût irriter notre
avarice. Au contraire, elle a mis l'or et l'argent sous nos
pieds ; elle nous a donné à fouler, à écraser tout ce pour
quoi l'on nous foule et l'on nous écrase ; elle a élevé nos
fronts vers le ciel ; elle a voulu que nous n'ayons qu'à
dresser la tête pour regarder ses magnifiques et merveilleux ouvrages : le lever, le coucher des étoiles, les révolu-
tions d'un monde en marche hâtive qui nous découvrent
le jour les aspects de la terre, la nuit ceux du firmament ;
le cheminement des astres, tardif si on le compare au
rythme universel, vertigineux si l'on songe au cercle
immense qu'ils parcourent avec une célérité constance ;
les éclipses du soleil et de la lune, lorsqu'ils sont en opposition ; et tout un défilé de phénomènes dignes d'admiration, soit qu'ils évoluent dans l'ordre normal, soit
qu'ils jaillissent par l'intervention de causes soudaines :
traînées de feux au sein de la nuit, éclairs dans le ciel qui
s'ouvre, sans coup ni fracas de foudre, colonnes, poutres
et tant de figures que dessine la flamme.

Tel est le monde que la nature a mis en marche,
réparti, au-dessus de nos têtes ; mais l'or et l'argent,
mais le fer qui à cause d'eux ne reste jamais en paix
– comme pour signifier qu'il y a péril à nous les livrer –,

103

elle les a enfouis. Nous avons amené à la lumière ce qui devait nous dresser les uns contre les autres ; c'est nous qui, en défonçant la lourde armature de la terre, avons exhumé les causes et les instruments de nos périls ; c'est nous qui avons remis aux mains de la Fortune les fléaux dont elle nous accable, sans rougir de placer au rang le plus haut ce qui gisait au plus bas dans le sol. Veux-tu savoir quel éclat menteur a déçu tes yeux ? Rien de plus sale que ces métaux, tant qu'ils demeurent enfoncés dans leur gangue de fange, rien de moins reluisant, et cela se conçoit, puisqu'on les extrait d'interminables boyaux en pleines ténèbres. Aussi longtemps qu'on les travaille, qu'on les dégage de leurs scories, rien de plus hideux. Enfin, regarde les mineurs eux-mêmes dont les doigts nettoient cette terre stérile, produit des abîmes infernaux : tu verras de quel crasseux enduit ils sont barbouillés. Or la souillure de ces lingots s'attache moins aux corps qu'aux âmes et il en reste plus d'ordures chez le possesseur que chez l'ouvrier.

Lettres à Lucilius, livre XIV, 94, 56-59

HOMÈRE
VIIIe s. av. J.-C.

VIRGILE
Ier s. av. J.-C.

CLAUDIEN
Ve s. ap. J.-C.

Pline l'Ancien

C'est la même dénonciation d'un sacrilège que l'on trouve chez le naturaliste. Et les séismes semblent être une réponse de la terre indignée et des forces de l'Hadès. Tout cela pour des ressources qui s'épuiseront.

L'HOMME SAIGNE LA TERRE AUX QUATRE VEINES

Nous parlerons maintenant des métaux, qui sont la richesse même et le prix des choses. L'industrie scrute le sein de la terre pour de multiples raisons : ici, on creuse pour trouver des richesses, et les hommes recherchent l'or, l'argent, l'électrum, le cuivre ; là, pour l'agrément, ce sont les pierres précieuses et les couleurs pour peindre les murs et les boiseries ; ailleurs, pour satisfaire une rage aveugle, c'est le fer, plus apprécié même que l'or au milieu des guerres et des massacres. Nous suivons obstinément toutes les veines de la terre et vivons sur un sol miné, nous étonnant qu'il s'entrouvre parfois ou se mette à trembler, comme si, en vérité, l'indignation de notre mère sacrée ne pouvait se manifester de cette façon. Nous pénétrons dans ses entrailles et cherchons des richesses dans le séjour des Mânes, pensant que la terre n'est pas assez généreuse et fertile là où nous la foulons aux pieds. Et, parmi tous ces produits, les moins nombreux sont ceux que nous recherchons pour en faire des remèdes : combien rares sont les hommes qui creusent en se proposant la médecine pour but ! Pourtant c'est à sa surface aussi que la terre nous offre les plantes médicinales tout comme les céréales, car elle est libérale et complaisante en tout ce qui nous est utile. Mais ce qui cause notre perte, ce qui nous mène dans les enfers, ce sont les matières qu'elle a cachées dans ses profondeurs et qui ne se forment pas en un jour. De la sorte, notre imagination, s'élançant dans le vide, calcule quand, dans la suite de tous les siècles, nous aurons fini d'épuiser la terre et jusqu'ou pénétrera notre cupidité. Combien notre vie serait innocente et heureuse, combien même elle serait raffinée, si nous ne convoitions que ce qui se trouve à la surface de la terre, bref, que ce qui est tout près de nous.

Histoire naturelle, XXXIII, 1

HOMÈRE
VIIIe s. av. J.-C.

VIRGILE
Ier s. av. J.-C.

CLAUDIEN
Ve s. ap. J.-C.

Strabon

Le géographe permet de comprendre dans un même extrait différents aspects relatifs à la destruction des forêts : le déboisement avait pour but de fournir du bois aux villes et les régions montagneuses en bord de mer étaient les plus exposées en raison de la facilité du transport (par voie fluviale et par mer) ; mais parfois l'abattage des arbres était l'étape première d'autres blessures pour la nature : les carrières de pierre et de marbre ; il fallait d'abord raser les montagnes.

PLACE AU MARBRE !

Il s'y trouve du marbre, soit blanc, soit veiné d'un gris bleuâtre, en gisements tellement immenses et d'une si belle qualité – on en tire des dalles et des colonnes monolithiques – que Rome et les autres villes d'Italie s'y fournissent pour la construction de la plupart des monuments de marbre. Ce matériau est, au surplus, facile à transporter, du fait que les carrières dominent la mer, à faible distance de celle-ci, et que le Tibre reprend à son tour le fret maritime. La Tyrrhénie fournit également la plus grande partie du bois de charpente utilisé dans la construction des maisons, avec les poutres les plus droites et les plus longues. Il est acheminé directement par le fleuve. À proximité des montagnes qui dominent Luna se trouve la ville de Luca, mais une partie de la population pratique l'habitat par bourgades. La contrée est néanmoins fortement peuplée et c'est elle qui procure à l'armée le plus gros contingent de soldats. [...]

Pise est une fondation des Pisates du Péloponnèse qui firent la guerre de Troie aux côtés de Nestor, s'égarèrent sur le chemin du retour et débarquèrent les uns à Métaponte, les autres dans la région de Pise. Tous, cependant, gardèrent leur nom de Pyliens. La ville s'élève entre deux cours d'eau et sur leur confluent même : l'Arno et l'Ausar. [...]

La légende raconte que, lorsque ces rivières descendirent pour la première fois des montagnes, les habitants de la région leur barrèrent le passage pour les empêcher d'inonder leur pays en formant ensemble un seul cours d'eau, qu'elles promirent alors de ne pas provoquer d'inondation et qu'elles tinrent parole. Pise paraît avoir été autrefois prospère et, aujourd'hui encore, sa renommée n'est pas négligeable grâce à la fertilité de son territoire, à ses carrières de pierre et au bois qu'elle livre pour la construction des bateaux. Ce bois lui servait autrefois à elle-même, quand elle était menacée du côté de la mer par les Ligyens qui, plus belliqueux que les Tyrrhéniens, les harcelaient alors et se montraient sur leur flanc des voisins malfaisants. Aujourd'hui, on en consomme la plus grande partie à Rome pour la construction des maisons, ainsi que pour celle des villas qu'on équipe en véritables palais de rois persans.

Géographie, V, 2, 5

L'exemple qui illustre le mieux cette politique de destruction de la nature au nom de la civilisation, c'est le développement de Rome.

COMMENT ROME CONSTRUISIT SON RAYONNEMENT

Dans les premiers temps, il est vrai, quand d'autres que les Romains possédaient des terres étendues et fertiles tout autour de Rome, alors que l'emplacement de la ville était à la merci d'une attaque, ce qu'on aurait pu leur envier, ce n'était certainement pas le lieu que le sort leur avait assigné. Mais quand ils se furent approprié tout le pays à force de vaillance et d'efforts, on vit en quelque sorte affluer chez eux des richesses qui dépassaient tout ce que peut offrir la nature en fait d'avantages. Aussi, malgré les dimensions qu'elle a atteintes, la ville peut-elle faire face à tous ses besoins, tant pour son ravitaillement en vivres que pour les fournitures de bois et de pierre requises sans interruption par les effondrements et les incendies, de même que par les ventes et reventes d'immeubles qui se succèdent elles-mêmes sans interruption et qui équivalent en quelque manière à des effondrements volontaires, puisque de nouveaux acquéreurs démolissent les unes après les autres les maisons qu'ils achètent, pour en reconstruire d'autres à leur place. Pour subvenir à ces besoins donc, Rome dispose des ressources exceptionnelles que mettent à sa discrétion les nombreuses carrières de pierre, les forêts, enfin les cours d'eau utilisés pour les transports, à savoir d'abord l'Aniene, qui vient de la ville latine d'Albe, voisine du territoire des Marses, et va se jeter dans le Tibre en traversant la plaine située au pied de celle-ci, puis le Nar et le Ténéas, qui traversent l'Ombrie pour se jeter également dans le Tibre, enfin le Clanis, qui traverse la Tyrrhénie et le canton de Clusium.

César Auguste s'est d'ailleurs préoccupé de parer aux accidents que nous avons évoqués, d'une part en constituant un corps de milice recruté parmi les affranchis pour soutenir la lutte contre les incendies, d'autre part, pour prévenir les effondrements, en réduisant la hauteur des nouvelles constructions par un règlement qui interdit de bâtir sur la voie publique au-dessus de 70 pieds. Ces mesures seraient néanmoins insuffisantes sans l'appoint des carrières, des forêts et des facilités de transport.

Géographie, V, 3, 7

HOMÈRE
VIIIᵉ s. av. J.-C.

VIRGILE
Iᵉʳ s. av. J.-C.

CLAUDIEN
Vᵉ s. ap. J.-C.

Pline l'Ancien

*Un homme s'illustra par son extravagance sous la
République, rivalisant avec les futurs empereurs de Rome ; il fit
venir à Rome des tonnes de marbre, de métaux et de bois pour un
théâtre provisoire : M. Aemilius Scaurus.*

PRÉDATEUR URBAIN

Je ne souffrirai pas que ces deux mauvais princes
jouissent même de cette sorte de gloire, et nous allons
montrer que leur folle prodigalité a été surpassée grâce à la
fortune privée de M. Scaurus, dont l'édilité sans doute fut ce
qui contribua le plus à ruiner les mœurs ; et Sylla fit plus de
mal encore en donnant une telle puissance à son beau-fils
qu'en proscrivant tant de milliers de citoyens. Au cours de
son édilité, Scaurus fit exécuter le plus grand ouvrage de
tous ceux qui aient jamais été faits de main d'homme, non
pour un temps limité, mais avec l'intention de le faire durer
éternellement. Ce fut son théâtre ; la scène comportait trois
étages et trois cent soixante colonnes ; cela dans une ville
qui n'avait pas supporté six colonnes faites en marbre de
l'Hymette sans en faire grief à un citoyen important. La
partie la plus basse de la scène était de marbre, le milieu,
de verre, matière que le luxe n'osa jamais utiliser à cette fin,
même après cet exemple, le haut, de bois doré. Comme
nous l'avons dit, les colonnes du bas mesuraient trente-huit
pieds de haut. Les statues de bronze des entrecolonnements
étaient, comme nous l'avons indiqué, au nombre de trois
mille ; l'enceinte elle-même du théâtre contenait quatre-
vingt mille personnes, alors que celle du théâtre de Pompée
est amplement suffisante aujourd'hui pour quarante mille
spectateurs dans une ville dont pourtant l'étendue s'est tant
multipliée et qui compte une population tellement plus
nombreuse.

Histoire naturelle, XXXVI, 24

LA SPÉCULATION IMMOBILIÈRE

Les atteintes à la nature ont pour principale cause une évolution des sociétés humaines que nous connaissons bien de nos jours et qu'on appelait à Rome la « spéculation édilitaire » : en deux mots, lotir et construire – pour faire du profit.

La polémique contre la spéculation immobilière avait déjà pour corrélat la dénonciation du saccage du milieu naturel, de la construction sauvage sur zone non constructible ou déclassée, de l'expropriation d'agriculteurs et de la diminution des terres agricoles au profit de villégiatures de riches. En effet, c'est le but lucratif qui l'emporte toujours, plutôt qu'une politique harmonieuse respectant la nature. Rien de nouveau sous le soleil – pour reprendre la formule latine *Nihil novi sub sole !*

La législation romaine en matière édilitaire était assez permissive : la notion de permis de construire n'existait pas, comme le confirment de nombreux textes de lois (dont le *Digeste* d'Ulpien) – d'où les constructions sur le littoral modifiant même celui-ci, à condition que personne ne soit lésé ; mais qui oserait s'en plaindre quand il s'agit d'un puissant qui prend ses aises ? Seules contraintes, mais souvent contournées : la stabilité, la hauteur et la distance entre les bâtiments. Dans le prolongement de la loi des XII Tables, plusieurs sénatus-consultes (*Hosidianum* et *Volusianum*), vers la moitié du 1er siècle après J.-C., limitèrent la spéculation immobilière, de même que certains empereurs, tels Auguste, Trajan ou Hadrien – et même Néron ! Ainsi, un immeuble ne pouvait-il dépasser dix-huit mètres de hauteur sous Trajan, et il n'était pas autorisé de démolir des édifices. Mais un immeuble a si vite fait de s'écrouler lorsqu'il a été mal construit par économie de chaux ou que le feu s'y est déclaré. Les *insulae* romaines, habitations collectives divisées en appartements de location, n'avaient d'autres fins que de profiter de l'accroissement de la population pour spéculer.

À toutes les époques ont fleuri des promoteurs qui considèrent l'habitat en termes de *tabula rasa*, « table rase » : mettre par terre pour construire à neuf vaut mieux que de restaurer ; diviser en appartements une bâtisse (ce qu'on appelle aujourd'hui « vente à la découpe » par opposition à l'indivision) peut rapporter plus que de conserver son intégrité. Le pourtour méditerranéen – bien qu'il ne soit pas le seul dans la mondialisation – connaît toujours ces choix qui font du promoteur le maître de la pyramide du logement, avec l'appui – la pluie et le beau temps même – des politiques, jusqu'au jour où le scandale éclate sous la forme de conflits d'intérêts. De la paillote en matériaux précaires devenue bar de plage à l'immeuble en béton « les pieds dans l'eau », la Méditerranée n'a pas beaucoup changé, finalement, depuis l'Antiquité.

Des spéculateurs sont ainsi devenus célèbres, tels Marcus Crassus et Lucius Lucullus ; des affaires douteuses et des procès alimentèrent les tribunaux ; Caton lui-même avait investi une partie de sa fortune dans l'économie de la poix où des réseaux de type mafieux sévissaient. Alors, si même Caton était capable de cela et avait les mains sales – ou du moins poisseuses !... *Ô tempora, o mores !*, « Ô temps, ô mœurs ! ». Caton, ce modèle de vertu à qui l'on doit la disparition d'une civilisation : Carthage et toute la culture punique rassemblée dans les *Punici libri* livrés au feu et au pillage. Scipion Émilien en pleura, selon Appien.

HOMÈRE
VIIIe s. av. J.-C.

VIRGILE
Ier s. av. J.-C.

CLAUDIEN
Ve s. ap. J.-C.

Pline l'Ancien

La dévastation de la nature est un acte contre la nature poussé par la folie du luxe ; l'homme défait ce que la nature a voulu pour elle-même et pour les hommes, telles les montagnes faites pour séparer les peuples.

DES VILLAS CONSTRUITES
AU MÉPRIS DE LA NATURE

Mais les montagnes, la nature se les était constituées pour elle-même, comme des assemblages destinés à condenser les entrailles de la terre, et aussi à dompter l'assaut des fleuves, à briser les flots, et à contenir les éléments les plus turbulents par l'obstacle de la matière la plus dure qui la compose.

Et nous, sans autre dessein que nos jouissances, nous coupons et transportons les monts qu'il fut jadis merveille de seulement franchir. Nos ancêtres mirent presque au rang des prodiges le passage des Alpes par Hannibal, puis par les Cimbres : et voici maintenant qu'on les fend pour en tirer mille espèces de marbres. On ouvre des promontoires au passage de la mer, on nivelle la nature. Nous emportons ce qui avait été placé comme frontière pour séparer les peuples, l'on construit des vaisseaux pour aller chercher des marbres, et, sur les flots, le plus sauvage élément naturel, ici et là, l'on transporte les cimes des montagnes. Encore y a-t-il à cela plus d'excuse que lorsque, pour avoir une boisson fraîche, l'on va chercher un vase jusqu'au milieu des nuages et, pour boire glacé, l'on creuse des cavernes proches des cieux. Que chacun songe en soi-même au prix de ces travaux, à l'énormité des masses qu'il voit emporter et traîner, et combien sans cela la vie de bien des mortels serait plus heureuse. Et cette œuvre ou, pour dire plus vrai, ces souffrances humaines, quels en sont les résultats utiles, quels autres plaisirs engendrent-elles, sinon celui de reposer au milieu de pierres aux taches colorées, comme si, en vérité, les ténèbres nocturnes, qui pour chacun occupent la moitié de la vie, ne dérobaient pas ce plaisir ?

Histoire naturelle, XXXVI, 1

HOMÈRE
VIIIᵉ s. av. J.-C.

VIRGILE
Iᵉ s. av. J.-C.

CLAUDIEN
Vᵉ s. ap. J.-C.

Sénèque le Rhéteur

*Dans une pièce d'éloquence pleine de passion, Papirius
Fabianus s'insurge contre l'activité édilitaire – c'est-à-dire l'activité des édiles, magistrats municipaux – et toutes ses déviations
et dérives : appauvrir les montagnes de leurs forêts et de leur
pierre, imiter la nature chez soi au lieu d'en jouir là où elle est,
jusqu'à bouleverser l'ordre de la terre et de la mer.*

LE MONDE À L'ENVERS

Les maisons qui ont été construites pour qu'on y vive
et soit à l'abri des intempéries ont été agrandies par les
hommes à tel point qu'au lieu de protéger elles sont deve-
nues des menaces ; en outre, la hauteur des constructions
et l'étroitesse des rues sont telles qu'il n'est plus possible
d'échapper aux incendies ni de se protéger des effondrements. Pour satisfaire l'amour du luxe, on arrache aux
montagnes toutes sortes de pierres et partout on abat les
forêts ; le cuivre, le fer et même l'or sont employés dans
la construction et la décoration des maisons : on ne le fait
peut-être que pour passer les jours et les nuits dans l'attente angoissante d'un écroulement ou d'un incendie.
On en est arrivé au point que, si un feu criminel ou
accidentel se déclare, les effondrements et les incendies
dévastent la cité ; personne ne se préoccupe de défendre
ses propres biens, mais tous, devant le danger commun,
se précipitent pour piller et voler le bien d'autrui. C'est
pour cela que l'on taille les pierres qui servent à revêtir
les parois ? C'est à ce résultat qu'amènent les pavements
en tesselles et les plafonds incrustés d'or ? Et ce n'est pas
tout. Dans ces maisons vacillantes, on cherche à imiter
les montagnes et les forêts, et dans l'ombre des pièces,
des jardins, des mers et des fleuves, signes évidents que
leurs propriétaires n'ont jamais vu de vraies forêts ou
des champs verdoyants traversés par un cours d'eau

qui descend impétueusement des montagnes ou qui parcourt majestueusement la plaine ; parce que, s'ils avaient vu cela, ils ne se contenteraient pas de ces pâles imitations. L'étroitesse de leur esprit les fait construire des digues sur les côtes, entasser de la terre sur de la terre, fermer des golfes pour faire monter le niveau de l'eau ; et d'autres creusent la terre ferme pour y faire couler la mer. En somme, par leur incapacité à jouir des choses vraies, les hommes se plaisent à voir des terres et des mers introduites, au mépris de la nature, en des lieux qui ne sont pas faits pour elle.

Controverses, II, 1, 11-13
(traduction Patrick Voisin)

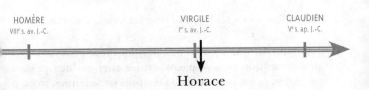

HOMÈRE
VIIIᵉ s. av. J.-C.

VIRGILE
Iᵉʳ s. av. J.-C.

CLAUDIEN
Vᵉ s. ap. J.-C.

Horace

Le poète attaché à son terroir, en Sabine, constate combien les villégiatures des riches repoussent toujours plus loin, par leurs jardins exotiques d'agrément, la vraie campagne cultivée.

LES RICHES DÉPASSENT LES BORNES À LA CAMPAGNE

Voici que nos constructions royales ne vont laisser à la charrue que peu d'arpents ; de tous côtés vont se faire regarder des viviers d'étendue plus vaste que le lac Lucrin, et le platane voué au célibat triomphera des ormeaux. Alors les parterres de violettes et les myrtes et tout le trésor de l'odorat répandront des parfums là où les plants d'oliviers avaient des fruits pour le maître précédent ; alors l'épaisse ramure du laurier repoussera les coups de la brûlante chaleur. Tels n'étaient point les usages prescrits sous les auspices de Romulus et de l'hirsute Caton et par la règle des Anciens.

Les particuliers, chez ceux-là, avaient un cens vite décompté ; la fortune publique était grande ; la perche de dix pieds ne mesurait chez les particuliers nul portique recevant l'ombre que donne l'Ourse ; et les lois défendaient de mépriser un gazon ramassé au hasard, réservant l'usage nouveau de la pierre pour orner aux frais du trésor les villes et les temples des dieux.

Odes, II, 15

ET IL N'Y A PLUS DE LIMITES

Ni l'ivoire ni des panneaux dorés ne resplendissent dans ma maison ; des architraves de l'Hymette n'y pèsent point sur des colonnes taillées dans la plus

117

lointaine Afrique ; je n'ai pas, héritier inconnu d'Attale, pris possession de son palais, et des clientes bien nées ne tissent point pour moi de pourpres laconiennes, mais j'ai de la loyauté, mais la veine de mon esprit est féconde et, pauvre, je suis recherché du riche, je ne harcèle les dieux d'aucun autre souhait, je ne réclame point à mon puissant ami de plus larges dons, heureux assez de mon seul domaine sabin.

Le jour est chassé par le jour, et, sans cesse, des lunes nouvelles s'en vont périr. Toi, tout près du tombeau, tu fais tailler des marbres à l'entreprise, et, sans songer à ton sépulcre, tu bâtis des maisons, tu t'acharnes à reculer les bords de la mer qui gronde devant Baïes, t'estimant trop peu riche de n'avoir que la terre ferme du rivage. Mais que dis-je ? N'arraches-tu pas, sans discontinuer, les bornes des champs contigus aux tiens, ton avarice ne saute-t-elle point par-dessus les limites de tes clients ? On les expulse, femme et mari, portant dans un pli de leur robe les dieux de leurs pères et leurs enfants en haillons. Et cependant, pas plus qu'eux, le riche propriétaire n'a l'assurance de trouver, où a été marqué le terme de l'avide Orcus, un palais qui l'attende. Pourquoi viser plus loin ? La terre s'ouvre également pour le pauvre et pour les enfants des rois, et le satellite d'Orcus n'a point, séduit par l'or, porté en arrière le rusé Prométhée. Orcus tient prisonniers l'orgueilleux Tantale et la postérité de Tantale, et, que le pauvre au bout de ses épreuves l'ait invoqué ou non pour être soulagé, il l'exauce.

Odes, II, 18

HOMÈRE
VIII° s. av. J.-C.

VIRGILE
I° s. av. J.-C.

CLAUDIEN
V° s. ap. J.-C.

Sénèque

Faire pénétrer la mer dans sa villa et gagner de l'espace sur la mer n'est pas difficile quand on n'a pas le souci de l'environnement.

VILLA AVEC PISCINE NATURELLE

Maintenant, à votre tour, vous dont le luxe, en prenant de la place, n'est pas moins exorbitant que la cupidité de ces gens-là. Je vous dis : jusqu'à quand n'y aura-t-il point de lac que ne surplombe le faîte de vos villas ? point de cours d'eau que vos édifices ne bordent richement ? Partout où l'on verra sourdre un filet d'eau chaude, de nouvelles maisons de plaisir surgiront. Partout où s'ouvrira le moindre golfe dans un repli du rivage, à l'instant vous y bâtirez et, n'étant satisfaits que sur un sol artificiel, votre ouvrage, vous renverrez la mer sur elle-même. Vos palais ont beau faire éclater leurs splendeurs en tous lieux , ici sur des monts d'où l'œil embrasse un immense horizon de terre et d'eau, là dans des plaines où ils se dressent aussi haut que les monts, quand bien même vous avez construit sans fin et sans mesure, vous restez ce que chacun vous êtes : une individualité bien mince. À quoi bon tant de chambres ? Vous ne dormez que dans une. Toute place où vous n'êtes pas n'est pas vôtre.

Lettres à Lucilius, livre XIV, 89, 21

HOMÈRE
VIIIe s. av. J.-C.

VIRGILE
Ier s. av. J.-C.

CLAUDIEN
Ve s. ap. J.-C.

Plutarque

Les villas maritimes de Lucullus – contemporain de César et de Pompée qui s'enrichit lors de son proconsulat en Asie et mena une vie fastueuse à Rome à son retour – perturbent les repères : terre et mer s'y mélangent, s'y superposent, s'y interpénètrent. La nature ne s'y reconnaît plus.

LE XERXÈS EN TOGE

La vie de Lucullus ressemble à une comédie ancienne : on y lit au début le récit d'actions politiques et militaires, puis à la fin on n'y trouve plus que beuveries et soupers, et, peu s'en faut, cortèges bachiques, fêtes nocturnes et toute sorte de divertissements ; car je mets au nombre des divertissements les constructions somptueuses, les installations de promenades et de thermes, et, plus encore, l'achat de tableaux et de statues, le soin qu'il prit de rassembler à grands frais ces œuvres d'art, prodiguant à cette fin sans compter l'immense et splendide fortune qu'il avait amassée dans ses campagnes, car, même aujourd'hui où le luxe a pris de telles proportions, les jardins de Lucullus figurent encore parmi les plus magnifiques des jardins impériaux.

Quant aux travaux qu'il commanda au bord de la mer près de Naples, où il fit surgir des collines au-dessus de vastes galeries souterraines, entoura ses résidences de canaux marins qui servaient de viviers pour l'élevage des poissons et bâtit des habitations dans la mer, ils étaient tels qu'en les voyant le stoïcien Tubero appela Lucullus « un Xerxès en toge ». Il avait aussi à Tusculum des maisons de campagne pourvues de belvédères, salons et promenoirs largement ouverts. Pompée, y étant venu, lui fit ce reproche : « Tu as fort bien aménagé cette résidence pour l'été, mais tu l'as faite inhabitable en hiver. » Lucullus se mit à rire et dit : « Ainsi, tu penses que j'ai moins d'intelligence que les grues et les cigognes, et que je ne sais pas, comme elles, changer de demeures suivant les saisons ? »

Vies, t. VII, *Cimon-Lucullus, Nicias-Crassus*, 39

HOMÈRE
VIIIe s. av. J.-C.

VIRGILE
Ier s. av. J.-C.

CLAUDIEN
Ve s. ap. J.-C.

Tacite

C'est à Néron qu'il convient d'attribuer l'activité édilitaire la plus importante, lors de l'incendie de Rome. Il existait des textes interdisant la démolition d'édifices dans le but de spéculer sur les ruines ou de réutiliser des matériaux, mais le feu était si compréhensif.

COMMENT LE PASSÉ DE ROME PARTIT EN FUMÉE POUR LES PLAISIRS D'UN PROMOTEUR FOU

Fixer le nombre des demeures, des îlots et des temples détruits ne serait pas aisé ; mais les plus antiques monuments de la religion, celui que Servius Tullius avait dédié à la Lune, le Grand Autel et la chapelle consacrés à Hercule secourable par l'Arcadien Évandre, le temple de Jupiter Stator, voué par Romulus, le palais royal de Numa et le sanctuaire de Vesta, avec les Pénates du peuple romain, furent consumés ; de même, les richesses acquises par tant de victoires et les merveilles des arts grecs, puis les œuvres anciennes et inaltérées des génies littéraires, en sorte que, malgré la splendeur de la Ville renaissante, les vieillards se rappelaient maints trésors dont la perte était irréparable. Il y eut des gens pour noter que cet incendie prit naissance le quatorzième jour avant les calendes d'août, l'anniversaire du jour où déjà les Sénons, après s'être emparé de la Ville, l'avaient livrée aux flammes. D'autres ont même poussé la recherche jusqu'à compter qu'il y eut autant d'années, de mois et de jours entre les deux incendies.

Quoi qu'il en soit, Néron mit à profit les ruines de sa patrie et fit construire une demeure telle que les pierreries et l'or étonnaient moins – ce luxe étant depuis longtemps ordinaire et répandu – que des champs, des pièces d'eau et, comme dans les grands espaces, ici des bois, là des esplanades et des perspectives, ayant pris comme maîtres d'œuvre et comme architectes Severus et Celer, dont l'imagination audacieuse consistait à réaliser, au moyen de l'art, même ce que la nature avait refusé, et à prodiguer en se jouant les ressources du prince. C'est ainsi qu'ils lui avaient promis de creuser un canal navigable, du lac Averne jusqu'aux bouches du Tibre, le long d'un littoral aride ou à travers une chaîne de montagnes. En effet, pour alimenter le canal, on ne rencontre, en fait d'eau, que les marais Pontins ; le reste est escarpé ou desséché ; eût-on pu en venir à bout, le travail était excessif, les motifs insuffisants. Néron, cependant, qui désirait l'incroyable, s'efforça de percer les hauteurs voisines de l'Averne ; il reste encore des traces de sa vaine espérance.

Par ailleurs, les parties de la Ville que la demeure impériale avait épargnées ne furent pas, comme après l'incendie des Gaulois, rebâties sans ordre et au hasard, mais on mesura l'alignement des immeubles, on élargit la dimension des rues, on réduisit la hauteur des édifices, on ouvrit des cours, et on ajouta des portiques, pour protéger la façade des îlots. Ces portiques, Néron promit de les élever à ses frais, et aussi de livrer aux propriétaires les terrains déblayés. Il ajouta des primes, proportionnées au rang et à la fortune de chacun, et fixa le délai dans lequel ils devraient terminer les demeures ou les îlots pour les obtenir. Il destinait les marais d'Ostie à recevoir les décombres et voulait que les navires qui avaient remonté avec une cargaison de blé le cours du Tibre fussent chargés de décombres en le descendant. Les édifices eux-mêmes devaient être solidement construits, dans une partie déterminée sans poutres de bois, en pierre de Gabies ou d'Albe, parce que ce matériau est à l'épreuve du feu. En outre, comme l'eau était détournée abusivement par des particuliers, pour la rendre plus abondante et la répandre davantage dans l'intérêt public, on établit des surveillants ; des moyens de lutte contre l'incendie durent être mis en évidence à la disposition de chacun ; enfin, on interdit les parois mitoyennes et on imposa pour chaque maison une enceinte de murs particulière. Ces règlements, appréciés en raison de leur utilité, contribuèrent aussi à l'embellissement de la nouvelle Ville. Il y avait toutefois des gens pour penser que l'ancien plan convenait mieux à la salubrité, sous prétexte que l'étroitesse des ruelles et la hauteur des immeubles les rendaient moins perméables à l'ardeur du soleil, tandis que maintenant ces vastes espaces, que ne protégeait aucune ombre, étaient embrasés.

Annales, XV, 41-43

LES DÉSASTRES
DE L'AMÉNAGEMENT DU TERRITOIRE

L'homme creuse, arrache, déplace, comble, défigure la nature et menace l'équilibre de la terre. Faut-il s'étonner dès lors de tremblements de terre, de gouffres qui s'ouvrent, de crues et d'inondations, de véritables scènes de déluge ? Tout cela n'est pas seulement dû aux vents et aux volontés de la nature et des dieux.

Les désastres géologiques semblent être le résultat logique du déboisement et des pâturages non contrôlés ; c'est l'intervention humaine qui crée les catastrophes naturelles, et les hommes sont pris entre la volonté d'améliorer les conditions de la vie sur terre et le châtiment de la Nature qui s'indigne des dommages que les hommes lui font subir. Le bonheur terrestre impliquerait ainsi la ruine, au bout – invitation à ne rien modifier à la Nature.

Le dilemme ne date pas d'hier. Les savants ont remarqué que les inondations du Tibre se sont intensifiées à l'époque des Guerres Puniques, lorsque le déboisement des Apennins s'est accru ; des erreurs ayant été commises (zones inondables loties, économie de digues pourtant nécessaires, lits de rivières non entretenus, remodelage du relief sans étude des conséquences), les années 241, 215, 203, 202, 193 et 189 avant J.-C. ont été des années de sinistre mémoire pour les Romains. Neuf inondations eurent lieu entre 60 avant J.-C. et 15 après J.-C. !

Or, paradoxalement, les auteurs mettent toujours les dégâts en relation avec la volonté divine ou une nature trop malveillante. Dès lors, les croyances liées aux bois sacrés inviolables peuvent être lues comme des mythes qui préviennent de ne pas les détruire ; et les lois protégeant les arbres ont valeur d'avertissement.

Il y avait un curateur des eaux à Rome, fonctionnaire impérial chargé de la protection des aqueducs et de tous les conduits amenant l'eau des sources jusqu'aux cités romaines ; cette fonction était assurée par un sénateur choisi par l'empereur et secondé par tout un personnel d'esclaves chargés de veiller sur les aqueducs, les châteaux d'eau et les fontaines ; toutefois, il s'agissait de s'occuper des eaux canalisées et non des eaux sauvages. Au-delà, il y avait certes des mesures préventives, telles que le nettoyage et la consolidation des rives, ou l'entretien des égouts qui recevaient les eaux pluviales, les eaux de drainage et les eaux usées – à commencer par la *Cloaca Maxima*, le grand égout collecteur bâti à Rome par Tarquin l'Ancien ; mais l'on ne s'attaqua pas aux vraies racines du mal : la disparition des arbres. Le lien entre les inondations et l'érosion des pentes des montagnes n'était que très vague dans les esprits, d'autant plus que la croissance économique ne pouvait se passer du bois comme principale source d'énergie et comme matériau de construction. Il n'y avait donc qu'à supporter les conséquences en se plaignant de la Nature.

À une autre échelle, aujourd'hui, les scientifiques constatent et déplorent les changements climatiques. Il suffit toujours de poser les 5W (*the five Whys*) – en français : quoi ? qui ? où ? quand ? pourquoi ? –, méthode à la base d'un grand nombre de systèmes de qualité.

HOMÈRE
VIIIe s. av. J.-C.

VIRGILE
Ier s. av. J.-C.

CLAUDIEN
Ve s. ap. J.-C.

Servius

Alors que les habitants de Camerina, en Sicile, voulaient assécher un marais qui empoisonnait leur vie, Apollon les dissuada de s'opposer aux volontés de la nature. L'assainissement se fit malgré l'oracle, mais la ville fut envahie plus tard par des ennemis à cet endroit qui avait été drainé.

UNE INITIATIVE MAL RÉCOMPENSÉE

Camerina est un marais proche de la ville du même nom. Il y eut un temps où, étant desséché, il causa la peste. Apollon étant consulté sur cela rendit un oracle. Comme on lui demandait si on achèverait de dessécher le marais, il le défendit. On ne laissa pas de passer outre. La peste cessa, mais les ennemis arrivèrent par-là et on regarda ces événements très naturels comme une punition. Si un marais à demi desséché cause la peste, qu'y a-t-il de merveilleux ? On le dessèche entièrement, la cause des maladies est ôtée ; mais le passage est tout fait pour l'ennemi, il n'y a rien là que de très ordinaire ! Mais lorsque la superstition s'en mêle, tout devient un enchaînement de merveilles.

*Commentaires sur l'*Énéide *de Virgile*, III, 701
(traduction Patrick Voisin)

127

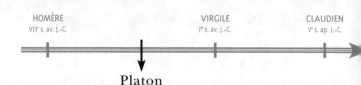

HOMÈRE
VIIIᵉ s. av. J.-C.

VIRGILE
Iᵉʳ s. av. J.-C.

CLAUDIEN
Vᵉ s. ap. J.-C.

Platon

Les hommes de l'Atlantide semblent être responsables des glissements de terrains qu'ils observent. Au lieu d'incriminer la nature, il conviendrait de dénoncer le déboisement systématique.

LA TERRE NOURRICIÈRE A FAIT PLACE À DES COULÉES DE BOUE

On rapporte encore de notre pays (ce qui est croyable et véridique) que ses frontières étaient alors celles-ci : c'était d'abord, d'un côté, l'isthme ; de l'autre, elles allaient jusqu'aux sommets du Cithéron et du Parnès. Elles franchissaient même la montagne et comprenaient, à droite, Oropie ; mais, à gauche, du côté de la mer, elles excluaient le fleuve Asope.

La terre de ce pays dépassait, dit-on, en fertilité toutes les autres, en sorte que la contrée était alors capable de nourrir une grande armée, exempte des travaux de la terre. Et voici un témoignage de sa bonté. Ce qui en subsiste encore aujourd'hui est sans égal pour la variété et la qualité des fruits, et pour l'excellence des pâturages qu'elle offre à toute sorte de bétail. Mais alors, outre leur qualité, elle portait aussi ces fruits en quantité infinie. Comment le croire et sur quel vestige de cette terre d'alors pourrait-on le vérifier ? Détachée tout entière du reste du continent, elle s'allonge aujourd'hui dans la mer, comme l'extrémité du monde. Et certes, le vase marin qui l'enferme est partout d'une extrême profondeur. C'est qu'il y eut de nombreux et terribles déluges, au cours de ces neuf mille ans (tel est, en effet, l'intervalle de temps qui sépare l'époque contemporaine de ces temps-là). Au cours d'une période si longue et parmi ces accidents, la terre qui glissait des lieux élevés ne déposait pas, comme ailleurs, des sédiments notables, mais, roulant toujours, elle finissait par disparaître dans l'abîme. Et, ainsi qu'on peut s'en rendre compte dans les petites îles, notre terre est demeurée, par rapport à celle d'alors, comme le squelette d'un corps décharné par la maladie. Les parties grasses et molles de la terre ont coulé tout autour, et il ne reste plus que la carcasse nue de la région. Mais, en ce temps-là, encore intacte, elle avait pour montagnes de hautes ondulations de terre : les plaines qu'on appelle aujourd'hui champs de Phelleus, étaient couvertes d'une glèbe grasse ; il y avait sur les montagnes de vastes forêts, dont il subsiste encore maintenant des traces visibles. Car, parmi ces montagnes qui ne peuvent plus nourrir que les abeilles, il y en a sur lesquelles on coupait encore, il n'y a pas très longtemps, de grands arbres, propres à monter les plus vastes constructions, dont les poutres existent encore. Il y avait aussi beaucoup de hauts arbres cultivés, et la terre donnait aux troupeaux une pâture inépuisable. L'eau fécondante de Zeus qui s'y écoulait chaque année ne ruisselait pas en vain, comme aujourd'hui, pour aller se perdre de la terre stérile dans la mer : la terre en avait dans ses entrailles, et elle en recevait du ciel une quantité qu'elle mettait en réserve dans celles de ses couches que l'argile rendait imperméables ; elle dérivait aussi dans ses anfractuosités l'eau qui tombait des endroits élevés. Ainsi, en tous lieux, couraient les flots généreux des sources et des fleuves. Et pour tous ces faits, de nos jours encore, les sanctuaires qui subsistent, en l'honneur des anciennes sources, témoignent que le présent récit est véridique. Telle était donc la nature du reste du pays.

Critias, 110e-111d

HOMÈRE
VIIIᵉ s. av. J.-C.

VIRGILE
Iᵉʳ s. av. J.-C.

CLAUDIEN
Vᵉ s. ap. J.-C.

Tacite

L'historien relate une séance du Sénat où l'on essaie de parer aux inondations du Tibre. Mais la sagesse prévalut : il valait mieux éviter un dérèglement plus grand de la nature. Les vraies causes ne sont pourtant pas abordées.

L'EFFET DU REMÈDE PEUT ÊTRE PIRE QUE LE MAL

Le Sénat examina ensuite, sur rapport d'Arruntius et d'Ateius, si, pour régler les débordements du Tibre, il fallait détourner les fleuves et les lacs qui le grossissent, et on entendit les délégués des municipes et des colonies, parmi lesquels les Florentins suppliaient que la Chiana ne fût pas détournée de son lit et déversée dans l'Arno, ce qui provoquerait leur perte. Ceux d'Interamna parlèrent dans le même sens : on ruinerait les plaines les plus fertiles de l'Italie si – tel était le projet – on divisait la Nera en ruisseaux, qui la transformeraient en un étang. Ceux de Réate ne se taisaient pas non plus et s'opposaient à la fermeture de l'issue par laquelle le lac Vélin s'écoule dans la Nera, car il se précipiterait sur les terres adjacentes ; la nature avait veillé au mieux sur les intérêts des mortels en fixant aux fleuves leurs débouchés, leurs lits et, de même que l'origine, le terme de leurs cours ; il fallait aussi avoir égard à la religion des alliés, qui avaient consacré un culte, des bois et des autels aux fleuves de la patrie ; bien plus, le Tibre lui-même ne voulait pas, privé de ses affluents, continuer à couler avec une gloire amoindrie. Les prières des colonies ou la difficulté des travaux ou encore la superstition eurent pour effet qu'on se rangea à l'avis de Pison, qui avait conseillé de ne rien changer.

Annales, I, 79, 1-4

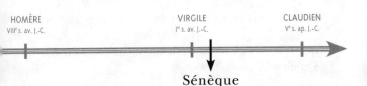

HOMÈRE
VIIIe s. av. J.-C.

VIRGILE
Ier s. av. J.-C.

CLAUDIEN
Ve s. ap. J.-C.

Sénèque

Sans en être pleinement conscient, le philosophe, qui explique comment le déluge universel aura lieu, par la conjonction des eaux de la mer et des eaux venues de la terre, semble pointer la deuxième cause des inondations, outre le déboisement : les trous creusés dans la terre pour extraire les minerais ou la pierre.

INONDATIONS ?
C'EST L'HOMME QUI A OUVERT LES VANNES

Quelques-uns pensent que des commotions viennent aussi déchirer la surface de la terre, mettant à nu des sources nouvelles, et que les fleuves, alimentés par des réservoirs pleins, en jaillissent avec un volume d'eau plus considérable.

Pour moi, j'admettrais volontiers ces explications, attendu qu'un si grand désastre ne saurait venir d'une seule cause.

Où la nature n'a-t-elle pas mis des eaux pour nous attaquer de toutes parts quand elle le voudrait ? On peut m'accuser de mentir, si l'eau ne se rencontre pas partout où l'on creuse la terre, si elle ne met pas finalement un terme à notre fouille, quand la cupidité nous enterre ou que quelque autre motif nous oblige à pénétrer dans le sous-sol. Ajoutons qu'il y a, cachés dans l'intérieur du globe, d'énormes lacs, de la mer en abondance, des fleuves nombreux coulant à travers ces régions invisibles. Il y aura donc partout une cause de déluge, puisque les eaux coulent les unes au-dessous, les autres autour des terres. Longtemps contenues, elles triompheront de leurs obstacles et uniront les fleuves aux fleuves, les étangs aux marais. La mer remplira alors les bouches des sources et leur donnera une ouverture plus grande. De même qu'un flux de ventre vide notre corps et que nos forces s'épuisent en sueurs, la terre se liquéfiera et, sans que d'autres causes interviennent, trouvera en elle où s'engloutir.

Questions naturelles, III, 29, 1-30, 3-4

Les Anciens ne furent pas loin de la vérité, tel Théophraste, mais Sénèque qui le cite ne croit pas à ses explications.

TANT QUE LA TERRE N'EST PAS ÉBRANLÉE ET QUE LES ARBRES BOIVENT

Mais, dira-t-on, s'ils naissent de causes constantes, comment se fait-il que les fleuves et les sources parfois tarissent, parfois apparaissent dans des lieux où il n'y en avait pas auparavant. C'est que leurs routes sont souvent bouleversées par un tremblement de terre. Un éboulement vient alors couper leur cours et retient les eaux qui cherchent une autre issue et s'élancent dans une direction nouvelle. Ou bien c'est la secousse même de la terre qui les transporte d'un point à l'autre. Il arrive souvent sur la surface du globe que des rivières dont le chenal a été détruit soient d'abord refoulées et se fraient ensuite une voie pour remplacer celle qu'elles ont perdue. Pareille chose, à ce que dit Théophraste, se passa sur le mont Corveus ; quantité de sources nouvelles y jaillirent après un tremblement de terre. Le même auteur fait intervenir encore d'autres causes capables d'éliciter les eaux, d'en arrêter ou d'en détourner le cours. L'Haemus, par exemple, fut un temps dépourvu d'eau. Mais comme une nation gauloise attaquée par Cassandre s'y était réfugiée et avait jeté bas les forêts, on vit apparaître une abondante quantité d'eau qu'évidemment les arbres absorbaient auparavant pour leur alimentation. Une fois ceux-ci coupés, l'humidité, qui n'était plus consommée par les végétaux, se répandit à la surface. Il assure que le même fait se produisit dans les parages de Magnésie.

Soit dit sans offenser Théophraste, cette explication n'est pas vraisemblable. Les lieux les plus ombragés sont en général les plus humides. Il n'en serait pas ainsi si les arbres privaient d'eau le terrain sur lequel ils se trouvent. Car c'est du voisinage immédiat que s'alimentent les végétaux. L'eau des grands fleuves vient au contraire des profondeurs ; elle prend naissance bien au-delà du point où les racines peuvent s'étendre. Et puis, une fois coupés, les arbres ont un besoin d'eau encore plus grand ; il leur en faut non seulement pour vivre, mais pour croître.

Questions naturelles, III, 11, 1-4

LA POLLUTION
DE L'AIR ET DE L'EAU

L'industrie lourde, la chimie et la pétrochimie entraînent des conséquences qui posent parfois d'immenses problèmes à nos sociétés : l'élimination des déchets toxiques, la prévention des accidents industriels et l'utilisation excessive de produits insecticides ou fertilisants pour l'agriculture, mais également de bombes aérosol contenant des CFC dans la vie quotidienne. Même les campagnes sont concernées par la pollution qui n'est plus le triste privilège des villes. D'un côté les algues vertes, de l'autre le nuage de dioxyde d'azote ou de carbone. Ainsi la pollution de la terre, des rivières et de la mer ainsi que de l'air par des rejets toxiques défraie-t-elle quotidiennement l'actualité. Les gaz à effet de serre, le réchauffement climatique, l'altération des écosystèmes ne peuvent être ignorés ; et la supposée nocivité des gaz de schiste pour l'environnement s'invite à présent à cette table fort peu gourmande.

La pollution, dans l'Antiquité, ne pouvait être que bien différente. Ni à Athènes ni à Rome la circulation des chars et des charrettes n'était contrôlée pour limiter les gaz d'échappement ; le port du masque anti-pollution était tout simplement impensable et aucune chape à l'odeur âcre ne pouvait recouvrir les villes. La pollution était associée à l'idée de profanation religieuse, quand l'impur entrait en contact avec le pur ; c'est le sens qu'avait le verbe *polluere* en latin. Il est clair que le champ, l'application et la valeur du mot « pollution » étaient radicalement différents.

Toutefois, le monde antique a-t-il échappé à la pollution, telle qu'elle est conçue au sens moderne de phénomène qui perturbe l'équilibre d'un biotope ou de l'écosystème en général, qu'il soit anthropique (lié à l'homme) ou d'origine non humaine, par l'introduction de substances chimiques ou organiques, de gènes ou de radiations ? Il convient de vérifier si les Grecs et les Romains ne mentionnent pas des effets que l'on rangerait aujourd'hui sous les catégories de pollution de l'eau, pollution du sol ou pollution de l'air.

L'agriculture et l'élevage étaient 100 % « bio » ; la pollution ne pouvait donc être que naturelle. Quant à l'artisanat et à la métallurgie, il y avait certes des déchets, mais assez limités : fumées, résidus de fusion, teintures végétales, etc. La pollution des eaux ou des terres pouvait encore être due à des facteurs occasionnels, tels que des sacrifices sanglants ou des batailles, et la pollution atmosphérique résulter de vapeurs sortant du sol. Cela suffisait pour que le ciel, la terre et l'eau ne soient pas totalement purs en certains endroits, donc soient pollués. Mais il est impossible d'imaginer quelque chose de semblable aux catastrophes de Tchernobyl ou de Fukushima, avec le voyage d'un champignon radioactif sur l'Europe entière ou la radioactivité des eaux souterraines ou marines.

De fait, comme les Anciens vivaient dans un monde beaucoup plus pur et beaucoup plus respirable que le nôtre, même si comparaison n'est pas raison selon la formule d'Étiemble, il n'existe aucun discours résultant d'une quelconque prise de conscience que l'environnement aurait été attaqué.

HOMÈRE
VIIIe s. av. J.-C.

VIRGILE
Ier s. av. J.-C.

CLAUDIEN
Ve s. ap. J.-C.

Frontin

Spécialiste des aqueducs, Frontin témoigne combien les eaux d'écoulement ont pu rendre l'air insupportable à respirer à Rome avant les travaux d'Agrippa, à l'époque d'Auguste, puis ceux des empereurs successifs, dont Nerva qu'il célèbre. Et il en était de même partout dans l'Empire.

DOUKIPUDONCTAN

Maintenant, grâce à la vigilance d'un prince très consciencieux, tout ce qui était intercepté par les fraudes des fontainiers ou gaspillé par incurie est venu l'accroître comme si l'on avait découvert de nouvelles sources. La quantité totale a été presque doublée et distribuée selon une répartition si exacte que l'on a pu donner plusieurs aqueducs aux régions qui n'étaient desservies que par un seul, par exemple au Célius ou à l'Aventin, où la seule *Aqua Claudia* était amenée sur les arcs de Néron, avec cette conséquence que, chaque fois que survenait quelque réparation, ces collines si peuplées étaient privées d'eau. Maintenant, elles ont plusieurs aqueducs, et d'abord l'*Aqua Marcia* qu'on leur a rendue et que l'on a conduite avec des travaux considérables de la Vieille Espérance jusqu'à l'Aventin. En outre, dans chaque partie de la ville, les fontaines publiques, aussi bien les nouvelles que les anciennes, furent, pour la plupart, dotées chacune de deux bouches alimentées par des aqueducs différents afin que, si un accident arrêtait l'une, l'autre la remplaçât et que le service ne fût point interrompu.

L'effet de cette sollicitude de son Chef, le Très-Pieux Empereur Nerva, se fait sentir de jour en jour sur la reine et souveraine du monde, qui se dresse comme la déesse de la Terre, et qui n'a ni égale ni seconde ; il se fera sentir davantage sur l'hygiène de cette même ville grâce à l'augmentation du nombre des châteaux d'eau, des ouvrages, des fontaines monumentales et des bassins publics. En même temps, les particuliers aussi reçoivent maints avantages, grâce à l'augmentation du nombre des concessions impériales ; ceux-là mêmes qui dérivaient timidement une eau à laquelle ils n'avaient pas droit jouissent maintenant en sécurité d'une concession régulière. Même les eaux d'écoulement ne restent pas oisives ; les causes du mauvais air sont enlevées, l'aspect des rues est propre, l'atmosphère plus pure et cet air qui, du temps des Anciens, donna toujours mauvaise réputation à la ville a été chassé. Il ne m'échappe pas que mon ouvrage exigerait un tableau de la nouvelle distribution, mais bien que cela ait accompagné nos accroissements, on comprendra qu'on ne doive faire entrer ici que ce qui a été effectivement achevé.

Que dire de ce que cela non plus n'a pas satisfait le dévouement du Prince, dont il fait si largement profiter ses concitoyens et qu'il a estimé avoir trop peu fait pour notre sécurité et nos plaisirs en apportant un tel accroissement s'il ne rend pas cette eau elle-même plus pure et plus agréable ? Il vaut la peine d'énumérer les différentes mesures par lesquelles, en remédiant aux défauts de telle ou telle adduction, il a augmenté l'utilité de toutes. En effet, quand donc notre cité, lorsqu'étaient survenues des pluies même faibles, n'a-t-elle pas eu des eaux troubles et boueuses ?

Les Aqueducs de la ville de Rome,
LXXXVII, 2-LXXXIX, 4

HOMÈRE
VIIIe s. av. J.-C.

VIRGILE
Ier s. av. J.-C.

CLAUDIEN
Ve s. ap. J.-C.

Silius Italicus

Certes, il s'agit d'une prophétie dans une épopée, mais il est possible de mesurer combien les fleuves pouvaient être pollués par les cadavres résultant des nombreuses guerres de l'Antiquité ; même si, selon Cicéron, Darius dans sa déroute but une eau infectée par des corps morts et n'en mourut pas.

RIVIÈRES POURPRES

Car déjà, portant avec lui la guerre, Hannibal se charge de tous les ressentiments de la déesse, et c'est lui seul qu'elle ose opposer aux destins. Alors, mettant sa joie dans cet homme de sang, et connaissant l'ouragan de désastres tout près de s'abattre sur le royaume de Latinus, elle s'écrie : « Un Troyen fugitif a pu, en me bafouant, faire pénétrer au sein du Latium la Dardanie et ses pénates deux fois faits prisonniers ; vainqueur, il aura fondé à Lavinium un royaume pour les Troyens ! Mais bientôt tu ne pourras, ô Tessin, contenir dans tes rives tous les cadavres romains, et la Trébie aussi, dans les plaines celtiques, recevra par mes soins tant de sang pergaméen, tant d'armes entassées et tant de cadavres de guerriers que son cours bloqué refluera vers l'amont ; et le lac Trasimène aura peur de ses propres eaux, troublées par des flots de sang noir. Et moi, je pourrai, du haut du ciel, contempler Cannes, tombeau de l'Hespérie, et la plaine de l'Iapyx inondée du sang ausonien, et toi, l'Aufide, tu ne sauras où diriger ton cours entre tes rives réunies par l'amoncellement des boucliers, des casques, des corps démembrés des guerriers, et tu auras de la peine à t'ouvrir un passage jusqu'à l'Adriatique. Elle dit, et le jeune chef sent son cœur s'enflammer pour les exploits de Mars.

La Guerre punique, I, 38-55

HOMÈRE
VIIIe s. av. J.-C.

VIRGILE
Ier s. av. J.-C.

CLAUDIEN
Ve s. ap. J.-C.

Vitruve

Il faut distinguer les eaux chaudes médicinales, sulfureuses, alumineuses, bitumineuses, qui sont bénéfiques, et les sources polluées qui s'échappent des mines de fer, de cuivre, d'argent ou d'autres métaux.

LES EAUX MÉTALLIQUES
NE GARANTISSENT PAS UNE SANTÉ D'ACIER

Toutes les eaux chaudes, d'autre part, ont sur les tares physiques une vertu médicinale parce qu'elles reçoivent de leur vive cuisson une nouvelle propriété exploitable. Le fait est que les sources sulfureuses soulagent les maladies nerveuses par leur échauffement qui consume de sa chaleur et expulse du corps les humeurs vicieuses. Lorsque, d'autre part, les membres ont perdu leur motricité sous l'effet de la paralysie ou de quelque autre atteinte morbide, les sources alumineuses, s'il en est fait usage, les guérissent par l'action neutralisante de leur chaleur qui, traversant le conduit des veines, ranime ces membres glacés, en sorte que ceux-ci retrouvent bientôt leur fonction primitive. Quant aux sources bitumineuses, elles offrent une boisson purgative qui porte remède aux maladies internes.

Il existe, d'autre part, une espèce nitreuse d'eau froide – ainsi à Pinna, ville des Vestins, à Cutilies et dans d'autres lieux semblables –, boisson dépurative qui, en passant par les intestins, réduit aussi les tumeurs scrofuleuses.

Par contre, là où s'extraient le plomb et les autres métaux de ce genre, on trouve des sources abondantes mais qui sont particulièrement nocives. Elles contiennent, en effet, de même que les eaux chaudes ont de l'alun, du soufre, du bitume, un dépôt qui, en pénétrant par la boisson dans le corps, s'infiltre le long des veines pour atteindre les nerfs et les articulations qu'il durcit et gonfle. Les nerfs donc, tuméfiés par cette enflure, se contractent en longueur et rendent ainsi les gens arthritiques ou goutteux, pour cette raison que les pores des veines se trouvent imprégnés d'éléments très durs, extrêmement épais et très froids.

De l'architecture, VIII, 3, 4-5

Le problème majeur pour l'eau, dans l'Antiquité, fut le plomb. Il était certes très utilisé en médecine, mais, de façon subreptice, il fut la cause d'une maladie bien connue depuis : le saturnisme, intoxication aiguë par le plomb. L'on pressentait donc qu'il valait mieux utiliser des tuyauteries en terre cuite.

POUR NE PAS AVOIR UN ESTOMAC DE PLOMB

L'usage de ces tuyaux pour amener l'eau présente, d'autre part, les avantages suivants : tout d'abord, si quelque défectuosité se produit dans l'ouvrage, n'importe qui peut y remédier. De plus, l'eau qui vient de ces tuyaux est beaucoup plus saine que celle qui traverse les conduites en plomb, car le plomb apparaît défectueux du fait qu'il donne naissance à la céruse ; or celle-ci passe pour être nuisible au corps humain. Dans ces conditions, si ce que produit le plomb est mauvais, on ne saurait douter que lui-même ne soit également malsain.

Nous pouvons, d'ailleurs, en voir un témoignage chez les ouvriers plombiers dont le teint est envahi par la pâleur. En effet, lorsque le plomb que l'on coule entre en fusion, la vapeur qui s'en exhale pénètre toutes les parties du corps et, les consumant peu à peu, vide les membres de leur énergie sanguine. Aussi n'apparaît-il pas du tout opportun que l'eau soit amenée par des conduites en plomb, si nous voulons avoir une eau salubre. Que soit meilleur le goût de l'eau venue par des tuyaux en poterie, on peut le constater chaque jour dans les repas, puisque tout le monde – même ceux qui ont des tables chargées de vaisselle d'argent – fait usage, pour préserver la pureté du goût, de récipients en terre.

De l'architecture, VIII, 6, 10-11

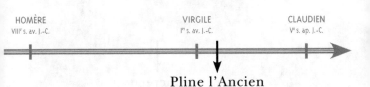

HOMÈRE
VIIIᵉ s. av. J.-C.

VIRGILE
Iᵉʳ s. av. J.-C.

CLAUDIEN
Vᵉ s. ap. J.-C.

Pline l'Ancien

Le naturaliste note déjà les effets nocifs du plomb à la cuisson par les vapeurs qu'il dégage.

POUR TOMBER COMME DES MOUCHES ?
LES VAPEURS DE PLOMB

En médecine, le plomb, employé seul, sert à réduire les cicatrices, et des lames de plomb attachées autour des lombes et des reins empêchent par leur vertu réfrigérante les désirs vénériens ; c'est avec ces lames que l'orateur Calvus réprima, dit-on, des rêves érotiques avec pollution spontanée qui dégénéraient en une véritable maladie et qu'il conserva ses forces physiques pour le travail et l'étude. Néron, empereur, puisque les dieux l'ont permis, se mettait, pour chanter des *soli*, une plaque de plomb sur la poitrine et il a démontré l'efficacité de cette méthode pour amplifier la voix. Pour les usages médicaux, on fait fondre le plomb dans des plats de terre cuite : sur un lit de soufre pulvérisé on dispose des lames minces de plomb, et on les recouvre d'un mélange de soufre et de fer. Pendant la fusion, il convient de boucher toute issue à la vapeur ; autrement on ressent l'effet de l'exhalaison nocive et délétère des fourneaux à plomb ; ce sont les chiens qui sont le plus vite frappés ; d'ailleurs les vapeurs de tous les métaux sont mortelles pour les mouches et les moustiques, ce qui explique l'absence de ces fléaux dans les mines. Certains, pendant la fusion, mélangent au soufre des raclures de plomb obtenues en le limant ; d'autres préfèrent la céruse au soufre.

Histoire naturelle, XXXIV, 50

HOMÈRE
VIIIᵉ s. av. J.-C.

VIRGILE
Iᵉ s. av. J.-C.

CLAUDIEN
Vᵉ s. ap. J.-C.

Lucrèce

Charbon, soufre, bitume, vapeurs infernales : le monde antique n'est pas inodore !

DES ODEURS QUI TUENT

Quant au charbon, avec quelle facilité ses vapeurs et son odeur lourdes se glissent-elles dans le cerveau, si nous n'avons pris de l'eau pour en prévenir les effets ! Et quand, brisant les membres, l'ardeur de la fièvre nous possède, alors l'odeur du vin nous abat comme un coup mortel. Ne vois-tu pas encore que c'est dans la terre même que le soufre prend naissance, que s'épaissit le bitume à l'odeur infecte ?

Enfin, dans ces lieux où l'on exploite les filons d'or et d'argent, où l'on fouille avec le fer les profondeurs secrètes de la terre, quel souffle empesté s'exhale du fond de Scaptensula ! Quelles émanations nocives ne s'échappent-elles pas des mines d'or ! quel visage, quel teint donnent-elles aux mineurs ! Ne sais-tu pas, pour l'avoir vu ou entendu dire, combien les mineurs meurent vite, combien est précaire l'existence de ceux que la dure contrainte de la nécessité attache à pareille besogne ? C'est donc la terre qui émet toutes ces émanations et qui les exhale au dehors à l'air libre, et à ciel ouvert.

C'est ainsi que les Avernes doivent également produire une vapeur mortelle pour la gent ailée, et qui, s'élevant de la terre dans les airs, empoisonne le ciel sur une certaine étendue. Aussi, à peine ses ailes ont-elles porté l'oiseau dans ces lieux, qu'aussitôt, saisi et pris comme aux lacs par l'invisible poison, il tombe tout droit dans le sens où l'entraîne l'émanation. Dès qu'il est abattu, celle-ci poursuivant son effet enlève de tout son corps les derniers restes de vie. Tout d'abord, en effet, elle ne provoque en lui qu'une sorte d'étourdissement ;

puis, une fois plongé dans la source même du poison, il doit sur-le-champ rendre la vie elle-même, en raison du nombre des principes nocifs qui l'entourent.

Il est possible aussi que parfois la violence des émanations de l'Averne chasse et dissipe la couche d'air qui s'étend entre la terre et les oiseaux, et que cette zone demeure à peu près vide. À peine leur vol les a-t-il portés juste au-dessus de ce lieu, qu'aussitôt leurs ailes retombent, battant vainement dans le vide, et que leur double effort est trahi de toutes parts. Comme ils ne peuvent plus s'appuyer ni se redresser sur elles, obéissant à la loi de la pesanteur, ils tombent par terre, et dans leur chute à travers le vide, avant même de s'abattre sur le sol, ils exhalent leur dernier souffle par tous les pores de leur corps.

De la nature, VI, 802-839

HOMÈRE
VIII° s. av. J.-C.

VIRGILE
I° s. av. J.-C.

CLAUDIEN
V° s. ap. J.-C.

Vitruve

Le seul fait de creuser un puits peut incommoder par les vapeurs qui se dégagent de la terre, comme le savent bien les fossoyeurs qui creusent des puits.

DES VAPEURS À COUPER LE SOUFFLE

Si, cependant, il n'y a pas de source d'où l'on puisse amener les eaux, il est nécessaire de creuser des puits. Or, dans le forage des puits, loin de négliger toute méthode, on doit, au contraire, considérer avec beaucoup de sagacité et d'ingéniosité comment se présentent les conditions naturelles ; car la terre contient en elle des substances nombreuses et variées. Elle est, en effet, comme toutes les autres choses, composée de quatre principes. Et d'abord elle est elle-même terreuse, et elle a, du principe liquide, les eaux de source ; en outre, elle contient des éléments chauds qui produisent aussi le soufre, l'alun, le bitume ; et elle contient de terribles courants d'air qui, après avoir traversé en lourdes émanations les cavités formant conduits dans la terre, et après être parvenus aux excavations des puits, atteignent aussi les hommes qui creusent là : la puissance naturelle de leur vapeur ferme, dans le nez de ces hommes, le passage des souffles vitaux ; c'est ainsi que ceux qui ne s'échappent pas assez rapidement de ces lieux y périssent.

Or, ce danger, par quel moyen le prévenir ? En procédant ainsi : on laissera aller dans le fond une lampe allumée ; si elle continue à brûler, on pourra descendre sans risque. Si, au contraire, une vapeur puissante souffle la flamme, on ouvrira, à droite et à gauche au bord du puits, des bouches d'aération ; ainsi, comme au travers des narines, les émanations s'échapperont par les bouches d'aération. Une fois que ce travail aura été ainsi mené à bien et que l'on sera arrivé à l'eau, on fera alors tout autour un muraillement de pierres sèches, sans boucher le passage des veines d'eaux.

De l'architecture, VIII, 6, 12-13

HOMÈRE
VIII° s. av. J.-C.

VIRGILE
I° s. av. J.-C.

CLAUDIEN
V° s. ap. J.-C.

Pline l'Ancien

Le poison est dans la nature, mais c'est l'homme qui l'utilise de la manière la plus nocive car criminelle. Il empoisonne les eaux, les airs, la vie.

L'HOMME-POISON

Sur ce point, il me plaît tout d'abord de me faire l'avocat de la Terre, et d'assister la Mère de toutes choses, quoique je l'aie déjà défendue au début de mon ouvrage. Néanmoins, comme notre sujet lui-même nous amène à la considérer aussi comme la mère de substances nuisibles, voilà que nous la chargeons de nos crimes et que nous lui imputons notre faute. Elle a enfanté des poisons. Mais qui donc les a découverts, si ce n'est l'homme ! Les oiseaux et les bêtes sauvages se contentent de les éviter et de les fuir. L'éléphant et l'aurochs aiguisent et liment leurs cornes contre un arbre ; le rhinocéros, contre un rocher ; le sanglier affile en poignards ses défenses contre l'un et l'autre ; les animaux savent se préparer à nuire ; et pourtant lequel d'entre eux, l'homme excepté, empoisonne ses armes ? Nous, nous enduisons même nos flèches de poison et nous donnons au fer lui-même un pouvoir plus malfaisant ; nous, nous empoisonnons même les fleuves et les éléments de la nature, et de celui-là même qui nous fait vivre nous faisons une cause de mort. Et n'allons pas croire que les animaux ignorent les poisons : nous avons montré quelles précautions ils prennent pour combattre les serpents, les remèdes qu'ils imaginent après la bataille. Mais aucun d'entre eux, sauf l'homme, ne s'arme d'un poison emprunté. Avouons donc notre faute, nous qui ne nous contentons pas des poisons naturels : voyez plutôt comme la main de l'homme en multiplie les espèces ! Mais quoi ? les hommes ne secrètent-ils pas aussi des espèces de poison ?

Noire comme celle des serpents, leur langue vibre, et la sanie de leur âme brûle tout ce qu'elle touche ; ils incriminent tout et, semblables à des oiseaux sinistres, ils troublent les ténèbres où ils vivent et le repos même des nuits par leurs gémissements – seule voix qu'ils fassent entendre –, voulant interdire par leur rencontre, comme des animaux de mauvais augure, toute activité utile à l'humanité. Ces êtres abominables ne connaissent pas d'autre jouissance que la haine de tout ce qui existe. Mais en cela même la nature est toujours aussi grande ; combien l'emporte le nombre des honnêtes gens, comme l'emporte celui des plantes utiles. Combien elle est plus féconde en plantes salutaires et nutritives !

Histoire naturelle, XVIII, 1, 1-5

LA FALSIFICATION
DES PRODUITS DE LA NATURE

Les Anciens consommaient-ils « bio » ? Dans ces temps où la chimie n'existait pas encore pour produire des colorants, des additifs ou des agents conservateurs, tout était nécessairement naturel. Certes ! Mais ce n'est pas pour autant qu'il n'y avait pas tromperie sur la marchandise : les produits de la nature étaient déjà frelatés, altérés, modifiés.

Le frelatage, c'est l'altération de denrées alimentaires par l'incorporation de substances étrangères ; il en résulte que le produit perd ce qu'il a de pur et de naturel ; la valeur nutritive est très souvent réduite et la dangerosité pour la santé est inévitable. Il semblerait que la première enquête sur le frelatage des aliments n'ait eu lieu qu'en 1820, lorsqu'un chimiste allemand, Friedrich Christian Accum, a trouvé des colorants métalliques toxiques dans des produits de consommation alimentaire. Auteur d'un *Treatise on Adulterations of Food and Culinary Poisons : Exhibiting the Fraudulent Sophistications of Bread, Beer, Wine, Spirituous Liquors, Tea, Coffee, Cream, Confectionery, Vinegar, Mustard, Pepper, Cheese, Olive Oil, Pickles, and Other Articles Employed in Domestic Economy, and Methods of Detecting Them*, publié à Londres en 1820, il entama une véritable lutte publique contre l'utilisation de denrées alimentaires toxiques. La couverture de son livre présentait une tête de mort avec la légende suivante tirée de l'*Ancien Testament* : « La mort est dans la marmite » (*Premier livre des Rois*, 4, 40).

Or, des additifs alimentaires issus de végétaux sont utilisés depuis longtemps comme conservateurs ou pour modifier le goût ou l'apparence des aliments, et l'Antiquité n'a donc pas été épargnée des atteintes à la nature par la nature elle-même ! C'est dans ces deux directions qu'il convient de questionner les textes. Dans un monde qui ne connaissait pas la chimie, il fallait recourir à des agents conservateurs naturels qui altéraient nécessairement les produits ; mais il n'y avait peut-être pas d'autre solution – pensons au vieillissement des vins. C'est le gain qui a modifié très rapidement les données du problème dans les sociétés humaines : ainsi naquit la fraude, qui s'est appliquée à tous les domaines – et non seulement aux aliments, vin ou huile principalement : les parfums, les onguents, les pigments, etc.

Il ne faut pas raisonner en termes de produits soit « 100 % bio » soit artificiels, mais en termes de produits « bio » authentiques ou transformés. Les conséquences sont à plusieurs niveaux : à un premier degré, il convient de condamner une entreprise frauduleuse à but lucratif ; ensuite, même si la chimie n'existait pas, il y avait des risques pour la santé ; enfin, il ne faut pas mésestimer une certaine inégalité devant les produits authentiques ou falsifiés, selon que l'on était riche ou pauvre.

Le consommateur était finalement déjà beaucoup trompé dans les temps antiques. D'ailleurs, en grec ancien, c'est le même mot qui désigne le cabaretier et le fraudeur. Y avait-il dans l'Antiquité un système organisé chargé de la répression des fraudes ou une autorité de sécurité des aliments pour une traçabilité « de la fourche à la fourchette », selon le slogan des années 2000 ? S'il existe une traçabilité des animaux de valeur marchande, religieuse ou militaire, au moyen de sceaux, en revanche point d'organisations de protection du consommateur.

HOMÈRE
VIII° s. av. J.-C.

VIRGILE
I° s. av. J.-C.

CLAUDIEN
V° s. ap. J.-C.

Pline l'Ancien

L'huile est un des produits les plus frelatés, puisqu'on l'extrayait de tout ce que l'on pouvait trouver ; par exemple, l'huile de ricin n'est pas recommandée pour l'éclairage.

L'HUILE DE RICIN :
UNE HUILE À TOUT FAIRE

L'huile de ricin purge, prise avec une égale quantité d'eau chaude. On dit qu'elle purge spécialement l'épigastre. Elle est bonne aussi pour les maladies des articulations, pour toutes les indurations, pour la matrice, les oreilles et les brûlures ; avec la cendre du murex, pour les inflammations du siège, de même pour la gale. Elle donne une bonne couleur à la peau et, grâce à son pouvoir fertilisant, fait pousser les cheveux. Aucun animal ne touche au fruit d'où on la tire. On fait avec la grappe des mèches qui donnent beaucoup de clarté ; l'huile même ne donne que peu de lumière parce qu'elle est trop grasse. Les feuilles, dans du vinaigre, s'appliquent sur l'érysipèle ; seules et fraîches, sur les seins et les larmoiements ; bouillies dans du vin, sur les inflammations avec de la polenta et du safran ; appliquées seules pendant trois jours sur le visage, elles le nettoient.

Histoire naturelle, XXIII, 41

C'est principalement le vin qui subit toutes les altérations ;
il s'agit tout d'abord de l'apprêter. Or, tout est bon pour que le
vin soit agréable, même si c'est nocif. Lessive bouillie, marbre en
poudre ou plâtre. Mais le fin du fin est de fabriquer du vin vieux
avec du vin jeune – voire avec une piquette.

IL FAUT SAVOIR METTRE
DE LA CHAUX DANS SON VIN

Mais nous devons aussi traiter de la façon d'apprêter
le vin, car les Grecs ont édicté des règles spéciales et en
ont fait un art, par exemple Euphronius, Aristomaque,
Commiadès et Hicésius. L'Afrique tempère son âpreté
avec du plâtre et aussi, en certaines régions, avec de la
chaux. La Grèce emploie l'argile, le marbre, le sel ou
l'eau de mer pour donner du montant aux vins plats, une
partie de l'Italie la poix de *crapula* ; l'apprêt des moûts
à la résine y est commun, comme dans les provinces
voisines ; en certains lieux, on apprête avec de la lie de
vin d'une autre année ou avec du vinaigre. Le moût lui-
même peut aussi servir d'ingrédient ; pour l'adoucir, on
le réduit par la cuisson à proportion de sa force, mais,
ainsi apprêté, il ne se conserve pas, dit-on, plus d'un
an. En quelques endroits, on réduit les moûts en *sapa*
dont l'addition brise l'âpreté du vin. Toutefois, pour ce
dernier vin, comme pour tout autre, on apprête les vases
eux-mêmes avec de la poix dont nous dirons dans un
prochain volume comment on la fabrique.

Histoire naturelle, XIV, 24

Souvenons-nous que le vin est le jus (d'un fruit) qui,
d'abord à l'état de moût, a pris de la force par la fermen-
tation. Le mélange de plusieurs vins est nuisible à tout le
monde. Le vin le plus salubre est celui auquel on n'a rien
ajouté dans le moût, et il est encore meilleur si les vaisseaux n'ont pas été poissés. Quant aux vins traités par le

marbre, le plâtre ou la chaux, quel est l'homme, même robuste, qui ne les redouterait ? Les vins préparés avec l'eau de mer sont donc des plus contraires à l'estomac, aux nerfs et à la vessie. Les vins traités avec la résine passent pour bons pour les estomacs froids, mais pour ne pas convenir dans les vomissements, non plus que le moût, la *sapa* et le vin de paille. Le vin nouveau résiné n'est bon pour personne ; il cause des maux de tête et des vertiges. C'est là l'origine du mot *crapula*.

Histoire naturelle, XXIII, 24

Le vin vieilli à la fumée est très insalubre. Les commerçants ont imaginé dans leurs apothèques ce moyen, adopté maintenant même par les maîtres de maisons, de donner de l'âge aux vins avant qu'ils aient par eux-mêmes acquis la « carie ». Les anciens, en vérité, en employant ce terme, nous ont avertis, puisque dans les bois aussi la fumée détruit la carie ; nous, au contraire, nous prétendons vieillir le vin par l'amertume de la fumée.

Histoire naturelle, XXIII, 22

Le safran et le poivre étaient l'objet de falsifications : ils avaient leurs succédanés ou, du moins, des variétés qui s'en rapprochaient. Et il en est toujours de même.

DES ÉPICES SANS SAVEUR

Le safran sauvage est le meilleur. On n'a aucun intérêt à le planter en Italie, car la production d'une planche s'y réduit à un scripule. On le plante de bulbe. Le safran cultivé est plus large, plus grand et plus beau, mais il a beaucoup moins de force ; il dégénère en tout lieu et n'est pas d'un grand rapport, même à Cyrène, où ses fleurs sont toujours très belles. Le plus renommé est celui de Cilicie, et particulièrement celui du mont Corycus, puis celui du mont Olympe en Lycie, et ensuite celui de Centuripes, en Sicile. Quelques-uns ont donné le second rang au safran de Théra. Rien ne se falsifie autant. Le vrai se reconnaît à ce qu'il craque sous la main comme s'il était friable ; en effet, quand il est humide – ce qui est dû à la falsification –, il cède à la pression. Une seconde épreuve consiste à porter la main à la figure : il doit piquer légèrement le visage et les yeux. Il y a une espèce particulière de safran cultivé, généralement très goûtée malgré sa valeur médiocre : on l'appelle *dialeucon*. Par contre, le safran de Cyrénaïque a le défaut d'être le plus foncé de tous et de perdre très rapidement ses qualités.

Histoire naturelle, XXI, 17

Les arbres à poivre, qui ressemblent à nos genévriers, s'y rencontrent partout, bien que, selon certains, on les trouve seulement sur le versant du Caucase exposé au soleil. Les graines diffèrent du genévrier par leurs toutes petites gousses, comme on en voit aux doliques. Ces gousses, détachées avant leur déhiscence et grillées au soleil, donnent ce qu'on appelle le poivre long ; s'entrouvrant peu à peu avec la maturité, elles laissent apparaître le poivre blanc, qui par la suite, sous l'effet du soleil qui le grille, change de couleur et se ride. [...] Le poivre long se falsifie très facilement avec la moutarde d'Alexandrie : il se vend quinze deniers la livre, le blanc, sept, le noir, quatre.

Il est étonnant que son usage ait rencontré tant de faveur. Dans les autres aliments, tantôt c'est leur douceur qui captive, tantôt c'est leur aspect qui séduit ; mais lui, ni son fruit ni sa baie n'ont rien qui les recommande. Dire qu'il ne plaît que par son amertume, et qu'on va la chercher dans l'Inde ! Qui a bien pu le premier l'essayer dans ses aliments ? Qui ne s'est pas contenté de la faim pour aiguiser son appétit ? Le poivre et le gingembre poussent à l'état sauvage dans leurs pays, et pourtant ils s'achètent au poids comme l'or ou l'argent.

L'Italie, elle aussi, a maintenant un arbre à poivre, plus grand que le myrte, et qui lui ressemble assez. Libre aux gens d'attribuer à son grain la même amertume qu'au poivre frais ; il lui manque en tout cas cette maturité grillée du poivre indien, et par suite la similitude des rides et de la couleur. On falsifie le poivre avec des baies de genièvre, qui en prennent étonnamment le goût, et, pour le poids, de maintes autres façons.

Histoire naturelle, XII, 14

Le frelatage touchait beaucoup les parfums, les onguents, les produits de soins : certaines plantes de peu de valeur servaient à la falsification d'autres plus prisées, telles que le baume.

UN COMMERCE JUTEUX

Au temps où Alexandre fit son expédition en Judée, c'est tout juste si dans tout un jour d'été on parvenait à en emplir une coquille ; et toute la production du grand jardin était de six conges ; celle du petit, d'un seul. On le payait alors même au double de son poids d'argent ; maintenant un seul arbre est d'un plus généreux rapport. On les saigne trois fois par été, puis on les taille. Même les rameaux se vendent aussi. Les tailles seules et les rejets se sont vendus 800 000 sesterces cinq ans après la conquête de la Judée. C'est ce qu'on appelle *xylobalsamum* ; on en fait une décoction dans la parfumerie. Dans les officines, on le substitue au suc même. Même l'écorce a sa valeur pour les médicaments. Mais le produit le plus apprécié est la larme, ensuite, le fruit, en troisième lieu, l'écorce ; au dernier rang, le bois. Dans le bois, le meilleur est celui qui ressemble au buis, c'est aussi le plus odorant ; dans le fruit, c'est le plus gros et le plus lourd, à saveur mordante et chaude au palais. On le falsifie avec l'*hypericum* de Pétra, qui se reconnaît à sa grande taille, à ses vides, à sa longueur, à la faiblesse de son parfum, à son goût de poivre.

Quant à la larme, elle doit être large mais à pointe effilée, légèrement rousse, odorante au frottement. La blanche vient au second rang ; ensuite la verte et grosse ; la plus mauvaise est la noire : car cette larme, comme l'huile, rancit en vieillissant. De tous les baumes en larmes, on préfère celui qui a coulé avant la fructification. D'autre part, on falsifie le baume avec le suc du fruit, et cette fraude se distingue à peine par une légère amertume : pur, le produit doit être de saveur douce, nullement acide, simplement à odeur forte. On le falsifie également avec l'huile de rose, de henné, de lentisque, de *balanos* (ben), de térébinthe, de myrte, avec la résine, le galbanum, le cérat du *cypros*, suivant ce qu'on a, et, falsification pire que toutes, avec de la gomme : celle-ci en effet se dessèche sur le revers de la main et se dépose au fond de l'eau ; or ce sont là les deux caractères distinctifs du baume. Pur, le baume doit aussi se dessécher ; mais, additionné de gomme, il s'y forme une croûte fragile. On reconnaît aussi la falsification au goût. À la combustion, se décèle le baume altéré avec de la cire ou de la résine : sa flamme est plus noire. Le baume mélangé de miel, à peine dans la main, y attire les mouches. En outre, une goutte de baume pur, versée dans l'eau tiède, se concentre et se dépose au fond ; falsifiée, elle surnage à la façon de l'huile, et, si c'est avec de la gomme ammoniaque, elle s'entoure d'un cercle blanc. Le caractère le plus probant, c'est que le baume pur fait cailler le lait, et ne fait pas de taches sur les vêtements. En nulle autre matière la fraude n'est plus courante ; car on vend mille deniers le setier acheté au fisc trois cents deniers : on voit quel profit il y a à augmenter la liqueur. Le bois de baume vaut six deniers la livre.

Histoire naturelle, XII, 54

Le silphium de Cyrénaïque, plante légendaire liée au Jardin des Hespérides, gloire et richesse de Cyrène, soit a disparu de la Cyrénaïque, soit n'a pas encore été retrouvé ; il produisait un suc utilisé en pharmacie qui était particulièrement la cible de fraudes.

VRAI OU FAUX *LASER* ?

Nous parlerons à la suite du prestigieux *laserpicium*, que les Grecs nomment *silphion*, trouvé dans la province de Cyrénaïque. Son suc, appelé *laser*, est merveilleux dans les usages de la vie et en pharmacie, et se vend au poids de l'argent. Depuis de nombreuses années déjà, il a disparu de cette région, parce que les fermiers des pâturages, trouvant en cela plus de profit, la dévastent en y faisant paître les troupeaux. De notre temps, on n'en a trouvé qu'un seul pied, qui fut envoyé à l'empereur Néron. Si jamais le bétail tombe sur un pied naissant, on le reconnaît à ce signe : le mouton, après l'avoir brouté, s'endort aussitôt ; la chèvre éternue fréquemment. Depuis déjà longtemps, nous n'importons d'autre *laser* que celui qui croît en abondance en Perse ou en Médie et en Arménie, mais il est très inférieur à celui de Cyrénaïque, et on le trafique de plus avec de la gomme, du *sacopénium* ou de la fève écrasée. C'est une raison de ne pas omettre que, sous le consulat de C. Valérius et de M. Herennius, l'État fit importer trente livres de *laserpicium* de Cyrène à Rome, ni que César dictateur, au début de la guerre civile, tira du Trésor public, parmi l'or et l'argent, quinze cents livres de *laserpicium*.

Nous trouvons dans les auteurs grecs les plus dignes de foi que cette plante naquit dans les parages du Jardin des Hespérides et de la Grande Syrte, à la suite d'une pluie couleur de poix, qui humecta la terre, sept ans avant la fondation de la ville de Cyrène, en 143 de Rome, et que l'effet de cette pluie se fit sentir en Afrique sur quatre mille stades. Là naissait le *laserpicium,* plante sauvage et rebelle, et qui fuyait dans les déserts si on la cultivait. Les racines étaient nombreuses et épaisses ; la tige était celle de la férule, et de même grosseur ; les feuilles, appelées *maspetum,* ressemblaient tout à fait à celles de l'ache ; la graine était foliacée ; la feuille elle-même tombait au printemps. Le bétail mangeait cette plante, qui le purgeait d'abord, puis l'engraissait, donnant à sa chair un goût merveilleusement agréable. Après la chute des feuilles, les hommes aussi mangeaient la tige elle-même cuite de toutes les façons, bouillie et rôtie, ce qui les purgeait également pendant les quarante premiers jours. On recueillait le suc de deux façons : de la racine et de la tige, et ces deux espèces se nommaient *rhizias* et *caulias* ; ce dernier était de moins bonne qualité et se gâtait. La racine avait l'écorce noire. Pour le falsifier en vue du commerce, on versait le suc avec du son dans des récipients, on l'agitait de temps à autre et on l'amenait ainsi à l'état convenable, sans quoi il se serait gâté. [...] Il en existe une autre espèce, appelée *magydaris,* plus tendre, moins violente et privée de suc, qui naît dans les parages de la Syrie et ne se trouve pas en Cyrénaïque. Elle pousse aussi en abondance sur le Parnasse et certains la nomment *laserpicium.* Toutes ces espèces servent à falsifier un produit reconnu pour très salutaire et très utile. Le vrai se reconnaît d'abord à la couleur légèrement rousse, blanche à l'intérieur quand on le casse, donnant une larme translucide qui se liquéfie très vite dans la salive. Il entre dans beaucoup de médicaments.

Histoire naturelle, XIX, 15-16

HOMÈRE
VIIIᵉ s. av. J.-C.

VIRGILE
Iᵉ s. av. J.-C.

CLAUDIEN
Vᵉ s. ap. J.-C.

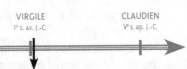

Vitruve

Dans un tout autre domaine, celui de la décoration des maisons, il faut mentionner le frelatage du cinabre, minéral utilisé comme colorant alimentaire ou produit médicinal, mais surtout comme pigment en peinture. On le mélangeait avec de la chaux.

LA FALSIFICATION À LA CHAUX NE RÉSISTE PAS À LA CHALEUR

Je vais revenir maintenant à la préparation du cinabre. Les glèbes en question, une fois sèches, sont broyées avec des pilons de fer, et, lorsqu'on a éliminé les impuretés par des lavages et des cuissons répétés, on finit par faire apparaître la couleur. Puisque, avec l'élimination du vif-argent, les qualités naturelles que le cinabre avait en lui en sont sorties, on a finalement un produit fragile et de faible résistance.

C'est pourquoi, lorsqu'il a été étendu sur les revêtements couverts des pièces closes, il garde sa couleur sans s'altérer. Mais dans les lieux ouverts, c'est-à-dire les péristyles, les exèdres ou les autres pièces du même genre, où le soleil peut faire pénétrer ses rayons et la lune son éclat, dès qu'un endroit peint de cinabre en est touché, celui-ci s'altère, et, ayant perdu sa vertu colorante, il noircit. C'est ainsi, pour prendre cet exemple entre beaucoup d'autres, que le scribe Fabérius, qui avait voulu avoir sur l'Aventin une maison élégamment décorée, fit enduire de cinabre tous les murs des péristyles : au bout de trente jours, ces murs prirent une couleur désagréable et toute tavelée. Aussi s'empressa-t-il de passer marché pour un enduit fait avec d'autres couleurs.

Mais si l'on est plus avisé et que l'on désire que le revêtement peint de cinabre conserve sa couleur, quand le mur aura été peint et qu'il sera sec, on y étendra avec

un pinceau de la cire punique fondue au feu et addi-
tionnée d'un peu d'huile ; puis, après avoir placé des
braises dans un vase de fer, en chauffant cette cire en
même temps que le mur, on la forcera à suer ; on s'appli-
quera à obtenir une répartition parfaitement uniforme ;
puis on fera un lustrage à la chandelle et avec des chif-
fons de lin propres : c'est ainsi que l'on traite les statues
nues en marbre, et ce procédé se nomme en grec *ganosis*.

Ainsi le film protecteur de cire punique s'interpose et
interdit à l'éclat de la lune comme aux rayons du soleil
de lécher les peintures et d'en enlever la couleur.

Les ateliers qui étaient autrefois aux mines d'Éphèse
ont été maintenant transférés à Rome, du fait que des
filons de ce genre ont été découverts plus tard dans
les régions de l'Espagne ; de ces mines, les glèbes sont
transportées à Rome où des publicains contrôlent leur
transformation. Ces ateliers se trouvent entre le temple
de Flore et celui de Quirinus.

Le cinabre se falsifie par l'addition de chaux. Aussi,
si l'on veut éprouver qu'il est sans défaut, procédera-t-
on de la manière suivante : on prendra une plaque de
fer, on y déposera du cinabre et on l'exposera au feu,
jusqu'à ce que la plaque soit chauffée à blanc ; lorsqu'à
la suite de cette incandescence la couleur aura viré au
noir, on retirera la plaque du feu, et, si après refroidisse-
ment le cinabre reprend sa couleur première, on aura la
preuve qu'il est sans défaut ; si au contraire il garde cette
couleur noire, il révélera qu'il a été altéré.

De l'architecture, VII, 9, 1-5

III

VIVRE EN HARMONIE
AVEC LA NATURE

MÈRE NATURE

Ils sont peu nombreux dans l'Antiquité ceux qui auraient pu adhérer au vers de Du Bellay : « Ô marâtre nature (et marâtre es-tu bien) » !... C'est bien plutôt de Mère Nature qu'il faut parler, celle qui est représentée sous une forme féminine qui a reçu la dénomination de « Vénus » depuis les temps paléolithiques – avec la dame de Brassempouy ou la Vénus de Willendorf. Les allégories de la Nature et autres représentations anthropomorphiques attestent une véritable foi en Dame Nature que l'on retrouve également, depuis la *Théogonie* d'Hésiode, sous la figure de Déméter protectrice de l'agriculture, donc de la nature maîtrisée par l'homme, résidant sur terre près des humains, véritable déesse-mère. On ne peut oublier toutes les autres figures matérialisant cette croyance en la nature généreuse ou en la fertilité, qu'il s'agisse d'Isis, de Cybèle (*Magna Mater*), de Gaia – ou de Nerthus, chez les Germains, que Tacite nomme *Terra Mater*. Umai (chez les Turcs de Sibérie), Mahimata ou Aditi (dans l'hindouisme), Frigg (dans la poésie islandaise) compléteraient le catalogue du domaine indo-européen, mais, au-delà encore, il y a Mari, la déesse-mère des Basques, ou la Pachamama des Amérindiens.

S'élève pourtant une voix discordante – et à priori paradoxale : celle de Lucrèce, marquée par un grand pessimisme sur la nature hostile et mortifère ; seul le travail de l'homme peut la rendre favorable. Mais la *doxa* est assez unanime à célébrer le caractère providentiel de la Nature : les poètes ont joué un rôle important dans cette tradition, qui célèbrent le mythe de l'Âge d'or, le règne de Saturne – le meilleur exemple de romanisation d'un mythe grec au Ier siècle avant J.-C. : la Sibylle de Cumes avait annoncé son retour, sur fond de nouvelle ère, avec l'arrivée au pouvoir d'Octave-Auguste (« celui qui accroît ») –, Hésiode, Catulle, les *Bucoliques* et les *Géorgiques* de Virgile, l'épode 16 et le *Chant séculaire* d'Horace, Tibulle, le livre I des *Métamorphoses* d'Ovide.

Il n'y a alors qu'un pas pour retrouver le même discours chez les philosophes, tout particulièrement dans la tradition de Pythagore, et dans le monde indo-européen, par exemple le Satya Yuga des textes de l'Inde védique. D'une manière générale, il n'y a pas une philosophie de l'Antiquité qui ne mette la nature au centre de la construction de sa physique, de sa logique et de sa morale : les Présocratiques hylozoïstes et les Stoïciens, mais aussi Épicure et ses disciples, avec des discours différents selon que les dieux existent ou non – et que la nature soit impliquée dans un panthéisme ou qu'elle soit une nature élémentaire d'ordre matérialiste.

Les applications à la vie quotidienne de cette croyance à/en une nature providentielle révèlent une grande diversité. La nature – autrement dit, la campagne par rapport à la ville – se trouve investie de toutes les ondes positives ; elle est le lieu où la vie est douce : elle invite davantage à philosopher qu'un portique, elle procure le repos, elle permet une vie plus saine. Pourquoi donc aller aujourd'hui déranger les gaz de schiste ou gaz de roche-mère(-Nature) ? L'amour – le vrai – était déjà dans le pré pour certains agriculteurs. Et, dans le droit fil, Candide, après avoir racheté Cunégonde, prend la décision de « cultiver son jardin », Eldorado vert plus accessible que celui, doré, des Amériques.

HOMÈRE
VIIIe s. av. J.-C.

VIRGILE
Ier s. av. J.-C.

CLAUDIEN
Ve s. ap. J.-C.

Lucrèce

Pour le disciple d'Épicure, la nature n'est pas providentielle, puisqu'elle n'est ni l'œuvre des dieux ni faite pour les hommes ; pleine d'éléments hostiles (animaux sauvages, déchaînement des éléments, parties inhabitables), elle connaît un épuisement certain, que l'évolution des âges révèle sans la moindre ambiguïté ; la porte de la mort est ouverte à tout ce qui fait le monde.

TOUT VA DÉPÉRISSANT

Et même si j'ignorais encore ce que sont les principes des choses, j'oserais pourtant, et sur la simple étude des phénomènes célestes, et sur bien d'autres faits aussi, soutenir et démontrer que la nature n'a nullement été créée pour nous par une volonté divine : tant elle se présente entachée de défauts !

Tout d'abord, de cette terre que couvre l'immense élan du ciel, les montagnes et les forêts pleines de fauves ont conquis une part dévorante ; une autre est occupée par des rochers et des marais déserts, une autre enfin par la mer dont le large domaine sépare les rives des continents. En outre, près des deux tiers du sol sont ravis aux mortels et par une chaleur torride, et par la chute incessante de la gelée. Ce qui reste de terre cultivable, la nature, laissée à elle-même, le ferait disparaître sous les ronces si l'effort de l'homme ne le lui disputait, si le besoin de vivre ne l'avait habitué à gémir sous le lourd hoyau, à fendre le sol en pesant sur la charrue. Si nous ne retournions pas avec le soc les glèbes fécondes, si nous ne préparions pas le sol pour faire éclore les germes, comme nous le faisons, ils ne pourraient d'eux-mêmes éclore et apparaître à l'air lumineux. Encore trop souvent, ces fruits gagnés par tant de peines, les voyons-nous, au moment où tout sur terre se couvre de feuilles et de fleurs, ou bien détruits par des pluies soudaines

167

et par la gelée blanche, ou enfin emportés par les vents soufflant en tourbillons ravageurs.

Et les espèces redoutables des animaux féroces, ennemis acharnés du genre humain, pourquoi sur terre et sur mer la nature se plaît-elle à les nourrir et à les multiplier ? Pourquoi les saisons de l'année nous apportent-elles leurs maladies ? Pourquoi voit-on rôder la mort prématurée ?

Tout d'abord, puisque la matière de la terre, et l'eau, et les souffles légers des vents, et les vapeurs brûlantes du feu, dont la réunion constitue notre univers, sont tous formés d'une matière sujette à la naissance et à la mort, il faut bien penser qu'il en est de même de l'ensemble du monde. En effet, tout composé, dont nous voyons les parties et les membres formés d'une substance sujette à naître et d'éléments mortels, nous apparaît également soumis aux lois de la naissance et de la mort. Aussi, lorsque considérant les membres gigantesques et les parties de ce monde, je les vois mourir et renaître, je ne puis douter que le ciel et la terre n'aient eu également leur première heure et ne doivent succomber un jour.

De la nature, V, 195-221, 235-246

HOMÈRE
VIIIᵉ s. av. J.-C.

VIRGILE
Iᵉʳ s. av. J.-C.

CLAUDIEN
Vᵉ s. ap. J.-C.

Cicéron

L'idée d'une nature providentielle faite pour les dieux et les hommes est un canon de la relation au monde, toutes les philosophies étant tournées, même plus ou moins, vers la nature.

L'INTENTION DE LA NATURE

Mais quelle est grande la bonté de la nature, qui fait naître pour nous nourrir des fruits si variés, si agréables, et cela non pas en une seule saison, pour que nous jouissions toujours à la fois de la nouveauté et de l'abondance ! Comme ils viennent à propos, comme ils sont salutaires, non seulement pour l'espèce humaine, mais aussi pour les animaux domestiques, et enfin pour tous les produits de la terre, ces vents étésiens qu'elle nous a donnés et dont le souffle tempère les chaleurs excessives ! C'est aussi grâce à eux que les traversées sont rapides et sûres. Il faut laisser de côté bien des choses, et pourtant j'en dis beaucoup. Impossible de parler en détail de l'utilité des fleuves, du flux et du reflux des flots de la mer, des montagnes revêtues de forêts, des salines très éloignées du bord de la mer, des terres où foisonnent des remèdes salutaires, des arts innombrables, nécessaires à notre subsistance et à notre vie. Et puis l'alternance du jour et de la nuit préserve l'existence des êtres vivants, en donnant un temps d'activité et un temps de repos. Ainsi, tous les raisonnements amènent à cette conclusion que tout dans ce monde est admirablement gouverné par l'intelligence et la sagesse divines, pour le salut et la conservation de tous les êtres.

On demandera peut-être pour quelle raison de si vastes desseins ont été mis en œuvre : est-ce pour les arbres et les plantes qui, bien que dépourvus de sensibilité, sont pourtant entretenus par la nature ? Mais cela est absurde. Est-ce pour les bêtes ? Il n'est en aucune façon plus probable que les dieux se soient donné tant de mal pour des êtres muets et dépourvus d'intelligence. Pour qui donc pourrait-on dire que le monde a été fait ? Évidemment pour les êtres vivants qui ont l'usage de la raison ; ce sont les dieux et les hommes, qui sont à coup sûr supérieurs à tous les êtres, car c'est la raison qui l'emporte sur toute chose. On peut donc croire que le monde et tout ce qu'il contient ont été faits pour les dieux et les hommes.

La nature des dieux, II, 53

HOMÈRE
VIIIᵉ s. av. J.-C.

VIRGILE
Iᵉʳ s. av. J.-C.

CLAUDIEN
Vᵉ s. ap. J.-C.

Théocrite

L'idylle grecque a abondamment célébré la nature qui pourvoit aux besoins de l'être humain en joignant l'agréable à l'utile, dans une sorte d'Âge d'or où les hommes côtoyaient les dieux.

UNE NATURE QUI DONNE À PROFUSION

Quand j'eus fini, Lykidas, souriant d'un air aimable ainsi qu'auparavant, me donna de la part des Muses son bâton pastoral en gage d'amitié. Puis il tourna sur la gauche et prit le chemin de Pyxa. Quant à moi, à Eucritos et au beau petit Amyntas, nous nous rendîmes chez Phrasidamos et nous couchâmes avec joie sur des lits profonds de jonc frais et de pampres nouvellement coupés. Au-dessus de nous, nombre de peupliers et d'ormes frissonnaient et inclinaient leurs feuilles vers nos têtes ; tout près, une eau sacrée tombait en murmurant d'un antre consacré aux Nymphes. Contre les branches ombreuses, les cigales brûlées par le soleil se donnaient grand-peine à babiller ; la grenouille verte, au loin, faisait entendre son cri dans les fourrés de ronces épineuses ; les alouettes chantaient, et les chardonnerets ; la tourterelle gémissait ; les abeilles jaune d'or voletaient à l'entour des fontaines. Tout exhalait l'odeur de la belle saison opulente, l'odeur de la saison des fruits. Des poires à nos pieds, des pommes à nos côtés roulaient en abondance ; et des rameaux surchargés de prunes étaient affaissés jusqu'à terre. De la tête des jarres, on enleva un enduit de quatre ans. Ô Nymphes Castalides, qui habitez les escarpements du Parnasse, est-ce un pareil cratère que, dans l'antre rocheux de Pholos, le vieux Chiron dressa pour Héraclès ? et ce fameux berger des rives de l'Anapos, le vigoureux Polyphème qui lapidait les vaisseaux avec des montagnes, est-ce un pareil nectar qui le fit gambader dans sa caverne, un nectar pareil à la boisson que vous

171

versâtes alors pour nous à pleine source, ô Nymphes, près de l'autel de Déméter Haloïs ? Ah ! puissé-je sur le blé qu'elle entasse planter de nouveau une grande pelle à vanner, et elle me sourire, les deux mains pleines d'épis et de pavots !

Bucoliques grecs, I, 7

HOMÈRE
VIIIᵉ s. av. J.-C.

VIRGILE
Iᵉʳ s. av. J.-C.

CLAUDIEN
Vᵉ s. ap. J.-C.

Homère

*Dès l'*Odyssée, *la nature est parée de tous les prestiges, elle est promesse des douceurs de la vie, elle est le lieu où les signes ne mentent pas, que ce soit dans l'île de la tentation, auprès de Calypso, ou chez Alcinoos, le roi des Phéaciens.*

NATURE
ENVOÛTANTE, ACCUEILLANTE, RASSURANTE

Mais quand, au bout du monde, Hermès aborda l'île, il sortit en marchant de la mer violette, prit terre et s'en alla vers la grande caverne, dont la Nymphe bouclée avait fait sa demeure.

Il la trouva chez elle, auprès de son foyer où flambait un grand feu. On sentait du plus loin le cèdre pétillant et le thuya, dont les fumées embaumaient l'île. Elle était là-dedans, chantant à belle voix et tissant au métier de sa navette d'or. Autour de la caverne, un bois avait poussé sa futaie vigoureuse : aunes et peupliers et cyprès odorants, où gîtaient les oiseaux à la large envergure, chouettes, éperviers et criardes corneilles, qui vivent dans la mer et travaillent au large.

Au rebord de la voûte, une vigne en sa force éployait ses rameaux, toute fleurie de grappes, et près l'une de l'autre, en ligne, quatre sources versaient leur onde claire, puis leurs eaux divergeaient à travers des prairies molles, où verdoyaient persil et violettes. Dès l'abord en ces lieux, il n'est pas d'Immortel qui n'aurait eu les yeux charmés, l'âme ravie.

Odyssée, V, 55-74

Aux côtés de la cour, on voit un grand jardin, avec ses quatre arpents enclos dans une enceinte. C'est d'abord un verger dont les hautes ramures, poiriers et grenadiers et pommiers aux fruits d'or et puissants oliviers et figuiers domestiques, portent, sans se lasser ni s'arrêter, leurs fruits ; l'hiver comme l'été, toute l'année, ils donnent ; l'haleine du Zéphyr, qui souffle sans relâche, fait bourgeonner les uns, et les autres donner la jeune poire auprès de la poire vieillie, la pomme sur la pomme, la grappe sur la grappe, la figue sur la figue. Plus loin, chargé de fruits, c'est un carré de vignes, dont la moitié, sans ombre, au soleil se rôtit, et déjà l'on vendange et l'on foule les grappes ; mais, dans l'autre moitié, les grappes encore vertes laissent tomber la fleur ou ne font que rougir. Enfin, les derniers ceps bordent les plates-bandes du plus soigné, du plus complet des potagers ; vert en toute saison, il y coule deux sources : l'une est pour le jardin, qu'elle arrose en entier, et l'autre, sous le seuil de la cour, se détourne vers la haute maison, où s'en viennent à l'eau tous les gens de la ville. Tels étaient les présents magnifiques des dieux au roi Alkinoos.

Odyssée, VII, 112-132

Platon

*La nature peut être le lieu propice pour un dialogue philoso-
phique, avant même que ne vienne le temps de la philosophie du
Jardin et d'Épicure.*

SOUS L'OMBRE BIENFAISANTE D'UN PLATANE

Mais à propos, mon ami, n'est-ce pas ici l'arbre vers
lequel tu nous conduisis ?

Phèdre. – C'est lui-même.

Socrate. – Par Héra ! le bel endroit pour s'arrêter !
Ce haut platane étend largement ses branches. Et ce
gattilier, lui aussi, est grand, son ombre est merveilleuse ;
il est en pleine floraison, et rien ne peut embaumer
davantage. Et cette source délicieuse, qui coule sous le
platane ! Son eau est bien fraîche, mon pied le sent.
Elle est consacrée à des Nymphes, ainsi qu'à Achéloos,
si l'on en juge par ces figurines et ces statues. Observe,
je te prie, comme la brise est agréable en ce lieu – quel
charme, quelle douceur ! C'est le chant léger de l'été,
qui répond au chœur des cigales. Mais le plus exquis,
c'est l'herbe : elle couvre une pente douce et permet, si
l'on s'étend, d'avoir la tête parfaitement à l'aise. Tu as
été le meilleur des guides pour un étranger, mon cher
Phèdre.

Phèdre, 230a-230c

HOMÈRE
VIIIe s. av. J.-C.

VIRGILE
Ier s. av. J.-C.

CLAUDIEN
Ve s. ap. J.-C.

Tibulle

Viure al pais, « *vivre au pays* » *en occitan, quitter la ville pour élever des chèvres et fabriquer des fromages, tel est le rêve qu'exprime le poète élégiaque ; mais il est difficile de se passer longtemps des* puellae*, « les maîtresses », à moins d'en convaincre une de venir passer sa vie à la campagne.*

MA CABANE, MA CAMPAGNE ET MA COMPAGNE ?

Qu'un autre s'amasse un trésor d'or fauve et possède des milliers d'arpents d'un seul bien cultivé, pour trembler dans des fatigues perpétuelles au voisinage de l'ennemi, pour que les sonneries guerrières de la trompette chassent loin de lui le sommeil ; moi, que ma pauvreté me fasse traverser une vie de loisir, pourvu que, sans jamais s'éteindre, le feu brille dans mon âtre ; que je plante moi-même, dans la saison propice, les ceps délicats, en vrai paysan, et, d'une main adroite, des arbres fruitiers déjà formés ; et que l'Espérance ne me leurre point, mais qu'elle fasse toujours s'amonceler mes récoltes et remplisse mes cuves d'un vin nouveau bien épais. Car j'honore dévotement et les souches perdues dans les champs et les vieilles pierres des carrefours, qui portent des guirlandes de fleurs ; et les prémices de tous les fruits que me donne le printemps sont l'offrande que je dépose aux pieds du dieu rustique. Blonde Cérès, pour toi il y aura, de ma propriété, une couronne d'épis, qui pendra à la porte de ton temple ; et, dans mon jardin plein de fruits, je veux placer comme gardien un Priape peint en rouge, dont la faux redoutable fera peur aux oiseaux ; vous aussi, gardiens d'un domaine riche autrefois, maintenant appauvri, vous avez vos présents, dieux Lares ; alors, une génisse immolée purifiait d'innombrables taureaux ; maintenant, une agnelle est la modeste victime offerte pour une petite terre ; une agnelle tombera en votre honneur, et qu'autour d'elle la jeunesse rustique s'écrie : « Io ! à nous moissons et bons vins ! »

Si je pouvais seulement, désormais, si je pouvais vivre content de peu, sans être toujours entraîné en de longues marches, et fuir le lever brûlant de la canicule à l'ombre d'un arbre, sur les bords d'une eau courante ! Et toutefois je ne rougirais pas de tenir de temps en temps la pioche ou de stimuler avec l'aiguillon des bœufs pesants ; je ne serais pas fâché non plus de rapporter à la maison, dans le pli de ma robe, une agnelle ou le chevreau que sa mère aura laissé en arrière et oublié. Et vous, épargnez, voleurs et loups, mon petit bercail : c'est dans un grand troupeau qu'il faut aller chercher votre proie. Ici, j'ai coutume tous les ans de purifier mon berger et d'arroser de lait la douce Palès. Dieux, assistez-moi, et les dons d'une table pauvre, offerts dans des vases d'argile sans ornements, ne les dédaignez point : c'est d'argile que l'antique paysan fit ses premières coupes, qu'il formait d'une terre maniable. Je ne demande, moi, ni les richesses de mes pères ni les revenus que jadis la moisson mise au grenier rapporta à mon aïeul ; une petite terre me suffit, si je puis me reposer sur un lit familier et délasser mes membres sur ma couche accoutumée. Quelle joie d'entendre, de son lit, les vents furieux et de presser tendrement sa maîtresse contre sa poitrine ou, lorsqu'en hiver l'Auster aura versé ses eaux glacées, de s'endormir tranquillement à la chaleur d'un bon feu. Voilà le bonheur que je voudrais.

Élégies, I, 1, 1-49

HOMÈRE
VIIIe s. av. J.-C.

VIRGILE
Ier s. av. J.-C.

CLAUDIEN
Ve s. ap. J.-C.

Pline le Jeune

Pourquoi vivre dans les embarras et le bruit de Rome quand on peut rentrer chez soi après le travail ? C'est le charme de la villa des Laurentes.

LE REPOS DE LA CAMPAGNE À DEUX PAS DE ROME

Vous vous étonnez que j'aime tant ma propriété du Laurentin ou, si votre purisme le préfère, ma propriété des Laurentes. Vous ne vous étonnerez plus quand vous connaîtrez l'agrément de sa construction, la beauté de son site, l'étendue de sa plage. À dix-sept mille pas de la ville, elle est juste assez retirée pour qu'on puisse, une fois quitte de ses occupations, sans entamer ni écourter sa journée de travail, venir y passer la nuit. On a plus d'une route pour y aller, car la voie Laurentine et la voie Ostienne y conduisent toutes deux, mais la Laurentine doit être quittée à la quatorzième pierre milliaire, l'Ostienne à la onzième. De part et d'autre, on rencontre alors un chemin en partie sablonneux, où les attelages avancent avec un peu de peine et de lenteur, mais, pour un homme à cheval, court et bon. Ici et là, des paysages variés. Par instant, les bois s'avancent et serrent de près la route, par instant elle s'attarde et se déroule dans de vastes prairies ; beaucoup de troupeaux de moutons, beaucoup de rassemblements de chevaux, de bœufs sont là, chassés des montagnes par l'hiver, et s'engraissant dans ces pâturages au tiède soleil du printemps.

La villa est assez grande pour être commode, d'un entretien peu coûteux. Son entrée donne sur un atrium simple, mais non sans élégance ; ensuite, une colonnade en forme de D autour d'une cour toute petite, mais charmante. L'ensemble offre un abri merveilleux pour les jours de mauvais temps, car on y est protégé par des vitres et surtout par l'avancée des toits. À son milieu s'adosse un *cavedium* fort gai, puis une salle à manger assez belle, en saillie sur le rivage, que les vagues, quand le vent d'Afrique soulève la mer, viennent, déjà brisées et expirantes, effleurer légèrement. Sur tout son pourtour, cette salle a des portes et des fenêtres non moins grandes que des portes, et ainsi elle embrasse par ses côtés et son milieu ce qu'on pourrait appeler trois mers ; par-derrière elle regarde le *cavedium*, la colonnade, la petite cour, la seconde partie de la colonnade, puis l'atrium, les bois et, dans le lointain, les montagnes. [...]

À ces avantages, à ces agréments, il manque malheureusement de l'eau courante, mais il existe des puits, je devrais dire des sources, car les nappes se trouvent près de la surface. Et à tout prendre ce rivage est étonnamment favorisé. En quelque endroit qu'on creuse la terre, l'eau vient toute prête à votre rencontre, et s'offre pure et nullement altérée par le voisinage si rapproché de la mer. On trouve le bois en abondance dans les forêts voisines ; quant au reste, la ville d'Ostie la fournit. Même à qui n'a pas de grands besoins suffit le bourg dont une seule propriété me sépare. Il s'y trouve trois bains publics, ressources précieuses si par hasard le chauffage d'un bain à la maison est déconseillé par le fait d'une arrivée imprévue ou du manque de temps. [...]

Ne trouvez-vous pas maintenant que j'ai de bonnes raisons pour m'être établi dans cette retraite, m'y tenir habituellement, y faire mes délices ? Vous êtes un citadin endurci si elle ne vous fait pas envie.

Lettres, livres I-III, II, 17

HOMÈRE
VIIIᵉ s. av. J.-C.

VIRGILE
Iᵉʳ s. av. J.-C.

CLAUDIEN
Vᵉ s. ap. J.-C.

Stace

Une nature domestiquée, c'est-à-dire mise à la mesure de la domus *(maison de ville) devenant villa d'agrément à la campagne* (villa rustica)*, se retrouve en Toscane (chez Pline le Jeune), à Arpinum (chez Cicéron) ou en Campanie, région la plus accueillante pour la villégiature, telle la villa sorrentine de Pollius Felix.*

UN PETIT PARADIS ENTRE TERRE ET MER

Il est, entre les murailles bien connues par le nom des Sirènes et les rochers qui supportent le temple de la Minerve tyrrhénienne, une haute villa qui épie les flots dicarchéens, en ce lieu où Bromius possède un territoire cher à son cœur, et où, tout au long de collines élevées, cuit au soleil un raisin qui n'a rien à envier aux pressoirs de Falerne. C'est là que, plein d'allégresse, après les fêtes quinquennales qui marquent les lustres de mon pays – alors que déjà un somnolent repos régnait dans le stade sous une couche de blanche poussière, tous les athlètes s'étant tournés vers les couronnes d'Ambracie –, m'attirèrent, à travers les eaux de ma mer natale, l'éloquence du paisible Pollius et les grâces juvéniles de l'élégante Polla ; déjà pourtant, je me hâtais d'infléchir mes pas par les lieux où, suivant sa ligne bien connue, se laisse fouler la voie Appienne, la reine des longues routes.

Mais ce retard fut un enchantement. S'enfonçant en forme de croissant grâce au recul bénévole de la terre, les flots çà et là brisent les rochers incurvés. La nature ménage le site ; c'est la seule plage qui coupe la falaise et, sous les rocs abrupts, débouche dans la campagne. Voici le premier charme de ce lieu : on y voit fumer des bains à double carapace, et une eau douce descend de la terre vers la mer salée. C'est ici le bain que désirent le chœur léger de Phorcus, et Cymodocée aux tresses humides, et la verte Galatée. Devant la demeure, le maître azuré des ondes orageuses monte la garde, protecteur d'un foyer innocent ; les vagues amies aspergent son sanctuaire d'écume. Alcide veille sur les champs fertiles ; le port se réjouit aux pieds de ces deux divinités : l'une protège les terres, l'autre arrête la fureur des lames. Merveilleux est le calme de la mer : les flots fatigués laissent ici tomber leur colère, et les autans insensés soufflent avec plus de douceur ; ici, les emportements de l'ouragan se font plus timides, et dans sa sérénité la rade s'étend paisiblement, image du caractère du maître.

Silves, II, 2, 1-29

Dion Chrysostome

Les bouviers salariés d'un riche propriétaire se retrouvent sans protecteur à la mort de celui-ci ; mais ils décident de rester dans la région, parce que la nature leur offre ce dont ils ont besoin pour vivre en attendant de trouver un nouveau maître.

LA NATURE : UN HAVRE DANS L'ADVERSITÉ

C'était un endroit dans les montagnes où ils avaient accoutumé de garder leurs bœufs pendant l'été ; ils y avaient construit quelques huttes pour leur demeure, et une cloison de pieux, qui, sans être ni grande, ni forte, l'était assez toutefois pour renfermer nos jeunes veaux durant la belle saison. Aux approches de l'hiver, ils descendaient dans la plaine, où l'herbe des pâturages, jointe au peu qu'ils avaient mis en réserve, suffisait à la nourriture de leurs bestiaux. Mais, au retour de l'été, ils regagnaient leurs montagnes, et se fiaient de préférence dans le lieu dont je vous parle. C'est une vallée fraîche et profonde. Au milieu coule un ruisseau paisible : la tranquillité de son cours et la douce pente de ses bords permettent aux génisses d'y entrer facilement et sans danger. L'eau en est pure et abondante, elle sort d'une source voisine : un vent d'été parcourt sans cesse et rafraîchit la vallée. Les bois d'alentour, plantés de chênes et de sapins, ne nourrissent ni le taon, ni aucun insecte malfaisant ; de tous côtés s'étendent de riches prairies où croissent sans culture des arbres hauts et clair-semés. Enfin les plantes potagères les plus succulentes y viennent pendant l'été en abondance, de telle sorte qu'en un espace très circonscrit ce séjour renferme tout ce qu'il y a d'agréable et de commode. Ces avantages qui avaient appelé nos pères en cet endroit, aux beaux jours de l'année, les déterminèrent à s'y fixer, lors de leur désastre, jusqu'à ce qu'ils pussent trouver de l'ouvrage ou un nouveau maître. Cependant, ils se nourrissaient des productions du petit champ qu'ils cultivaient tout près de leur demeure, et dont le sol, fertilisé par l'engrais qu'y avait déposé leur troupeau, suffisait par son rapport à leurs modiques besoins.

Discours Eubéen ou *Le Chasseur*, VII, 13-15

HOMÈRE
VIIIᵉ s. av. J.-C.

VIRGILE
Iᵉʳ s. av. J.-C.

CLAUDIEN
Vᵉ s. ap. J.-C.

Virgile

Aucun extrait des Géorgiques *n'est plus célèbre que celui qui chante le bonheur des paysans. Virgile relie Rome à l'Âge d'or, dans un poème idéologique à la gloire du futur empereur de Rome – entre la bataille d'Actium, en 31 avant J.-C., et le principat, en 27 avant J.-C., quand Octave devient Auguste.*

TROP HEUREUX LES CULTIVATEURS !

Ô trop heureux les cultivateurs, s'ils connaissaient leur bonheur ! Loin des discordes armées, la terre d'elle-même leur prodigue avec une justice parfaite une nourriture facile. S'ils n'ont pas une haute demeure dont les portes altières vomissent le matin, hors des salles bondées, un énorme flot de clients venus apporter leurs salutations, s'ils ne désirent pas, bouche bée, des chambranles incrustés de belle écaille, ni des étoffes où l'or se joue, ni des bronzes d'Éphyré, s'ils ignorent l'art de teindre la blanche laine dans la drogue assyrienne et d'altérer par un mélange de cannelle la pureté de l'huile qu'ils emploient, du moins ils ont un repos exempt de soucis, une vie qui ne connaît pas la tromperie, qui est riche en ressources variées ; du moins ils ont la tranquillité et de larges horizons, les grottes et les bassins d'eau vive ; du moins ils ont les fraîches vallées, les mugissements des bœufs et les doux sommes sous un arbre. Là on trouve les pacages boisés et les tanières des bêtes, une jeunesse endurante à l'ouvrage et accoutumée à la sobriété, le culte des dieux et la piété filiale ; c'est là que la Justice, en quittant la terre, a laissé la trace de ses derniers pas. [...]

Le cultivateur, lui, fend la terre de sa charrue cintrée ; de là dépend le travail de l'année ; c'est de là qu'il nourrit sa patrie et ses petits enfants, qu'il nourrit ses troupeaux de bœufs et ses taureaux qui lui rendent tant de services ;

point de repos qu'il n'ait vu l'année regorger de fruits, accroître le troupeau, multiplier les gerbes de chaume chères à Cérès, charger les sillons d'une récolte qui fasse s'effondrer les greniers. Venu l'hiver, la baie de Sicyone est écrasée par les pressoirs ; les porcs rentrent repus de glands ; les forêts donnent leurs arbouses ; l'automne laisse tomber ses fruits variés, et là-haut, sur les rochers ensoleillés, la vendange mûrit à point. Cependant, ses enfants chéris suspendus à son cou quêtent ses baisers ; sa chaste demeure est l'asile de la pudicité ; ses vaches laissent pendre leurs mamelles gonflées de lait, et sur un gazon luxuriant ses gras chevreaux luttent entre eux, cornes en avant. Quant à lui, il célèbre les jours de fête : étendu dans l'herbe, tandis qu'on fait cercle autour du brasier et que ses compagnons couronnent le cratère, il t'invoque, Dieu du pressoir, en faisant une libation, puis il invite les gardiens du troupeau à concourir au javelot rapide, un ormeau servant de but, et à dépouiller leurs corps rudes pour les compétitions d'une palestre champêtre.

Cette vie, jadis les vieux Sabins la menèrent, Rémus et son frère la menèrent ; oui, c'est ainsi que grandit la vaillante Étrurie, que Rome devint la merveille du monde et dans une seule enceinte embrassa sept collines. Même avant que le roi de Dicté eût pris le sceptre et qu'une race impie se nourrît de bœufs mis à mort, cette vie était celle que Saturne menait sur la terre au temps de l'Âge d'or ; on n'avait pas encore entendu souffler dans les trompettes ni crépiter les épées forgées sur les dures enclumes.

Géorgiques, II, 458-540

LE TRAVAIL DE L'HOMME :
UNE NÉCESSITÉ POUR LA NATURE

L'amour est dans le pré, mais il ne manque pas de travail à la ferme et, plus généralement, au contact de la nature dont on sait qu'elle reprend vite ses droits si elle n'est pas entretenue, bonifiée, conduite à une production maîtrisée, au prix d'heures de travail nombreuses et parfois de veilles pour écarter les atteintes du monde sauvage, sangliers et renards par exemple, loin des agréments de la ville. Ce fut incontestablement un des motifs de la désertification des campagnes à certains moments d'une histoire récente, même si l'on constate aujourd'hui un *revival* de la ruralité.

Le jour où l'homme est passé de la cueillette et de la chasse – la vie sauvage – à l'élevage et à l'agriculture, son rapport à la nature a changé. Le blé a été donné par Déméter ou Cérès (monde grec et monde romain) à Triptolème – méthode jointe pour préparer la terre, semer, accompagner la croissance des épis, récolter la moisson et faire du pain – avec une visée civilisatrice, dans le prolongement du mythe de Prométhée par lequel l'homme a reçu le feu pour faire cuire ses aliments et échapper au monde du cru ; et Triptolème l'a transmis à Héraclès, aux Dioscures puis à l'humanité.

L'homme a tout pour vivre de la nature, s'il y travaille ; son travail peut venir à bout de tout s'il est opiniâtre, apprend-on dans les grammaires latines ! Et il est même possible de dire, en pastichant la définition de l'art : *felicitas : labor additus naturae*, « le bonheur, c'est le travail ajouté à la nature ». Il y a surtout que la nature demande elle-même à être non seulement entretenue mais travaillée, pour ne pas dégénérer, c'est-à-dire pour ne pas se rabougrir, s'étioler et végéter, par l'auto-extinction de ses vertus et de ses propriétés. Comme il y a la croyance, dans les temps antiques, que la nature est inépuisable, les éloges de l'agriculture ont fleuri, en particulier dans les poèmes didactiques, les dialogues et les traités des agronomes, pour former – surtout chez les Romains – des générations de paysans-soldats. Tout a commencé au VIIe siècle avant J.-C., avec *Les Travaux et les Jours* d'Hésiode (sorte de calendrier agricole), au sortir d'un monde homérique fait de guerriers, d'aventuriers et de monstres.

Le soin accordé à la nature, l'entretien de la terre, la culture des champs sont un des rares domaines qui mette tout le monde d'accord dans l'Antiquité, contrairement à la *politique*, c'est-à-dire le monde des cités et des villes. Il est intéressant de mettre en perspective ce credo en faveur du travail de la terre avec la conception que les Physiocrates eurent eux-mêmes de la terre, à la fin du XVIIIe siècle en France – conception qui a inspiré la politique de Turgot, mais aussi celle de Catherine II de Russie. Selon les principes de la physiocratie, « gouvernement par la nature », et de son chef de file Quesnay, la source de la richesse reposait non plus sur le travail, mais sur la capacité « miraculeuse » de la terre à produire de la nourriture à chaque renouveau de l'année ; ainsi la seule activité réellement productive était-elle l'agriculture – la terre multipliant les biens ; et l'industrie et le commerce étaient considérés comme des activités stériles qui se contentaient de transformer les matières premières produites par l'agriculture. Dès lors, la classe des paysans était la seule productive. Mais les Physiocrates oubliaient que c'est à la sueur de son front que le paysan fait fructifier son champ, c'est-à-dire qu'il lui fait produire des fruits. Mère Nature a besoin de bons enfants qui lui apportent leur amour en retour.

HOMÈRE
VIIIe s. av. J.-C.

VIRGILE
Ier s. av. J.-C.

CLAUDIEN
Ve s. ap. J.-C.

Cicéron

Qu'importe que certains soient alarmistes ! Puisque la nature a également doté l'homme de toutes les aptitudes à exploiter les ressources agricoles et minières de la terre, pourquoi n'en profiterait-il pas ?

UNE SECONDE NATURE DANS LA NATURE

C'est encore le travail des hommes, je veux dire de leurs mains, qui nous révèle la diversité et l'abondance des aliments. En effet, d'une part, c'est la main qui nous procure de nombreux produits agricoles, qui sont consommés immédiatement ou mis en conserve pour les laisser vieillir, d'autre part, nous nous nourrissons d'animaux terrestres ou aquatiques et d'oiseaux, tantôt en les capturant, tantôt en les élevant. Nous domestiquons aussi pour en faire des moyens de transport des quadrupèdes, dont la rapidité et la force nous apportent à nous-mêmes force et rapidité. Nous faisons porter des charges à certains animaux, et à d'autres le joug ; nous exploitons à notre profit les sens très subtils des éléphants et le flair des chiens ; nous extrayons des profondeurs de la terre le fer, indispensable pour la culture des champs, nous mettons au jour des filons de cuivre, d'argent, d'or, profondément cachés, qui servent aussi bien à l'usage qu'à la parure. La coupe des arbres et tout le bois des arbres cultivés et des forêts nous servent tantôt, en y mettant le feu, à nous chauffer et à faire cuire nos aliments, tantôt à bâtir, pour nous défendre du froid et de la chaleur, à l'abri de nos maisons. Le bois sert beaucoup aussi pour la construction des bateaux, dont les voyages nous fournissent en abondance, venant de partout, tout ce qui est utile à la vie. Quant aux forces naturelles les plus violentes, celles de la mer et des vents, seuls nous savons les modérer, grâce à l'art de la navigation, et nous jouissons et usons d'un très grand nombre de produits de la mer. De même, l'homme a la maîtrise complète des biens de la terre : nous tirons profit des plaines et des montagnes, les fleuves sont à nous, les lacs sont à nous ; nous semons des céréales, nous plantons des arbres, nous fertilisons les terres par des irrigations, nous contenons les cours d'eau, nous les rectifions, nous les détournons ; de nos mains enfin nous essayons de créer dans la nature comme une seconde nature.

La nature des dieux, II, 60

HOMÈRE
VIIIe s. av. J.-C.

VIRGILE
Ier s. av. J.-C.

CLAUDIEN
Ve s. ap. J.-C.

Columelle

*Pour les agronomes, la terre ne vieillit ni ne s'épuise ;
elle est même inépuisable si l'homme sait faire son travail, en
pratiquant une agriculture qui serait qualifiée aujourd'hui de
« raisonnée » : il faut que la terre se régénère dans un repos qui
lui permette de mieux produire ensuite.*

LA NATURE NE S'ÉPUISE
QUE SI L'HOMME NE L'ENTRETIENT PAS

Vous me demandez, Publius Silvinus, et je ne refuse
pas de vous en instruire sans retard, pourquoi, dans mon
premier livre, dès le commencement, j'ai repoussé l'opinion de presque tous les Anciens et rejeté le sentiment
erroné de ceux qui pensent que, fatiguée et épuisée par
l'action d'un âge si prolongé et par les travaux de tant de
siècles, la terre est arrivée à la vieillesse. Je n'ignore pas
que vous avez un grand respect pour l'autorité de tant
d'illustres écrivains, et surtout de Tremellius [...] qui,
séduit évidemment par l'excès de son amour pour nos
aïeux, a cru faussement que la terre, cette mère de toutes
choses, accablée déjà par la vieillesse, était, comme les
vieilles femmes, devenue inhabile à la génération. J'en
conviendrais, si je ne voyais plus naître de productions
nulle part. Or, la vieillesse humaine est constatée, non
pas quand la femme cesse de mettre au monde trois
ou deux enfants à la fois, mais quand elle ne peut plus
donner aucune production. C'est pourquoi, passé le
temps de la jeunesse, quand même une longue vie serait
encore accordée à la femme, la faculté d'engendrer, que
les années lui refusent, ne lui est pas restituée. La terre,
au contraire, abandonnée soit volontairement, soit par
quelque accident, répond, si on la remet en culture, au
soin du cultivateur par de gros intérêts pour le repos
dont elle a joui. Le vieil âge de la terre n'est donc pas

la cause de la diminution de ses productions, puisque, quand une fois la vieillesse est venue, elle ne retourne point sur ses pas, et que nous ne pouvons ni rajeunir, ni reprendre la vigueur du jeune âge. Ce n'est pas, non plus, la lassitude du sol qui cause la diminution des produits : il ne serait pas sage de dire que, comme dans l'homme le corps se fatigue par un trop violent exercice ou par la surcharge d'un fardeau, de même la lassitude de la terre est le résultat des cultures et du remuement des champs. [...] En effet, un sol neuf, et passant de l'état sauvage à la culture, n'est pas plus fertile parce qu'il a plus de repos et de jeunesse, mais parce que, durant de longues années, les feuilles et les herbes que la nature produit d'elle-même l'engraissant en quelque sorte d'une nourriture copieuse, suffisent pour lui procurer les moyens de faire naître et de nourrir des récoltes ; mais aussi, dès que la herse ou la charrue n'a plus de racines de végétaux à briser, que les bois abattus ne nourrissent plus de leur feuillage la terre qui les a produits, et que les feuilles qui, en automne, tombées des arbres et des buissons, couvraient la surface de la terre, venant à y être enfouies par la charrue, se mêlent aux couches inférieures, qui sont les moins fécondes, et s'y trouvent absorbées : alors il s'ensuit que, privée de son ancienne nourriture, la terre ne tarde pas à maigrir. Ce n'est donc point par la fatigue, comme plusieurs personnes le prétendent, ni par l'effet de la vieillesse, mais par notre nonchalance, que nos sillons répondent avec moins de bienveillance à notre espoir ; mais l'on peut accroître leurs productions, si on veut les entretenir par des engrais fréquents, faits en temps convenable et dans de justes proportions.

De l'agriculture, II, 1

Dion Chrysostome

Un orateur harangue ses concitoyens pour défendre deux cultivateurs à qui il est reproché de s'être approprié des terres en friche de façon illégale ; il les incite à devenir également des cultivateurs pour lutter contre la paresse et l'indigence dans l'île.

Y A-T-IL SPECTACLE PLUS BEAU QUE CELUI D'UNE TERRE BIEN CULTIVÉE ?

Ayant demandé et obtenu silence, il commença en ces termes : « Mes concitoyens, je ne conçois pas les reproches qu'on adresse à ceux qui défrichent et labourent les parties autrefois incultes de notre territoire. Il me semble que, s'il y a lieu de s'indigner contre quelqu'un, c'est apparemment contre les auteurs de la stérilité et de l'abandon de nos terres, et non contre les hommes laborieux qui les cultivent et les embellissent. Vous le savez, notre négligence et le défaut de population ont laissé incultes les deux tiers de notre île. Je possède, pour ma part, un grand nombre de terres en friche, soit dans la montagne, soit dans la plaine ! Eh bien, si quelqu'un consent à les mettre en valeur, non seulement je les lui donnerai pour rien, mais j'y ajouterai de l'argent de ma bourse, et encore croirai-je avoir gagné à ce marché. En effet, citoyens, y a-t-il au monde un spectacle plus beau, plus ravissant, que celui d'une terre riche et bien cultivée ? Est-il rien de plus triste et de plus affligeant au contraire que la vue d'une terre inculte, inutile, et dont la stérilité semble accuser la misère de son possesseur ? Bien loin donc de vouloir punir ces malheureux, mon avis est que vous devez engager tous les citoyens à imiter leur exemple, à se partager les différentes portions de notre territoire, et à les cultiver, chacun selon ses moyens, les riches plus, les pauvres moins. Vous y trouverez le double avantage de rendre à la culture la plus grande partie de l'île, et d'en bannir deux grands fléaux, la paresse et l'indigence. Ceux qui répondront à votre invitation recevront des terres en don gratuit, et les laboureront pendant dix ans, sans payer de rétribution. Au bout de ce temps il sera prélevé sur leurs fruits une petite portion, qui appartiendra au peuple : leurs bestiaux ne devront rien payer. Si un étranger veut participer à cette entreprise, bornez le privilège à cinq ans, et qu'au bout de ce temps il paie le double des autres citoyens. Que si cet étranger défriche plus de deux cents arpents, qu'il soit fait citoyen lui-même. Ainsi l'émulation donnera des bras à la culture. Au lieu de cela, voyez ce qu'il en est aujourd'hui : regardez à nos portes mêmes ; dirait-on que c'est là l'entrée d'une cité opulente ? Tout y présente le spectacle honteux de la stérilité. En dedans de nos murs, au contraire, je vois des jardins cultivés avec art, et même des pâturages pour nos troupeaux. Il y a, en vérité, de quoi s'étonner lorsqu'on voit de verbeux orateurs accuser de pauvres citoyens parce qu'ils labourent une terre abandonnée aux confins de l'Eubée, et en même temps ne se faire aucun scrupule à eux-mêmes d'étendre leurs plantations sur le champ de nos exercices, et de faire paître leurs troupeaux sur la place publique. Car je n'ai pas besoin sans doute de vous apprendre que le gymnase est devenu semblable à un champ labouré, que les statues d'Hercule et des autres dieux y sont ensevelies sous les épis, et que chaque matin les troupeaux de cet orateur se répandent sur la place, où ils broutent l'herbe jusque sous les murs de nos palais, et aux portes mêmes du Sénat.

Discours Eubéen ou Le Chasseur, VII, 33-39

HOMÈRE
VIIIᵉ s. av. J.-C.

VIRGILE
Iᵉʳ s. av. J.-C.

CLAUDIEN
Vᵉ s. ap. J.-C.

Xénophon

Socrate considère qu'il n'est pas possible de se passer de l'agriculture, qu'elle a une influence dans tous les domaines, qu'elle est la nourrice de tous les arts – et pas seulement sur terre.

L'AGRICULTURE EST ESSENTIELLE
SUR TERRE ET SUR MER

Ce récit, Critobule, dit Socrate, te montre que les personnages les plus opulents ne peuvent se passer de l'agriculture : tu le vois, cette occupation est à la fois une source d'agrément, un moyen d'accroître sa maison, un moyen d'entraîner son corps à tout ce qu'il sied qu'un homme libre soit capable de faire. D'abord, les aliments qui font vivre l'homme, c'est la terre qui les produit lorsqu'on la travaille, et elle produit d'ailleurs de surcroît tous les agréments de la vie. En outre, tout ce qui sert à parer les autels, les statues des dieux, les hommes eux-mêmes, c'est encore elle qui le procure et rien n'est plus agréable à voir ni à sentir. Enfin, mille mets proviennent de ce qu'elle produit ou de ce qu'elle nourrit : l'élevage des troupeaux est lié à l'agriculture ; nous avons ainsi de quoi nous concilier les dieux par des sacrifices et de quoi subvenir à nos propres besoins. Mais ces biens qu'elle nous procure à foison, elle ne nous permet pas de les prendre sans peine : elle nous habitue à endurer les froids de l'hiver et les chaleurs de l'été. En exerçant ceux qui travaillent leur terre de leurs bras, elle accroît leur force. Quant à ceux qui n'ont qu'à surveiller leur domaine, elle leur donne une vigueur virile en les faisant se lever de bonne heure et en les contraignant à de rudes marches. Aux champs comme à la ville, c'est toujours à un moment qu'on ne peut remettre que s'accomplissent les opérations les plus importantes. En outre, si l'on veut servir la cité dans la cavalerie, rien de plus capable que l'agriculture d'aider à nourrir le cheval à la maison ; si l'on veut servir dans l'infanterie, elle rend le corps vigoureux. La terre contribue aussi à développer le goût de la chasse en donnant des facilités pour nourrir les chiens, en nourrissant de surcroît le gibier. Puis, en échange des services qu'ils reçoivent de l'agriculture, chiens et chevaux de leur côté rendent service à la ferme, le cheval en amenant de bonne heure le maître aux champs pour les surveiller et en lui permettant d'en repartir tard, et les chiens en écartant les bêtes sauvages, en les empêchant de ravager les récoltes et les troupeaux, enfin en procurant la sécurité dans la solitude. La terre incite aussi les cultivateurs à défendre leur pays par les armes : les récoltes qu'elle fait pousser sont offertes à tous, à la merci du plus fort. Quel art nous rend plus capables que l'agriculture, de courir, de lancer le javelot, de sauter ? Quel art paie mieux de retour ceux qui le pratiquent ? Lequel fait plus plaisant accueil à qui s'y adonne ? Vous l'abordez, et il vous tend et vous offre tout ce que vous désirez. Lequel accueille des hôtes plus généreusement ? Et pour passer l'hiver avec un bon feu et des bains chauds, où est-ce plus facile que dans quelque campagne ? Où donc, pour passer l'été, jouit-on davantage qu'aux champs des ruisseaux, de la brise, des ombrages ? Quel autre art offre aux dieux des prémices plus dignes d'eux ou présente le spectacle de fêtes plus parfaites ? Lequel est plus agréable pour les serviteurs, plus plaisant pour la femme, plus désirable pour les enfants, plus généreux pour les amis ? Pour ma part, il m'apparaît surprenant qu'un homme libre puisse posséder un bien plus plaisant, avoir trouvé une occupation plus plaisante et plus avantageuse pour le faire vivre.

Ce n'est pas tout, la terre, étant une divinité, enseigne aussi la justice à ceux qui sont capables de l'apprendre ; c'est à ceux qui lui témoignent le plus d'égards qu'elle accorde en échange le plus de biens. Le hasard fait-il que des troupes nombreuses de soldats obligent à abandonner leurs travaux et leurs champs des gens qui pratiquent l'agriculture et qui reçoivent une éducation forte et virile ? Ces hommes à l'âme et au corps bien trempés peuvent, si la divinité le permet, marcher sur le pays de ceux qui leur font abandonner leurs travaux, pour leur prendre de quoi se nourrir. Souvent, en temps de guerre, il est plus sûr d'aller chercher la nourriture les armes à la main que de se la procurer en maniant les instruments aratoires. L'agriculture nous enseigne encore à commander à autrui : s'il faut des hommes pour marcher à l'ennemi, il faut aussi des hommes pour travailler la terre. Pour être un bon agriculteur, il faut donner à ses ouvriers de l'ardeur au travail et l'habitude d'obéir volontiers ; tout comme pour conduire ses hommes à l'ennemi, il faut obtenir le même résultat en récompensant ceux qui font leur devoir de bons soldats, et en châtiant les hommes indisciplinés. Souvent l'agriculteur ne doit pas moins prodiguer ses encouragements à ses ouvriers que le général à ses soldats ; les esclaves n'ont pas moins besoin d'espérances que les hommes libres ; il leur en faut même davantage pour consentir à rester. Il avait raison celui qui a dit que l'agriculture est la mère et la nourrice des autres arts. Quand tout va bien pour l'agriculture, tous les autres arts sont prospères, quand on est contraint de laisser la terre inculte, en général les autres arts aussi dépérissent et sur la terre et sur la mer.

L'Économique, V, 1-17

HOMÈRE
VIII° s. av. J.-C.

VIRGILE
I° s. av. J.-C.

CLAUDIEN
V° s. ap. J.-C.

Columelle

Fidèle à l'enseignement de Caton l'Ancien et se référant à lui, l'agronome de l'époque impériale met toujours au premier plan des préoccupations d'un agriculteur la salubrité du lieu dans lequel le domaine sera établi ; mais il livre un autre enseignement majeur : il ne suffit pas de vouloir posséder, il faut pouvoir cultiver ! Les cultures et l'élevage devront donc être adaptés au sol, et point trop n'en faut. « Vantez les grands domaines, cultivez-en un petit », conseille Virgile dans les Géorgiques *(II, 410).*

AGRICULTEURS DURABLES

Si la fortune a souscrit à nos vœux, nous jouirons d'une terre placée sous un ciel salubre, offrant une couche épaisse de terrain végétal ; s'étendant en partie sur une plaine et dans une autre partie sur des coteaux légèrement inclinés vers l'orient ou vers le midi ; consistant en cultures, en bois, en points sauvages ; ayant à portée, soit la mer, soit une rivière navigable, afin de pouvoir exporter les produits et apporter les objets dont on a besoin. Qu'une plaine, partagée en prés et en labours, en oseraies et en roseaux, soit près des bâtiments. Quelques collines seront privées d'arbres, afin de les utiliser pour les céréales, qui toutefois prospèrent mieux dans les plaines dont la terre est grasse et médiocrement sèche que sur les pentes rapides. En conséquence, les champs à blé les plus élevés doivent offrir une surface unie qui ne sera que mollement inclinée, et qui approchera le plus possible d'une plate campagne. D'autres collines seront revêtues d'oliviers, de vignes, et de bois propres à fournir des échalas ; on y trouvera des pâturages pour les troupeaux, et, si on a besoin de bâtir, de la pierre et du bois de charpente. Là, que des cours d'eaux vives viennent arroser les prés, les jardins et les oseraies. On sera pourvu aussi de gros bestiaux de toute espèce, qui trouveront leur pâture dans les cultures et les broussailles. Mais un fonds dans les conditions que je souhaite, est difficile à trouver et peu de personnes en jouissent. Celui qui en approche le plus réunit le plus de ces qualités ; et celui-là est encore tolérable qui n'est pas réduit à un trop petit nombre. Ce que, avant de l'acheter, il faut principalement observer dans l'examen d'un domaine. Porcius Caton était d'avis que, dans l'examen et l'achat d'une terre, il fallait principalement considérer deux choses : la salubrité de son exposition et la fécondité du terrain ; et que, si, un de ces avantages manquant, quelqu'un se présentait pour l'habiter, il était fou et méritait d'être mis sous la curatelle de ses parents. En effet, aucun homme d'un esprit sain ne fera de dépenses pour la culture d'un sol stérile, et n'espérera, dans une atmosphère pestilentielle, parvenir à jouir des fruits du terrain même le plus fécond : car où il faut disputer avec la mort, les récoltes sont aussi incertaines que la vie des cultivateurs, ou plutôt le trépas est plus assuré que les productions.

De l'agriculture, I, 2-3

HOMÈRE
VIIIᵉ s. av. J.-C.

VIRGILE
Iᵉʳ s. av. J.-C.

CLAUDIEN
Vᵉ s. ap. J.-C.

Xénophon

Après une carrière dans les banques, le prince Louis-Albert de Broglie, propriétaire du château de la Bourdaisière, eut une révélation en marchant dans son potager. Il comprit que son destin était lié à cette terre et il s'engagea dans la protection de la nature ; puis il ouvrit sa première boutique au Palais Royal à Paris : c'est le fameux Prince-Jardinier qui a redonné au jardin ses lettres de noblesse. Or, selon Xénophon puis Cicéron dans le Cato Major *(« De la Vieillesse »), il a un illustre prédécesseur : le roi de Perse, Cyrus le Jeune.*

CYRUS, LE ROI-JARDINIER

Certains racontent aussi, Critobule, dit Socrate, que lorsque le roi offre des présents, il appelle d'abord ceux qui se sont montrés braves à la guerre, car rien ne sert de labourer de vastes champs s'il n'y a personne pour les défendre ; ensuite, ceux qui travaillent le mieux leurs champs et les font produire ; car, dit-il, les plus vaillants ne pourraient vivre s'il n'y avait personne pour travailler la terre. On dit aussi que Cyrus, ce roi illustre entre tous, jadis a déclaré à ceux qu'il avait appelés pour les récompenser qu'il mériterait lui-même de recevoir les deux sortes de récompenses : il s'entendait très bien, disait-il, à cultiver la terre, tout comme à défendre les cultures. [...]

Eh bien, dit-on, comme Lysandre venait lui apporter les présents des alliés, ce Cyrus, entre autres témoignages d'amitié (c'est Lysandre lui-même qui en a fait le récit, un jour à un hôte de Mégare), lui a fait visiter lui-même, selon le récit de Lysandre, son « paradis » de Sardes. Lysandre admirait comme les arbres en étaient beaux, plantés à égale distance, les rangées droites, comme tout était ordonné suivant une belle disposition géométrique, comme tant d'agréables parfums les accompagnaient dans leur promenade ; rempli d'admiration, Lysandre s'écrie : « Vraiment, Cyrus, je suis émerveillé de toutes ces beautés, mais j'admire encore davantage celui qui t'a dessiné et arrangé tout ce jardin. » Charmé d'entendre ces paroles, Cyrus répond : « Eh bien, c'est moi qui ai tout dessiné et arrangé, il y a mêmes des arbres, ajoute-t-il, que j'ai plantés moi-même. » Alors, suivant son récit, Lysandre tourne ses regards vers Cyrus, il voit la beauté des vêtements du roi (dont il sent le parfum), la beauté des colliers, des bracelets, de toute la parure qu'il porte, et il s'écrie : « Que veux-tu dire, Cyrus ? C'est toi qui as planté une partie de ce jardin de tes propres mains ? » Cyrus répond : « Tu t'en étonnes, Lysandre ? Je te jure par Mithra que, lorsque je me porte bien, je ne vais jamais dîner sans m'être mis en sueur à peiner à quelque travail guerrier ou champêtre, ou sans me mettre toujours de tout cœur à quelque autre exercice. » À ces paroles, Lysandre raconte qu'il lui a pris la main en disant : « C'est à bon droit, Cyrus, que tu me sembles heureux, car c'est à ta vertu que tu dois ton bonheur. »

Économique, IV, 15-17 ; 20-25

HOMÈRE
VIIIe s. av. J.-C.

VIRGILE
Ier s. av. J.-C.

CLAUDIEN
Ve s. ap. J.-C.

Calpurnius Siculus

*Poursuivant la tradition dite bucolique (ou pastorale)
depuis Virgile, le poète de l'époque néronienne développe,
lui aussi, « cette nature / Faite à souhait pour Fénelon »
(Verlaine).*

RIVAUX EN AMOUR,
MAIS EN HARMONIE AVEC LA NATURE

La chaste Crocalè fut aimée longtemps du jeune
Astacus et du jeune Idas : Idas, maître d'un troupeau
laineux, et Astacus d'un jardin, beaux l'un et l'autre,
et de force égale quand ils faisaient entendre leur voix.
Un jour que l'été accablant brûlait les terres, ceux-ci se
retrouvent par hasard auprès d'une source fraîche, sous
les mêmes ormes, et ils s'apprêtent à rivaliser ensemble
de chants mélodieux et de gages ; ils décident que l'un
offrira sept toisons et que l'autre, s'il est vaincu, renon-
cera à la récolte de son jardin ; et c'était une grande
compétition sous l'arbitrage de Thyrsis. Y assistèrent
toutes sortes de troupeaux, toutes sortes de bêtes
sauvages et tout ce qui bat les hauteurs de l'air de ses
ailes vagabondes. Se rassemblèrent tous ceux qui, sous
l'ombrage de l'yeuse, font paître les brebis paresseuses,
et le vénéré Faunus, et les Satyres à double corne. Y
assistèrent les Dryades au pied sec, les Naïades au pied
humide, et les fleuves qui se hâtaient retinrent leur
cours ; les vents d'est cessèrent de se précipiter sur les
feuillages tremblants et ils firent un profond silence
par toutes les montagnes. Tout s'arrêtait, les taureaux
foulaient leurs pâtures dédaignées, et même, pendant
cette joute, l'industrieuse abeille osa suspendre la visite
des fleurs pleines de nectar. Déjà, dans l'ombre d'un
arbre chargé d'ans, Thyrsis s'était assis entre eux : « Mes
enfants, dit-il, si je suis juge, je vous avertis que les gages

sont inutiles ; que l'on se contente de cette récompense : remporter, vainqueur, des éloges, vaincu, des critiques. Et maintenant, pour pouvoir mieux répartir l'alternance de vos chants, jetez chacun les mains par trois fois en les ouvrant brusquement ». Sans tarder, ils s'en remettent au jugement des doigts. Le premier à commencer est Idas.

IDAS. – C'est moi que Sylvain aime, il me fait don de dociles chalumeaux et il me couronne les tempes de vertes branches de pin. C'est lui qui m'a dit, alors que j'étais encore petit, ce vers prophétique qui n'était pas parole légère : « Que désormais pour toi une flûte légère croisse dans le roseau penché ».

ASTACUS. – Mais c'est pour moi que Flore colore sa chevelure d'herbes fécondes, c'est pour moi que, bien mûre, Pomone joue sous les arbres. « Accepte, ont dit les nymphes, accepte, mon enfant, ces sources : maintenant, tu peux nourrir ton jardin irrigué par ces canaux. »

IDAS. – C'est à moi que Palès en personne enseigne l'art d'élever un troupeau, pour que le noir mari d'une blanche brebis change la toison de l'agnelle qui naît, de façon qu'elle ne puisse conserver l'apparence de parents distincts et qu'elle rappelle l'un et l'autre par sa couleur mêlée.

ASTACUS. – Ce n'en est pas moins par mon habileté que l'arbre changeant revêt des frondaisons inconnues et des fruits d'une espèce étrangère. Mon habileté tantôt combine la poire et la pomme et tantôt contraint les pêches greffées à prendre subrepticement la place des prunes hâtives. [...]

IDAS. – L'amour réclame des chants et ma flûte ne résiste pas à l'amour. Mais voici que le jour s'enfuit et que Vesper rappelle le crépuscule. Toi, Daphnis, emmène tes troupeaux par ici, Alphésibée les emmènera par là.

ASTACUS. – Déjà les feuillages bruissent, déjà le murmure de l'arbre couvre nos chants. Va, Dorylas, va, ouvre le premier canal et laisse-le arroser mon jardin qui a soif depuis si longtemps.

À peine avaient-ils fini de chanter que le vieux Thyrsis leur parla ainsi : « Soyez égaux et, pour cela, vivez en bonne harmonie ; car la beauté, le chant et l'amour vous unissent, tout comme l'âge. »

Bucoliques, 2

LES PREMIERS BESOINS DE L'HOMME :
UNE EAU, UN AIR
ET DES PRODUITS SAINS

Les philosophies de l'Antiquité qui mettaient la nature au centre de leur réflexion, stoïcisme et épicurisme par exemple, visaient à une harmonie entre l'homme et la nature autour de besoins naturels. Ainsi Épicure faisait-il la distinction entre désirs naturels et non naturels, puis pour les premiers entre désirs nécessaires et simplement naturels. Respirer l'air pur de la campagne, de la mer et des montagnes plutôt que celui, pollué, des villes, boire une eau claire, non souillée par les déchets divers, à la source d'où elle jaillit, et consommer une nourriture frugale au lieu de toutes les folies alimentaires alimentées par l'exotisme, tout cela contribue bien à se forger une loi morale permettant d'aboutir à l'autarcie (ou autosuffisance) et à l'ataraxie (ou absence de tracas), donc au « bien suprême » de la sagesse. Indéniablement, les Anciens avaient plus de chances de boire une eau cristalline, de respirer un air pur et de consommer une nourriture saine que nos contemporains.

La question de l'approvisionnement en eau est chaque jour plus préoccupante et le constat s'impose : déjà précaire dans certaines régions du globe, la situation ne pourra qu'empirer en raison du formidable essor démographique que va connaître notre planète dans les vingt-cinq prochaines années, avec une explosion de la consommation en eau et une dégradation de sa qualité. Rien de tel chez les Grecs et les Romains dont les interrogations portaient sur la meilleure eau possible, de source ou de pluie.

Quant à la pollution atmosphérique, s'il pouvait y avoir des fumées ou des odeurs incommodantes, point d'émission de gaz à effet de serre – ou du moins en des quantités bien inférieures, car l'on ne peut passer sous silence les émissions de méthane des bovins –, point de gaz polluants dus à des véhicules à moteur, point d'émanations de substances chimiques dues à l'industrie. En fait, il ne pouvait y avoir que la combustion de biomasse (feux de cheminée, feux agricoles et feux domestiques divers) comme source importante de pollution atmosphérique ; il suffisait donc de s'éloigner pour goûter aux joies de l'air pur.

Enfin, la nourriture ne faisait pas naître des maladies nouvelles telles que l'encéphalopathie spongiforme bovine dite « maladie de la vache folle », ni n'était incriminée pour contribuer au développement de l'obésité. Les OGM n'étaient pas l'épée de Damoclès qu'ils pourraient bien être pour le XXIᵉ siècle, si les recherches confirment les premiers résultats. On savait engraisser la terre naturellement et conserver la nourriture d'une manière biologiquement saine, avec des recettes ou des formules qui prennent aujourd'hui la dénomination de « recettes de grand-mère ».

Les textes sont très nombreux qui montrent à Rome le souci d'avoir l'eau la meilleure possible, de partir respirer le bon air dans sa *villa suburbana* (résidence périurbaine) ou *rustica* (exploitation agricole comportant une partie résidentielle), de consommer les poireaux et les pois chiches de son *hortus*, le « potager » de toute *domus urbana* (maison de ville), ou de son lieu de villégiature en Campanie ou en Toscane. Vivre « bio » était une réalité qui ne nécessitait pas la vérification d'indices, la définition de labels ou l'élaboration de cahiers des charges.

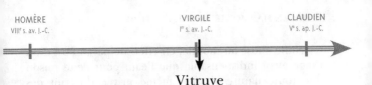

HOMÈRE
VIIIᵉ s. av. J.-C.

VIRGILE
Iᵉʳ s. av. J.-C.

CLAUDIEN
Vᵉ s. ap. J.-C.

Vitruve

La question de l'eau, si elle est devenue cruciale de nos jours,
apparaissait déjà aux Anciens comme essentielle.

L'EAU C'EST LA VIE, MAIS LAQUELLE CHOISIR ?

Du fait que la nature a assigné à différentes choses
une pareille variété dont témoigne le corps humain qui,
composé pour partie de terre, contient bien des sortes
d'humeurs comme le sang, le lait, la sueur, l'urine, les
larmes – si donc, dans cette minuscule parcelle de terre
se rencontrent des saveurs aussi différentes, il n'est
pas surprenant que dans la grande masse de la terre
se trouvent d'innombrables variétés de sucs dont s'im-
prègne, en traversant leurs veines, le courant de l'eau
qui va jaillir aux sources ; et c'est ainsi que les sources
se différencient et se diversifient en types particuliers,
conformément à la variété des lieux, aux qualités distinctives des régions et aux propriétés dissemblables des
terres.

Parmi ces phénomènes, il y en a quelques-uns que
j'ai moi-même vérifiés personnellement ; les autres, je les
ai trouvés mentionnés dans des ouvrages grecs, ouvrages
dont les auteurs sont les suivants : Théophraste, Timée,
Posidonius, Hégésias, Hérodote, Aristide, Métrodore,
qui, avec une grande attention et un soin infini, ont
exposé dans leurs écrits que s'ordonnaient ainsi les parti-
cularités des lieux, les propriétés des eaux et, suivant la
latitude, les qualités distinctives des régions. C'est en les
suivant dans cette voie que j'ai scrupuleusement noté
dans mon livre ce qui m'a paru suffire à la connaissance
des variétés d'eau, afin de faciliter par ces indications le
choix des sources grâce auxquelles on puisse conduire
vers les cités et les municipes les eaux courantes dont ils
feront usage.

Nulle chose au monde, en effet, ne paraît être d'un usage aussi indispensable que l'eau, pour cette raison que toute nature vivante, même privée du fruit des céréales ou des produits des arbres ou de viande ou de poisson, pourra se maintenir en vie en se nourrissant de l'un quelconque de ces aliments qui lui reste, mais que sans eau il n'est pas de corps vivant ni d'énergie nutritive qui puisse apparaître ou se maintenir ou s'organiser. Aussi est-ce avec beaucoup d'attention et de soin qu'il faut rechercher et choisir les sources pour la parfaite santé de la vie humaine.

De l'architecture, VIII, 3, 26-28

Il existe quelques moyens de tester la pureté de l'eau, de déterminer si elle est polluée par quelque élément organique ou minéral.

QUELQUES CRITÈRES POUR UNE EAU SAINE

Or pour connaître et apprécier leur qualité, il faut prendre les précautions suivantes : si elles jaillissent à la lumière, et sont à découvert, on doit, avant d'entreprendre leur adduction, observer et considérer la constitution des hommes qui habitent auprès de ces sources ; s'ils ont un corps vigoureux, un teint frais, des jambes sans défaut, des yeux sans ophtalmie, les sources seront d'excellente qualité. Pareillement, si une source vient d'être ouverte et que l'on asperge un vase de Corinthe, ou quelque autre type de beau bronze, avec cette eau sans qu'elle y laisse de trace, c'est qu'elle est très bonne. Et pareillement, si après avoir fait bouillir cette eau dans un récipient en bronze puis l'avoir laissé reposer on vide ce récipient sans trouver au fond ni sable ni limon, cette eau sera pareillement d'une qualité éprouvée.

Pareillement, si des légumes jetés dans le vase avec l'eau et mis sur le feu parviennent rapidement à cuisson complète, cela révélera que l'eau est bonne et salubre. Aussi bien, si l'eau même qui est à la source est limpide et transparente, si dans les endroits où elle arrive ou s'écoule ne poussent ni mousse ni jonc, si cet endroit n'est sali par aucune saleté mais présente un aspect net, ces signes indiqueront que l'eau est légère et d'une parfaite salubrité.

De l'architecture, VIII, 5 ; IV, 1-2

HOMÈRE
VIIIᵉ s. av. J.-C.

VIRGILE
Iᵉʳ s. av. J.-C.

CLAUDIEN
Vᵉ s. ap. J.-C.

Pline l'Ancien

Loin d'adhérer à cette idée, le naturaliste se demande d'où peut venir la meilleure eau. Du ciel ou de la terre ?

LA MEILLEURE EAU ?
CELLE OÙ S'EST BAIGNÉE JUNON !

La question se pose chez les médecins de savoir quelles sortes d'eaux sont d'un meilleur usage. Ils condamnent à juste titre les eaux stagnantes et paresseuses, jugeant meilleures les eaux courantes, car leur mouvement et leur agitation mêmes les affinent et les améliorent. Aussi, je m'étonne que certains donnent la préférence à l'eau des citernes. Mais ceux-ci allèguent pour raison que l'eau la plus légère est l'eau de pluie, puisqu'elle a pu s'élever et rester en suspens dans l'air. La même raison leur fait aussi préférer la neige, et même la glace à la neige, dans la pensée que la subtilité y est comprimée à l'extrême. Car ces éléments sont plus légers, et la glace beaucoup plus légère que l'eau. Il importe à l'humanité que leur opinion soit réfutée. En premier lieu, en effet, la légèreté dont ils parlent ne peut guère s'apprécier d'autre manière que subjectivement, les eaux ne présentant entre elles à peu près aucune différence de poids. Pour l'eau de pluie, ce n'est pas non plus une preuve de légèreté qu'elle se soit élevée au ciel, puisqu'on voit que les pierres mêmes s'y élèvent, et qu'en tombant l'eau se souille d'exhalaisons terrestres ; aussi est-ce dans l'eau pluviale qu'on remarque le plus de saletés et, pour cette raison, c'est l'eau pluviale qui s'échauffe le plus rapidement. Quant à la neige et à la glace, je m'étonne qu'on y voie la forme la plus subtile de cet élément, en avançant comme argument la grêle, qui fournit, de l'aveu général, une boisson très malfaisante. D'ailleurs, parmi les médecins eux-mêmes, il n'en manque pas qui, à l'opposé, déclarent très insalubres les boissons fournies par l'eau de dégel ou l'eau de neige, puisqu'en a été éliminé ce qui était le plus subtil. En tout cas on constate que tout liquide se réduit sous l'effet de la congélation, qu'un excès de rosée provoque la rouille, la gelée blanche la brûlure, sous l'effet de causes apparentées à celles de la neige. Quant aux eaux pluviales, on convient qu'elles se corrompent très vite, et qu'elles se conservent très peu quand on navigue. Cependant Épigène soutient qu'une eau gâtée et purifiée sept fois ne se corrompt plus. Les médecins reconnaissent que l'eau de citerne non plus n'est pas bonne pour le ventre et la gorge à cause de sa dureté, et même qu'aucune autre ne contient davantage de vase ou d'insectes répugnants. Il leur faut encore reconnaître que celle des rivières n'est pas pour autant la meilleure, non plus que celle d'aucun torrent, tandis que la plupart des lacs ont une eau saine. Quelles eaux, et de quelle espèce, sont donc les plus propres (à boire) ? Cela dépend des lieux. Les rois parthes ne boivent que l'eau du Choaspès et de l'Eulaeus, c'est elle qui les accompagne si loin qu'ils aillent. Mais elle ne leur agrée évidemment pas en tant qu'eau de rivière, puisqu'ils ne boivent ni celle du Tigre, ni de l'Euphrate, ni de tant d'autres fleuves.

Une eau, pour être saine, doit ressembler autant que possible à l'air. Il y a dans le monde entier une seule source dont l'eau ait, dit-on, une odeur agréable, celle de Chabura en Mésopotamie. La raison qu'en donne la légende, c'est que Junon s'y est baignée. Au reste, les eaux, pour être saines, ne doivent avoir aucun goût ni aucune odeur.

Histoire naturelle, XXXI, 21-22

HOMÈRE
VIIIe s. av. J.-C.

VIRGILE
Ier s. av. J.-C.

CLAUDIEN
Ve s. ap. J.-C.

Pline le Jeune

La source du Clitumne est probablement la plus pure qui soit. Point de trace de pollution ici.

À LA CLAIRE FONTAINE

Avez-vous jamais vu la source du Clitumne ? Pas encore (je le crois, autrement vous m'en auriez parlé) ? Alors, voyez-la ; moi (avec le regret que ce fût si tard), je l'ai vue dernièrement.

Une médiocre hauteur se dresse, boisée et ombragée par d'antiques cyprès. À son pied, la source jaillit et se répand par plusieurs filets inégaux ; une fois dégagée du bouillonnement qu'elle forme, elle s'étale en un large bassin, limpide et transparente, si bien qu'il est possible d'y compter les pièces qu'on y jette et les cailloux qui y brillent. À partir de là, elle avance non par l'effet de la pente, mais par sa seule abondance et, pour ainsi dire, par son poids. C'est une source encore et c'est déjà un cours d'eau considérable, portant même des bateaux qui, fût-ce quand ils se croisent et se dirigent en sens contraire vers des points opposés, trouvent passage et arrivent à leur but ; son courant est si fort qu'une embarcation descendant au fil de l'eau, bien que le lit n'ait pas de pente, n'a pas besoin de rames, tandis qu'il lui est très difficile, en dépit des rames et des gaffes, de la vaincre en remontant. Il est également délicieux, quand on se promène en barque pour son plaisir et son amusement, selon qu'on va dans un sens ou dans l'autre, de passer de l'effort au repos et du repos à l'effort.

Les rives sont revêtues d'une quantité de frênes, de peupliers en quantité, et la transparence du cours d'eau permet de les compter sous l'onde par leurs vertes images. La fraîcheur de l'eau rivaliserait avec celle de la neige et ne lui cède pas en éclat.

Lettres, livre VIII, 8, 1-4

HOMÈRE
VIIIᵉ s. av. J.-C.

VIRGILE
Iᵉʳ s. av. J.-C.

CLAUDIEN
Vᵉ s. ap. J.-C.

Sénèque

Les odeurs de la ville sont insupportables à qui aime la campagne : fumées, relents de cuisines, poussière. Il ne reste qu'à fuir.

VITE ! LE BON AIR DE LA CAMPAGNE !

Tu veux savoir ce que j'ai gagné à décider mon départ ? À peine eus-je quitté le mauvais air de Rome et cette odeur des cuisines fumantes qui, une fois en plein travail, vomissent, mêlé à la poussière, tout ce qu'elles viennent d'engouffrer de vapeurs empestées, je me suis aperçu aussitôt d'un changement dans mon état. Mais tu ne saurais croire à quel point ma vigueur s'est accrue, quand j'eus mis le pied dans mon vignoble. Lâché à la pâture, je m'en suis donné tout mon soûl. Je me suis pour le coup retrouvé ; disparue cette langueur suspecte qui ne me disait rien qui vaille, je me remets à travailler de toute mon âme.

À cet effet, l'influence du lieu ne contribue guère : il faut qu'il y ait prise de possession totale de l'âme par elle-même. Ainsi, au milieu des affaires, elle se créera, si elle le veut, une solitude. Mais celui qui va choisissant ses villégiatures et court après le repos, il trouvera en tout lieu de quoi se tracasser.

Lettres à Lucilius, livre XVII, 104, 6-7

HOMÈRE
VIIIe s. av. J.-C.

VIRGILE
Ier s. av. J.-C.

CLAUDIEN
Ve s. ap. J.-C.

Pline l'Ancien

La conservation des légumes frais ou secs ainsi que des grains était une préoccupation majeure, comme le montrent plusieurs passages de son Histoire naturelle *: conservation des laitues, des courges, des concombres ou des fèves avec de l'oxymel (eau, miel et vinaigre), de la poussière, du sable ou de la terre.*

DES LÉGUMES ET DES GRAINS POUR L'HIVER

On rapporte du moins que le divin Auguste fut dans une maladie sauvé par la laitue, grâce à la sagacité du médecin Musa, alors que son médecin précédent, C. Aemilius, la lui interdisait avec un scrupule excessif. Elle devint si estimée qu'on trouva le moyen de la conserver avec l'oxymel même pour les mois où elle ne vient pas. On croit qu'elle augmente la quantité du sang. Il y a encore l'espèce nommée laitue de chèvre, dont nous parlerons parmi les plantes médicinales, et voici que commence à prendre une grande place parmi les plantes cultivées une laitue très appréciée, qu'on nomme laitue de Cilicie ; sa feuille est celle de la laitue de Cappadoce, mais elle est frisée et plus large.

Histoire naturelle, XIX, 38

Les gourdes conservées pour la graine ne se coupent d'ordinaire pas avant l'hiver ; on les sèche ensuite à la fumée pour garder dans ce rustique ustensile les graines des plantes potagères. On a trouvé le moyen de conserver aussi les gourdes pour la table – et de la même façon le concombre – presque jusqu'à l'autre récolte ; c'est avec de la saumure. Mais on assure que, mis dans une fosse à l'abri du soleil, sur une couche de sable, et recouverts de foin sec, puis de la terre, ils se gardent verts.

Histoire naturelle, XIX, 24

La fève et les légumes secs qu'on met dans des jarres à huile, lutées avec de la cendre, se gardent longtemps. Selon le même auteur, des fèves se sont conservées dans une certaine grotte d'Ambracie, depuis l'époque du roi Pyrrhus jusqu'à la guerre du Grand Pompée contre les pirates, pendant environ deux cent vingt ans. Seul le pois chiche ne donne pas naissance à des insectes dans les greniers. Il y a des gens qui disposent sur un lit de cendre des pots enduits de cendre et contenant du vinaigre, et qui entassent les légumes secs par-dessus, croyant éviter ainsi la génération d'insectes nuisibles ; d'autres conservent les légumes dans des jarres qui ont contenu des salaisons et les recouvrent de plâtre ; d'autres arrosent les lentilles de vinaigre aromatisé avec du *laser*, les font sécher et les enduisent d'huile. Mais le moyen le plus expéditif, c'est de cueillir pendant la nouvelle lune ce qu'on veut préserver des maladies.

Histoire naturelle, XVIII, 73

Il en allait de même de la conservation des fruits (coings, pommes, grenades, poires, raisins, etc.), avec de la poix, de la poussière, du sable, de la sciure ou de la terre.

RIEN QUE DU NATUREL

Les coings doivent être tenus en un lieu fermé à l'abri de l'air, ou bien on devra les cuire dans le miel ou les y plonger. Les grenades sont durcies à l'eau de mer bouillante, puis séchées trois jours au soleil, à l'abri de la rosée nocturne, et pendues, et quand on veut s'en servir, on les rince à l'eau douce. M. Varron recommande aussi de les garder dans des tonneaux de sable et de les placer vertes dans des pots au fond brisé, recouverts de terre, mais fermés à l'air, et avec la branche enduite de poix : elles grossissent ainsi même plus que sur l'arbre. Les autres « pommes » s'enveloppent aussi une à une dans des feuilles de figuier qui ne soient pas tombées, et se mettent dans des paniers tressés ou bien s'enduisent de terre à potier.

Les poires se conservent en vases de terre poissés, renversés et enfouis dans des trous. Les Tarentines se cueillent très tard ; les Anicianes se gardent aussi dans le *passum* ; les cormes également dans des trous, dans des vases renversés au couvercle plâtré, recouverts de deux pieds de terre, en un lieu ensoleillé ; on les suspend aussi dans des tonneaux, comme les raisins, et au milieu des raisins, avec leurs branches. [...]

Quelques-uns préfèrent conserver tous ces fruits dans le millet, mais la plupart préfèrent un trou profond de deux pieds, garni de sable, avec un couvercle d'argile, recouvert ensuite de terre. Certains enduisent de craie de potier même les raisins, la sèchent au soleil et les suspendent ; pour s'en servir, ils détrempent la craie dans l'eau. Pour les fruits, on la malaxe aussi dans du vin. Les meilleures pommes sont, suivant le même procédé, enrobées de plâtre ou de cire ; cueillies avant maturité, elles font craquer la chaux en grossissant. On les place toujours sur la queue. D'autres les cueillent avec la branche, l'enfoncent dans la moelle de sureau et recouvrent de terre, comme il a été dit. D'autres affectent un vase de terre à chaque pomme ou poire, en poissent le couvercle et renferment à leur tour ces vases dans un tonneau. Il en est encore qui les mettent sur de la laine et dans des caissettes enduites de torchis ; d'autres procèdent de même dans des plats de terre, quelques-uns aussi dans une fosse garnie de sable ; ils recouvrent alors de terre sèche. Il en est qui enduisent les coings de cire du Pont et les plongent dans du miel. D'après Columelle, on descend dans les puits ou les citernes les raisins mis dans des vases de terre soigneusement enduits de poix. La Ligurie maritime, au voisinage des Alpes, fait sécher au soleil les raisins, les enveloppe dans des bottes de jonc et les met dans des barils fermés au plâtre. Les Grecs font de même avec des feuilles de platane, de vigne même ou de figuier séchées un jour à l'ombre, en couches séparées par du marc dans le baril. On conserve ainsi le raisin de Cos et celui de Béryte, qui ne le cèdent à nul autre en douceur. Certains, pour obtenir ces raisins, les plongent dans la cendre de lessive aussitôt après la cueillette, puis les sèchent au soleil et, quand ils sont passerillés, les passent à l'eau chaude et les sèchent à nouveau au soleil ; ils les enveloppent alors dans des feuilles, comme il a été dit, et les entourent de marc.

Histoire naturelle, XV, 18

HOMÈRE
VIIIᵉ s. av. J.-C.

VIRGILE
Iᵉʳ s. av. J.-C.

CLAUDIEN
Vᵉ s. ap. J.-C.

Columelle

Les Anciens vivaient avec leurs terres marécageuses sans nécessairement vouloir ou pouvoir les assécher complètement : c'était le cas des Marais Pontins ; les assainir passait par d'autres méthodes.

À ZONE MARÉCAGEUSE...
AGRICULTURE BIOLOGIQUE

Le sol jette parfois une humidité salée et amère, poison funeste qui détruit les moissons déjà mûres, et transforme, pour ainsi dire, en aires les parties du champ dépouillées. Il faut noter par des marques les points dégarnis, afin qu'on puisse remédier au mal en temps convenable. En effet, là où l'humidité ou quelque autre fâcheux accident fait périr les grains semés, il faut répandre et enterrer à la charrue de la fiente de pigeon ou, à défaut, des ramilles de cyprès ; mais il est préférable de faire écouler toute eau nuisible, au moyen d'une rigole : sans cette précaution, les remèdes que nous venons d'indiquer seraient inutiles. Il est des personnes qui doublent d'une peau de hyène un semoir de trois *modius*, et qui, après y avoir laissé séjourner quelque temps la semence, l'en tirent et la répandent, ne doutant pas qu'avec cette précaution elle ne réussisse bien. Quelques animaux qui vivent sous terre font périr les grains déjà avancés dans leur végétation en attaquant la racine. Pour prévenir ce dégât, on fait macérer pendant une nuit dans le suc de l'herbe que les paysans appellent *sedum*, et qu'on a étendu d'eau, les semences qu'on veut confier à la terre. Plusieurs agriculteurs délayent dans de l'eau le suc exprimé du concombre serpentaire et de sa racine broyée, et suivent, pour le reste, le procédé que nous venons d'indiquer. Quelques autres arrosent les sillons avec ces liqueurs ou bien avec de la lie d'huile sans sel, lorsque le dommage commence à paraître, et par ce moyen chassent les animaux nuisibles.

De l'agriculture, II, 9

À LA CAMPAGNE,
IL FAUT ÊTRE À L'ÉCOUTE
DE LA NATURE

Loin de s'arrêter au constat qu'ils vivaient dans des régions du monde privilégiées, certains auteurs expriment le sentiment qu'il convient d'être le plus possible en harmonie avec la nature, de profiter au maximum des avantages offerts par l'environnement, d'optimiser la situation géographique. Sans les résultats obtenus par l'activité humaine, la démonstration des bienfaits de la nature serait impossible. La richesse en eau de l'Italie, grâce à ses fleuves, à ses lacs ou à ses sources, ne prend sens qu'avec la construction d'aqueducs, de collecteurs et de fontaines. Comment prouver qu'il fait bon vivre en Italie, si l'habitat et l'urbanisme ne le montrent pas ?

Ainsi, beaucoup de textes ont une visée pratique : fonder une ville, construire une maison, établir un domaine en pleine nature, tout cela suppose de prendre en considération l'orientation et l'intensité du soleil, la présence de montagnes, le caractère potable de l'eau, la nature des vents et le sens dans lequel ils soufflent, la présence de mauvaises odeurs, la proximité de la mer ou d'un fleuve. Les conseils de la sorte ne manquent pas dans la littérature antique, et également pour apprendre à bien cultiver sa terre, du petit lopin au *latifundium* (grand domaine agricole).

L'*Économique* de Xénophon, au IVe siècle avant J.-C., fut le premier traité agronomique ou « géoponique » (du titre de l'ouvrage d'un certain Anatolius de Bérytos au IVe siècle après J.-C.) à développer l'idée que les hommes peuvent influer sur la productivité de leur terre. Carthage ne fut pas en reste, dont l'agronome Magon fut un maître d'école respecté par les Romains ; son traité d'agronomie (en 28 livres) fut sauvé des ruines de Carthage en 146 avant J.-C., à la demande du Sénat romain, puis traduit en latin et en grec, et des générations d'agronomes ont repris ses enseignements dans des ouvrages de plus en plus techniques et pratiques : en Grèce, ce furent Cassius Dionysus et Diophane de Nicée ; chez les Romains, la liste complète serait longue, dont nous retiendrons principalement Caton, Varron, Scrofa, Columelle et Palladius – ce dernier bouclant en quelque sorte l'évolution du discours agronomique en revenant à la formule calendaire pratiquée par Hésiode dans *Les Travaux et les Jours*.

Point d'agences de notation dans l'Antiquité, mais le label AAA n'aurait pas été usurpé. Les Anciens ont compris que la nature n'était pas un présent définitif prêt à être consommé ou utilisé ; elle est un laboratoire qui permet de voir ce que l'homme peut en faire. Il peut lutter contre elle, quitte à vouloir l'asservir ; il peut subir sa toute-puissance – celle de la végétation envahissante par exemple – et retourner à l'état sauvage ; il peut encore, façonné par son environnement selon le déterminisme que les auteurs ont développé, tenter de répondre à sa générosité pour la transformer en bienfaits.

C'est un véritable comportement écologique qui émerge dans de nombreux textes : économies d'énergie, qualité de la vie, production raisonnée sont déjà des objectifs chez les Anciens, dans le cadre d'une réflexion sur le rapport à construire – et non plus le rapport hérité – entre l'homme et le milieu naturel.

HOMÈRE
VIIIe s. av. J.-C.

VIRGILE
Ier s. av. J.-C.

CLAUDIEN
Ve s. ap. J.-C.

Diodore de Sicile

Le mythe d'Hercule terrassant Acheloüs, fils de l'Océan et de Téthys, condamné à se réfugier dans le fleuve Thoas puis assimilé à celui-ci, semble être une sorte de symbole expliquant la nécessité de canaliser les eaux des fleuves pour irriguer les plaines cultivées. Le recours à Hercule, figure de progrès, suggère combien ces travaux d'aménagement des cours d'eau dans les plaines supposaient de moyens.

LE CANAL DE L'ABONDANCE

Pendant que ces événements avaient lieu, Hipponoos, à Olénos, désapprouvant sa fille Périboia, disent-ils, parce qu'elle affirmait qu'Arès l'avait rendue grosse, l'envoya en Étolie, auprès d'Oineus, et lui donna l'ordre de la faire disparaître au plus vite. Mais, comme Oineus avait perdu récemment son fils et sa femme, il renonça à tuer Périboia : il la prit pour épouse et engendra un fils, Tydée. Voilà donc l'issue des mythes qui ont trait à Méléagre, Althaia, ainsi qu'à Oineus. Voulant faire plaisir aux Calydoniens, Héraclès détourna le fleuve Achéloos et, par l'aménagement d'un autre lit, il rendit très fertile une large bande de terre qui est encore arrosée par le cours d'eau que je viens de mentionner. Aussi certains poètes ont-ils même rendu mythique, dit-on, ce fait : ils ont représenté Héraclès engageant le combat avec Achéloos, alors que ce fleuve avait pris l'apparence d'un taureau. Pendant la lutte, Héraclès brisa l'une des cornes et en fit don aux Étoliens ; elle reçut le nom de « corne d'Amalthée ». Dans cette corne, ils imaginent que se trouve une grande quantité de tous les fruits de la fin de l'été : grappes de raisins, pommes, et tous les autres fruits de ce genre. Mais les poètes parlent à mots couverts : une corne d'Achéloos représente le cours d'eau qui coule par le fossé ; les pommes, les grenades et les grappes représentent la contrée fertile qui est arrosée par le fleuve et l'abondance des végétaux qui portent des fruits. De plus, c'est la corne « d'Amalthée », c'est-à-dire d'une sorte de « non-mollesse » (*amalkistia*) : ce qui indique la vigueur de celui qui a réalisé cet ouvrage.

Mythologie des Grecs, IV, 35, 1-4

HOMÈRE
VIIIe s. av. J.-C.

VIRGILE
Ier s. av. J.-C.

CLAUDIEN
Ve s. ap. J.-C.

Caton l'Ancien

Dès Caton l'Ancien, chez les agronomes, revient la question des critères de choix d'un domaine à la campagne ; c'est la nature de l'environnement qui efface tous les autres paramètres ; et si, de surcroît, les habitants du lieu ont une bonne santé, il n'y a plus qu'à acheter.

ÉCOSYSTÈME

Quand vous songerez à acquérir un domaine, ayez ceci présent à l'esprit : n'achetez pas en cédant à une envie, ne vous épargnez pas la peine de le visiter vous-même, et ne vous contentez pas d'en faire le tour une fois ; chaque fois que vous irez, il vous plaira davantage si c'est un bon domaine. Prêtez attention à la mine des gens du voisinage : dans une bonne région, ils devront avoir bonne mine. Entrez dans la propriété : examinez comment vous pouvez en sortir. Que le climat soit bon, qu'elle ne soit pas exposée aux calamités agricoles ; qu'elle vaille par la bonté du sol et par sa qualité propre. Si possible, qu'elle soit au pied d'une colline, qu'elle soit exposée au midi, dans un endroit salubre. Qu'il y ait abondance de main-d'œuvre et un bon abreuvoir ; qu'il y ait à proximité une ville importante ou la mer ou un cours d'eau où circulent des bateaux, ou une bonne route fréquentée. Qu'elle soit de ces champs qui ne changent pas souvent de maître, que ceux qui dans ces campagnes auront vendu leur domaine regretteront d'avoir vendus. Que les bâtiments soient bien construits. Gardez-vous de mépriser à la légère les leçons d'autrui ; mieux vaudra acheter à un propriétaire bon cultivateur et bon constructeur. Quand vous viendrez à la ferme, voyez s'il y a beaucoup de pressoirs et de jarres ; là où il n'y en aura pas beaucoup, sachez que le produit est à proportion. Qu'elle n'exige pas un grand équipement, qu'elle soit bien placée ; veillez à ce que la terre exige l'équipement le plus réduit possible et ne soit pas d'un entretien coûteux ; sachez qu'il en est d'une terre comme d'une personne : quoi qu'elle puisse gagner, si elle est dépensière, il ne reste pas grand-chose. Si vous me demandez ce qui, dans un domaine, occupe la première place, je répondrai ceci : de toutes les cultures, dans le meilleur endroit, cent jugères de terre, la première est un vignoble, notamment s'il rapporte beaucoup de vin, en second lieu un jardin irrigué, en troisième une saulaie, en quatrième une oliveraie, en cinquième une prairie, en sixième une plaine à céréales, en septième un bois taillis, en huitième un verger, en neuvième un bois pour la glandée.

De l'agriculture, 1, 1-7

HOMÈRE
VIIIᵉ s. av. J.-C.

VIRGILE
Iᵉʳ s. av. J.-C.

CLAUDIEN
Vᵉ s. ap. J.-C.

Varron

La référence à Hippocrate est une constante dans le raison-nement des agronomes. La salubrité du lieu doit passer avant la fertilité de la terre ou l'accompagner ; le gain y est plus sûr et la santé des habitants garantie. Des travaux sont parfois néces-saires pour améliorer les conditions climatiques et naturelles premières.

DES CULTURES SAINES DANS UN SOL SAIN…

L'utilité maximale se trouve dans les terres plus salubres que les autres car la récolte y est assurée. Au contraire, dans un terrain malsain, la maladie, si fertile que soit le sol, ne laisse pas l'agriculteur en venir à la récolte. Et c'est un fait que, lorsqu'on a affaire à Orcus, non seulement le rapport est menacé, mais aussi la vie des cultivateurs. Ainsi, quand les conditions de salu-brité ne sont pas remplies, l'agriculture n'est qu'une partie de dés qui met en jeu la vie du propriétaire et sa fortune. D'ailleurs, la science peut diminuer le risque. En effet, si la salubrité, qui résulte du climat et du sol, ne dépend pas de nous, mais de la nature, pourtant nous gardons de grandes possibilités de rendre plus bénins, à force d'attention, les inconvénients graves. Car si, à cause de la terre ou de l'eau, la propriété dégage en quelque endroit des émanations qui l'empestent, ou si à cause de son orientation il y fait trop chaud, ou s'il y souffle un vent délétère, ces défauts sont d'habitude corrigés par la science et les dépenses du maître, pour qui c'est une question très importante que la situation de ses bâtiments de ferme, leurs dimensions, l'exposition de leurs portiques, de leurs entrées et de leurs fenêtres. Le fameux médecin Hippocrate n'a-t-il pas sauvé par sa science, au cours d'une grande épidémie, non pas un seul champ, mais de nombreuses villes ? Mais à quoi bon

227

appeler Hippocrate en témoignage ? Notre ami Varron que voici, lorsque l'armée et la flotte étaient à Corcyre et toutes les maisons pleines de malades et de cadavres, ayant ouvert de nouvelles fenêtres au souffle de l'aquilon, bouché les lieux pestilentiels, changé la place des portes et pris toutes les autres précautions de ce genre, n'a-t-il pas ramené sains et saufs son État-major et sa maison ?

Économie rurale, I, 4, 3-5

… ET UN HOMME SAIN DANS UNE MAISON SAINE

On devra construire la ferme en veillant surtout à avoir de l'eau à l'intérieur de son enceinte, sinon le plus près possible : une eau qui de préférence y prenne sa source, ou qui à défaut vienne y couler sans tarir. S'il n'y a pas du tout d'eau vive, il faut ménager des citernes à couvert et un réservoir à l'air libre, les unes étant destinées aux hommes et le second au bétail. On aura soin que la ferme soit située de préférence au pied d'une montagne boisée, où les pâturages soient vastes, et d'autre part exposée aux vents les plus salubres qui souffleront dans la propriété. Une ferme orientée au levant équinoxial se trouve dans une situation excellente, car elle a de l'ombre en été, et du soleil en hiver. Si l'on est forcé de la construire au bord d'un cours d'eau, il faut prendre garde de ne pas la placer en face : car en hiver elle sera extrêmement froide et en été malsaine. Il faut aussi, s'il y a des endroits marécageux, la tourner en sens opposé, d'abord pour les mêmes raisons et ensuite parce qu'il se développe certains petits animaux, invisibles à l'œil, qui par la respiration pénètrent dans le corps à travers la bouche et les narines, et y créent de périlleuses maladies.

FUNDANIUS. – Que pourrais-je faire, si j'hérite d'une propriété comme celle-là, pour parer aux risques de la contagion ?

AGRIUS. – À cette question, même moi je puis répondre : vends-la, autant d'as que possible, ou, si tu n'y arrives pas, abandonne-la.

SCROFA. – Il faut éviter que la ferme ne regarde de ce côté d'où souffle d'ordinaire un vent insalubre, et ne pas la construire dans le creux d'une vallée, mais plutôt dans un lieu élevé : ainsi l'aération dissipe plus facilement les miasmes hostiles qui peuvent s'y introduire. En outre, illuminée tout le jour par la clarté du soleil, elle offre une meilleure hygiène, car les bestioles aussi qui peuvent naître au voisinage ou être apportées, sont soit chassées par le vent soit bientôt détruites par la sécheresse. Quant aux orages subits et aux crues des torrents, grave danger pour ceux qui ont leurs bâtiments dans des fonds ou des creux, quant aux attaques soudaines des brigands, car elles peuvent facilement surprendre les gens à l'improviste, de ces deux inconvénients-là les hauteurs sont à l'abri.

Économie rurale, I, 11-12, 2-4

HOMÈRE
VIIIe s. av. J.-C.

VIRGILE
Ier s. av. J.-C.

CLAUDIEN
Ve s. ap. J.-C.

Vitruve

L'agriculteur ne doit pas seulement se préoccuper du domaine, de la production qui en découlera, du gain qu'il fera. Sa maison et, plus largement, tous les édifices constituant la villa rustica *(la propriété agricole) doivent profiter des conseils d'un architecte qui prend le relais de l'agronome.*

LA VILLA À BASSE CONSOMMATION

S'agissant tout d'abord des questions de salubrité, il faut examiner les différentes expositions conformément aux indications données dans notre premier livre pour l'implantation des villes, et situer les propriétés en conséquence. Leur importance doit être fonction de celle des terres et des ressources qu'elles offrent.

La grandeur des cours doit être déterminée par le nombre de têtes de bétail et l'ensemble de paires de bœufs qu'on aura besoin d'y avoir.

On choisira pour la cuisine l'endroit le plus chaud de la cour. Juste à côté on aura les étables dont les mangeoires regarderont vers le foyer et dans la direction de l'Est, la raison étant que les bœufs qui regardent le feu et la lumière n'ont pas le poil qui se hérisse. Les paysans, qui ne sont pas sans connaître les zones du ciel, estiment de même que la seule bonne direction dans laquelle doivent regarder les bœufs est celle du soleil levant. Pour les étables, leur largeur ne doit pas être inférieure à dix pieds ni supérieure à quinze : leur longueur doit assurer à chaque paire de bœufs un espace d'au moins sept pieds.

Les bains seront également attenants à la cuisine ; il n'y aura pas loin ainsi pour assurer le service du bain à la campagne.

Le pressoir devra être également tout près de la cuisine ; cela rendra plus facile, en effet, le traitement des olives.

Elle aura, attenant, le cellier, dont les jours seront ouverts sur le Nord ; quand ils donnent en effet sur une autre direction d'où la chaleur du soleil peut venir, le vin qui sera dans ce cellier se dénaturera et perdra son caractère.

L'huilerie, au contraire, doit être située de manière à prendre jour sur le Midi et sur une zone chaude du ciel ; l'huile, en effet, ne doit pas se figer, mais conserver sa fluidité sous l'effet d'une douce chaleur. Quant à ses dimensions, elles seront fonction des récoltes et du nombre de tonneaux qui, pour une contenance d'un *culeus*, doivent occuper chacun un espace de quatre pieds de diamètre. Pour ce qui est du pressoir, si au lieu d'une rotation par vis, on a un système de pression avec leviers et arbre, il faut lui donner quarante pieds au moins de long ; cela laissera en effet une place suffisante pour la manœuvre du levier. La largeur en sera d'au moins seize pieds ; les ouvriers auront ainsi une entière liberté et facilité pour opérer. Mais, s'il faut de la place pour deux pressoirs, on donnera une largeur de vingt-quatre pieds.

Les étables pour les brebis et pour les chèvres doivent être suffisamment grandes pour assurer à chaque bête un espace d'au moins quatre pieds et demi, au plus de six.

Les greniers à blé seront placés haut et tournés vers le nord ou le nord-est ; de cette manière, le grain sera protégé contre un échauffement rapide et, avec la fraîcheur de l'air qui circule, il se conservera longtemps. De fait, les autres expositions amènent les charançons et tous ces insectes qui gâtent habituellement le grain.

On affectera aux écuries la partie la plus chaude possible de la ferme, en veillant seulement à ce qu'elles ne regardent pas vers le foyer : quand les bêtes de trait ont en effet leur litière à proximité d'un feu, leur poil se hérisse.

Des mangeoires installées hors de la cuisine, en plein air, face à l'Est, ne sont pas non plus sans avantages ; en effet, quand l'hiver, par ciel clair, on y amène les bœufs, au matin, prendre ainsi leur nourriture au soleil donne aux bêtes une robe plus brillante.

Les hangars, les granges à foin et à épeautre, les moulins seront opportunément construits à l'écart de la ferme, de manière que celle-ci soit bien à l'abri des risques d'incendie.

S'il faut introduire quelque élégance dans la maison de campagne, on mettra en œuvre les principes de rapports modulaires posés plus haut à propos des habitations urbaines, à condition toutefois que rien dans ces constructions ne contrarie les intérêts d'une exploitation rurale.

S'il convient, pour toute construction, de rechercher un bon éclairage, la chose apparaît beaucoup plus facile s'agissant d'une maison de campagne, pour la raison qu'aucun mur voisin ne peut faire écran, alors qu'en ville la hauteur des murs mitoyens ou le manque d'espace gênent et font de l'ombre. On procédera, pour ce problème, à l'expérience suivante : du côté où l'on doit recevoir la lumière, on tendra un cordeau allant depuis le haut du mur qui semble faire écran jusqu'au point où la lumière doit s'introduire. S'il est possible, le regard étant levé et suivant cette ligne, de voir une large étendue de ciel dégagé, la lumière entrera librement dans ce lieu. Mais, si poutres, lucarnes ou étages supérieurs s'interposent, il faut pratiquer l'ouverture plus haut et, par là, laisser pénétrer la lumière. En un mot, la conduite à adopter est de réserver aux fenêtres tout point d'où l'on peut apercevoir le ciel. On aura ainsi des constructions bien éclairées. Mais si les *triclinia* et autres salles ont un très grand besoin de lumière, cela est particulièrement vrai pour les corridors, les rampes, les escaliers, car ce sont là, en général, des endroits où se heurtent, bien souvent, des personnes venant, les bras chargés, en sens inverse.

J'ai développé du mieux que j'ai pu, les questions touchant l'agencement des bâtiments de notre pays.

De l'architecture, VI, 6, 1-7

À LA VILLE,
IL NE FAUT PAS OUBLIER
QUE LA NATURE EXISTE

L'idée de cité s'origine dans la société rurale des Grecs : la cité est liée à sa campagne environnante, dont les habitants sont aussi des citoyens. Cette conception abstraite de la cité explique que les penseurs ne se soient intéressés que tardivement à l'aménagement urbain. C'est à partir de 480 avant J.-C. seulement que de l'ordre fut mis dans l'anarchie urbaine ; avec Hippodamos de Milet, la ville grecque fut pensée et construite selon des principes élémentaires d'aménagement : hygiène, fonctionnalité, circulation et non seulement défense, selon les conseils d'Hippocrate en matière de santé. C'est à Pergame, Milet ou Didyme, en Asie Mineure, que ce corpus de principes et de règles a été le plus parfaitement mis en œuvre. Si nous nous tournons à présent vers Rome, nous pouvons nous douter que le paysan-soldat, exercé à tirer des sillons rectilignes et à construire des camps pour abriter les légions, ne pouvait que développer ces principes ; Rome accueillera ainsi jusqu'à un million d'habitants. Mais l'urbanisme n'a pas oublié son rapport avec la nature, loin des excès que l'architecture contemporaine a pu commettre, à l'époque du béton tout-puissant (le modèle Brasilia ou le Quartier de la Défense) et avant l'invention des murs végétaux.

Même si les Grecs avaient déjà atteint un point d'équilibre satisfaisant, les Romains se signalèrent par un souci tout particulier d'entendre la voix de la nature jusque dans les villes. Ils eurent en particulier une politique de bonification des terrains marécageux qui fut meilleure et parfois très moderne d'esprit ; ne pas détruire ou éliminer systématiquement, mais préserver un équilibre environnemental, telle était la priorité ; ils avaient en effet compris que les marécages ont une fonction écologique comme les montagnes ; mais ils ont été plus intelligents face aux marécages que face aux montagnes, en ne pratiquant pas systématiquement l'assainissement intégral ou massif. Prescience de compromettre l'équilibre naturel ? En tout cas, le marais faisait partie du milieu et il s'agissait de le gérer. Ce sont les prémices d'une conscience écologique.

Autre aspect méritant d'être mis en exergue : Pierre Grimal a montré l'importance considérable que les jardins ont prise chez les Romains en ville, au point d'écrire : « C'est au moment où ils se prirent à les aimer que les Romains commencèrent à renoncer à la vie publique et aux affaires. » La campagne en ville existe donc bien au bout des longues rues qui éloignent le Pompéien du forum, du côté de l'amphithéâtre, comme au bout du Chemin Vert à Paris, dans les anciens villages ou hameaux de Belleville, de Charonne et de Ménilmontant devenus 20e arrondissement – dont il reste aujourd'hui « la Campagne à Paris ». Et à Rome ? À l'échelle urbaine, les Romains avaient besoin d'espaces verts (jardins privés ou publics, parcs et promenades) : ce sont les célèbres *Horti Sallustiani* (entre le Pincio et le Quirinal), *Lucullani* (sur le Pincio), *Lamiani* (sur l'Esquilin) ; dans leur *domus* (maison de ville), il fallait aux Romains leur *hortus*, leur jardin « potager » – le *back garden* des Anglais – et un Euripe traversait le péristyle, à l'imitation du détroit agité séparant l'île d'Eubée de la Béotie continentale.

Il y a certes eu des saccages de la nature, mais comment ne pas saluer certaines réussites de l'aménagement du territoire, ni être admiratif devant ce que les Romains ont fait de Rome, d'époque en époque ? *Roma Aeterna !* Rome éternelle !

HOMÈRE
VIIIᵉ s. av. J.-C.

VIRGILE
Iᵉʳ s. av. J.-C.

CLAUDIEN
Vᵉ s. ap. J.-C.

Cicéron

La construction d'une ville demande une évaluation des conditions de salubrité ; pour cela le climat est un élément déterminant. On ne construit pas n'importe où ; Romulus, le fondateur de Rome, l'avait compris.

ROME FONDÉE AILLEURS ?
LA FACE DU MONDE EN EÛT ÉTÉ CHANGÉE

Quant à l'emplacement à choisir pour la ville, celui qui vise à jeter les fondements d'un État durable doit s'en préoccuper avec un soin tout particulier ; Romulus choisit un site d'une convenance merveilleuse. En effet, il ne s'établit pas près de la mer, alors qu'il lui eût été très facile, avec la troupe et les ressources dont il disposait, soit de s'avancer dans le territoire des Rutules ou des Aborigènes, soit de fonder lui-même une ville près de la bouche du Tibre où, bien des années plus tard, le roi Ancus établit une colonie ; mais, en homme d'une exceptionnelle clairvoyance, il se rendit compte avec netteté que les régions côtières ne convenaient pas du tout aux villes fondées avec l'espoir d'un empire qui durerait longtemps. La première raison en est que les villes situées au bord de la mer sont exposées à des dangers non seulement multiples, mais aussi dissimulés. À l'intérieur des terres, l'arrivée des ennemis, qu'elle soit attendue ou même inopinée, se révèle par bien des signes : par un brusque fracas et aussi par le bruit sourd de leur approche. Personne ne peut, comme en un vol, foncer sur vous, en ennemi, par terre, que nous ne puissions savoir non seulement qu'il est là, mais même qui il est et d'où il vient. Au contraire, l'ennemi dont la flotte traverse la mer peut être là avant que personne ne soupçonne qu'il viendra et, en approchant, il ne révèle ni qui il est, ni d'où il vient, ni même ce qu'il veut ; bref, il n'y a pas le moindre indice qui permette de discerner avec certitude si ses intentions sont pacifiques ou hostiles.

En second lieu, les villes du littoral sont exposées aussi à des éléments corrupteurs, qui amènent une transformation des mœurs ; elles sont contaminées par des innovations dans les paroles et la conduite ; on n'y importe pas seulement des marchandises, mais des mœurs exotiques, si bien qu'aucune institution ancestrale n'y peut demeurer intacte. Bientôt les habitants de ces cités ne tiennent plus en place, mais leurs songeries les emportent, sur les ailes de l'espérance, toujours plus loin de leurs demeures, et même quand leurs corps restent là, ils s'exilent et vagabondent en pensée. Rien ne contribua davantage à rendre longtemps chancelantes et finalement à renverser Carthage et Corinthe que ces voyages sans fin, qui dispersaient les citoyens ; en effet, poussés par l'amour du commerce et de la navigation, ils avaient délaissé l'agriculture et l'entraînement militaire. [...]

Comment donc Romulus, pour réunir tous les avantages du littoral et en écarter les inconvénients, aurait-il pu se montrer plus divin qu'en fondant sa ville sur la rive d'un fleuve au cours permanent et régulier et qui s'écoule dans la mer par un large estuaire ? La ville pouvait ainsi recevoir par mer tout ce qui lui manquait et exporter ce dont elle regorgeait ; et grâce à ce même fleuve, elle pouvait non seulement faire remonter de la mer les objets les plus nécessaires aux besoins immédiats et à ceux de la vie civilisée, mais aussi les recevoir de l'intérieur des terres. Romulus a donc, me semble-t-il, prévu alors déjà que notre ville serait un jour le centre et le foyer du plus grand des empires ; car il n'y avait guère d'emplacement, dans une autre région de l'Italie, où une ville pût plus aisément conserver une telle hégémonie.

Quant aux fortifications naturelles de la ville même, qui peut être assez inattentif pour les ignorer et les méconnaître ? Le tracé de la muraille construite avec sagesse d'abord par Romulus, puis par les autres rois, parcourt des collines aux escarpements abrupts de tous les côtés : il ne restait ainsi qu'une seule voie d'accès, qui s'ouvrait entre l'Esquilin et le Quirinal ; elle put être fermée par l'obstacle d'un talus très élevé, bordé d'un très profond fossé ; en outre, la citadelle appuyait ses fortifications sur une enceinte à pic et sur un roc comme taillé sur tout son pourtour, si bien que même dans la crise affreuse de l'invasion gauloise, elle est restée sans dommage et hors d'atteinte. Enfin l'emplacement qu'il choisit possédait de nombreuses sources et restait salubre, au milieu d'une région malsaine ; en effet, les collines, aérées elles-mêmes par les vents, étendent leurs ombres sur les vallées.

Tous ces ouvrages, Romulus les acheva très rapidement ; [...] il fonda une ville, qu'il fit appeler Rome d'après son propre nom.

La République, II, 3-7

HOMÈRE
VIIIᵉ s. av. J.-C.

VIRGILE
Iᵉʳ s. av. J.-C.

CLAUDIEN
Vᵉ s. ap. J.-C.

Vitruve

Un architecte urbaniste est tout d'abord un médecin poten-
tiel qui prévient au lieu d'un médecin qui guérit. Il doit avoir
comme règle d'or l'hygiène et la salubrité des lieux. Il faut se
préoccuper de la température et de l'hygrométrie. Comment être
sûr, finalement, qu'un endroit est propice à la construction
d'une ville ? Paradoxalement, il doit être une bonne pâture pour
des animaux.

BON FOIE ? BON SITE

En ce qui concerne les enceintes, voici les principes.
D'abord, le choix d'un lieu très sain. Celui-ci sera élevé,
exempt de brumes et de gelées, exposé à une orientation
ni chaude ni froide, mais tempérée ; ensuite, on évitera
un voisinage marécageux. En effet, lorsque les brises
matinales parviendront à la ville avec le soleil levant, que
des brumes prendront naissance et se joindront à elles et
que leur souffle répandra dans le corps des habitants les
exhalaisons empoisonnées des bêtes des marais mêlées
à la brume, elles rendront l'endroit malsain. De même,
si les enceintes sont situées au bord de la mer et qu'elles
regardent vers le midi ou l'ouest, elles ne seront pas
saines, parce qu'au cours de l'été les lieux exposés au sud
commencent à chauffer dès le lever du soleil et brûlent
à midi ; ce qui est orienté vers l'ouest aussi commence à
tiédir après le lever du soleil, chauffe à midi et est bouillant le soir. […]

C'est pourquoi il faut évidemment se garder, dans
l'implantation des enceintes, des orientations qui
peuvent répandre des souffles chauds dans l'organisme
des hommes.

Mais que celui qui veut se rendre compte plus
soigneusement de ces faits étudie attentivement la nature
des oiseaux, des poissons et des animaux terrestres : il

s'apercevra ainsi des différences de constitution. En effet, l'espèce des oiseaux a une certaine composition élémentaire, celle des poissons une autre, et la nature des animaux terrestres est bien différente. [...]

Par conséquent, si les faits apparaissent tels que nous venons de les exposer, si nous nous rendons compte que les organismes des êtres vivants sont composés de principes et si nous sommes d'avis que ces organismes souffrent et se défont par surabondance ou manque de certains principes, nous ne doutons pas qu'il faille rechercher assez soigneusement comment choisir les orientations les plus tempérées lorsqu'il s'agit de s'enquérir de la salubrité dans l'implantation des enceintes.

C'est pourquoi je pense qu'il faut encore et encore rappeler les vieilles méthodes. En effet, les Anciens sacrifiaient d'abord des animaux qui paissaient dans les lieux où l'on décidait d'établir soit une ville soit un camp permanent, puis ils observaient les foies ; si, au premier essai, ceux-ci étaient bleuâtres et malsains, ils sacrifiaient d'autres animaux ne sachant si leur mauvais état provenait d'une maladie ou d'un défaut de la pâture. Lorsqu'ils avaient fait plusieurs essais et qu'ils avaient fait la preuve que l'eau et la pâture donnaient aux foies un état sain et ferme, ils décidaient d'établir là leurs fortifications ; mais s'ils trouvaient des foies malsains, ils en déduisaient que l'eau et la nourriture qui venaient naturellement dans ces lieux seraient mauvaises aussi pour les organismes humains ; dans ce cas, ils s'en allaient ailleurs et changeaient de région, recherchant en toutes choses la salubrité.

De l'architecture, I, 4, 1-9

Est-il raisonnable d'édifier une ville dans des marais ? Vitruve le déconseille : eaux stagnantes, exhalaisons, vapeurs, etc. La maladie à laquelle ils prédisposent est connue : le paludisme. Pourtant, si l'on respecte quelques principes, c'est envisageable.

POUR UNE VILLE, JAMAIS DE MARAIS SANS MARÉE

Si l'on établit une enceinte sur des marais, si ces marais sont au bord de la mer, si elle est orientée au nord ou au nord-est et si les marais sont au-dessus du niveau du rivage, on considérera que l'enceinte est établie de façon réfléchie. En effet, en creusant des fossés, on donne une évacuation à l'eau vers le rivage et, lorsque la mer est grossie par les tempêtes, l'eau déborde dans les marais qui se trouvent agités de vagues et mêlés d'eau de mer, si bien que toute vie d'animaux palustres est rendue impossible et que ceux qui viennent en nageant des lieux plus élevés jusqu'à proximité du rivage sont détruits par une salure à laquelle ils ne sont pas accoutumés. Un exemple de ce phénomène peut être fourni par les marais gaulois qui entourent Altinum, Ravenne, Aquilée et d'autres municipes qui sont situés dans des lieux du même genre, à proximité de marais, car ces villes ont, pour les raisons que nous avons vues, une incroyable salubrité.

Mais dans les lieux où les marais sont stagnants et n'ont pas de courant d'évacuation, ni par cours d'eau ni par fossés, comme les marais Pontins par exemple, leurs eaux croupissent et ils émettent des vapeurs lourdes et malsaines. De même, en Apulie, la vieille ville de Salpia, qui fut fondée par Diomède lors de son retour de Troie ou, comme l'ont écrit quelques-uns, par le Rhodien Elpias, avait été située dans des lieux de ce type ; ses habitants, qui pour cette raison souffraient chaque année de maladies, allèrent voir un jour M. Hostilius et, à la suite d'une demande officielle, obtinrent de lui qu'il leur recherchât et leur choisît un lieu convenable pour y transférer leur enceinte. Alors celui-ci ne tarda pas : il fit faire aussitôt une enquête très savante, puis il acheta près de la mer un domaine dans un lieu sain et il demanda au Sénat et au peuple romain l'autorisation de déplacer la ville ; il établit l'enceinte, fit des lots et les céda en pleine propriété à chacun des citoyens pour un sesterce. Cela fait, il mit un lac en communication avec la mer et fit du lac un port pour la cité. C'est pourquoi maintenant les Salpiniens, à quatre mille pas de leur ancienne ville, habitent dans un lieu salubre.

De l'architecture, I, 4, 11-12

Au-delà de l'emplacement de la ville, il faut étudier son orientation pour le système des rues. Des villes glaciales, traversées de courants d'air, rendent leurs habitants malades. L'architecte préconise donc un savant calcul permettant de déterminer la circulation des vents, se fondant sur l'expérience athénienne d'Andronique de Cyrrha et de sa Tour des vents ; un système de divisions permet de tracer des rues qui ne reçoivent pas directement les vents.

ARTÈRES VENTÉES ?
PASSANTS TRANSIS ET MALADES

Une fois l'enceinte construite, viennent la répartition des terrains à l'intérieur du mur et l'orientation des avenues et des ruelles. Elles seront orientées correctement si l'on prévoit de ne pas laisser les vents enfiler les ruelles : s'ils sont froids, ils blessent ; s'ils sont chauds, ils corrompent ; s'ils sont humides, ils nuisent. C'est pourquoi il faut évidemment éviter ce défaut et s'en garder pour qu'il ne se produise pas ce qui arrive d'habitude dans beaucoup de cités ; par exemple, dans l'île de Lesbos, Mytilène est une ville construite avec magnificence et élégance, mais elle a été disposée sans prévoyance. Car, quand l'auster souffle dans cette cité, les gens sont malades ; quand c'est le chorus, ils toussent ; quand c'est le vent du nord, ils se rétablissent en bonne santé, mais ils ne peuvent rester dans les ruelles et les avenues à cause de la violence du froid. [...]

Si l'on se protège de ceux-ci, non seulement on rendra le lieu sain pour les organismes en bonne santé, mais, même si d'autres défauts viennent à causer des maladies qui dans les autres endroits salubres sont traitées par une médecine d'opposition, ici, grâce à un bon dosage des vents, elles seront soignées plus facilement. Mais il y a des maux difficiles à soigner dans des régions dont nous venons de parler ; ce sont les affections de la trachée, la toux, la pleurésie, la phtisie, l'hémoptysie et tous ceux qui ne se soignent pas par des éliminations mais par des régimes additifs. Ceux-là, il est difficile de leur porter remède, premièrement parce qu'ils sont engendrés par les froids, ensuite parce que, quand les forces des malades ont été affaiblies par la maladie, l'air qu'ils respirent est agité, il est encore raréfié par l'agitation des vents et, de ce fait, il enlève leur substance aux corps malades et les affaiblit davantage. Au contraire, un air doux et dense, qui n'a pas de mouvement ni d'excès fréquents, en redonnant, grâce à sa stabilité immuable, de la force à leurs membres, nourrit et rétablit ceux qui sont affligés de ces maladies.

Avec ces méthodes et ce tracé, on évitera aux habitations et aux voies publiques le désagrément de la violence des vents. Car, lorsque le plan des avenues les établira directement face aux vents, l'élan de ceux-ci, venant des espaces libres du ciel, et leur souffle abondant, resserré dans l'étranglement des ruelles, feront qu'ils circuleront avec une violence accrue. C'est pour ces raisons que l'on doit éviter de faire les alignements des voies publiques dans la direction des vents, afin qu'à leur arrivée ils se brisent sur les angles des immeubles et, qu'étant repoussés, ils se dissipent.

De l'architecture, I, 6, 1-3 ; 8

HOMÈRE
VIIIᵉ s. av. J.-C.

VIRGILE
Iᵉʳ s. av. J.-C.

CLAUDIEN
Vᵉ s. ap. J.-C.

Martial

*De portique en portique – Portique de Phébus ou Portique
d'Europe –, les Romains de l'époque impériale essaient d'échapper
à la ville étouffante et bruyante pour se retrouver dans la
nature, grâce à la création d'espaces verts. C'est* Central Park *à*
Manhattan *avant l'heure.*

DES LIEUX DE FRAÎCHEUR AU CŒUR DE LA VILLE

Il n'est rien que ne tente, rien que n'ose Selius toutes
les fois qu'il se voit à la fin dans la nécessité de dîner
chez lui. Il court au portique d'Europe et te prodigue,
Paulinus, ainsi qu'à tes pieds, rivaux de ceux d'Achille,
ses flatteries sans fin. Si le portique d'Europe ne lui a
rien rapporté, alors il prend le chemin des *Saepta* pour
voir si le fils de Philyra ou celui d'Aeson lui seront plus
propices. Déçu encore sur ce point, il se rend au temple
des deux déesses de Memphis et va s'asseoir, ô génisse
éplorée, sur les sièges de tes fidèles. De là, il se dirige vers
le toit que supportent cent colonnes et ensuite vers le
monument dû à la générosité de Pompée, avec ses deux
bouquets d'arbres.

Épigrammes, I, II, 14

S'il m'était donné, ô mon cher Martialis, de goûter
avec toi des journées tranquilles, si je pouvais répartir
à mon gré mes heures de loisir et, en ta compagnie,
jouir de la vie véritable, nous ne connaîtrions tous deux
ni les salles de réception ni les demeures des grands
personnages ; non plus que le tourment des procès ou
les ennuis du forum, non plus que les orgueilleuses galeries d'ancêtres : les promenades, les causeries, les librai-
ries, le champ de Mars, le Portique, les ombrages, l'eau

243

Vierge, les bains chauds, voilà quels seraient nos lieux de réunion perpétuels, quelles seraient nos occupations. Mais aucun de nous deux ne vit pour lui-même : nous voyons nos beaux jours s'enfuir et disparaître et, bien que perdus pour nous, ils sont portés à notre compte. Quand on sait vivre, peut-on vraiment différer de le faire ?

Épigrammes, I, V, 20

HOMÈRE
VIIIe s. av. J.-C.

VIRGILE
Ier s. av. J.-C.

CLAUDIEN
Ve s. ap. J.-C.

Vitruve

Un soin très important doit également être accordé à la construction d'une maison de ville : son emplacement par rapport au terrain, son orientation par rapport au cours du soleil et aux vents, le choix de ses matériaux par rapport au climat. Et chaque pièce, même, a sa spécificité qui doit être prise en compte.

LA MAISON ÉCOLO

La première condition d'une construction bien adaptée est de tenir compte de la région d'implantation et de sa latitude. Car l'architecture des bâtiments doit être manifestement conçue suivant un type particulier en Égypte, particulier en Espagne, autre dans le Pont, différent à Rome, et ainsi, dans tous les cas, en fonction des caractères propres aux terres et aux régions : si, dans telle partie du monde, en effet, la trajectoire du soleil rase la terre, elle en est fort distante dans telle autre et, dans une autre, se situe en position moyenne et tempérée. En conséquence, la nature ayant établi, par rapport aux divers points de la Terre, une disposition de l'univers qui, avec l'inclinaison du zodiaque et la trajectoire du soleil, en fait varier les caractères propres, il apparaît également nécessaire que la disposition des édifices soit réglée en fonction de la nature des régions et de la variété des climats. Au Nord, il convient manifestement que les bâtiments soient entièrement couverts, parfaitement clos, sans larges ouvertures, mais tournés vers la chaleur. Dans les régions méridionales, au contraire, où le soleil est ardent, la chaleur accablante rend indispensable de faire des bâtiments avec de larges ouvertures et tournés vers le nord ou le nord-est. C'est ainsi que l'art devra parer aux dommages que la nature entraîne. Pour toutes les autres régions, on doit pareillement se régler en fonction de la latitude du lieu. […]

Nous traiterons maintenant de l'exposition appropriée que doivent avoir, en fonction de leur usage spécifique, les différentes parties des constructions. Les *triclinia* d'hiver et les bains auront une exposition sud-ouest, cela parce que la lumière du soir y est nécessaire, pour la raison aussi qu'arrivant de face et conservant son éclat, avec une chaleur moins vive, le soleil couchant adoucit, vers le soir, la température du lieu. Chambres et bibliothèques doivent avoir une exposition est : leur usage demande en effet la lumière du matin et, de plus, les livres ne se déliteront pas dans les bibliothèques. De fait, dans toutes celles qui ont une exposition sud et ouest, les livres sont détériorés par les teignes et par l'humidité, l'arrivée des vents humides faisant naître et se développer les teignes, tout en imprégnant les volumes d'une humidité qui les moisit. Les *triclinia* de printemps et d'automne auront une orientation est : exposés en effet aux rayons du soleil qui, dans sa marche vers le couchant, vient les frapper de face, ils en reçoivent une douce température au moment habituel où on les utilise. Les *triclinia* d'été seront exposés au nord, car ce secteur n'est pas étouffant comme le sont les autres sous l'effet de la chaleur, à l'époque du solstice : étant à l'écart de la course du soleil, il reste frais et fait que l'usage de ces pièces est sain et agréable. Il en ira de même pour les galeries de tableaux et pour les ateliers de broderie et de peinture, de manière qu'une lumière toujours égale préserve, sans altération de leurs qualités, la couleur des ouvrages.

De l'architecture, VI, 1, 1-2 ; 4

HOMÈRE
VIIIᵉ s. av. J.-C.

VIRGILE
Iᵉʳ s. av. J.-C.

CLAUDIEN
Vᵉ s. ap. J.-C.

Strabon

Le géographe montre l'ampleur des chantiers entrepris par les Romains pour aboutir à un urbanisme maîtrisé que les Grecs n'ont jamais atteint : travaux de voirie, écoulement des immondices, approvisionnement en eau, tunnels, ponts, égouts et aqueducs.

ROME : UN CHANTIER PERMANENT

À ces avantages résultant pour Rome de la nature de son territoire, ses habitants ont ajouté tous ceux que peut procurer l'industrie humaine ; car, tandis que les Grecs, qui semblaient cependant avoir réalisé pour leurs villes les meilleures conditions d'existence, n'avaient jamais visé qu'à la beauté du site, à la force de la position, au voisinage des ports et à la fertilité du sol, les Romains se sont surtout appliqués à faire ce que les Grecs avaient négligé, c'est-à-dire à construire des chaussées, des aqueducs et des égouts destinés à entraîner dans le Tibre toutes les immondices de la ville. Et notez qu'ils ne se sont pas bornés à prolonger ces chaussées dans la campagne environnante, mais qu'ils ont percé les collines et comblé les vallées pour que les plus lourds chariots pussent venir jusqu'au bord de la mer prendre la cargaison des vaisseaux ; qu'ils ne se sont pas bornés non plus à voûter leurs égouts en pierres de taille, mais qu'ils les ont faits si larges qu'en certains endroits des chariots à foin auraient encore sur les côtés la place de passer ; qu'enfin leurs aqueducs amènent l'eau à Rome en telle quantité que ce sont de véritables fleuves qui sillonnent la ville en tous sens et qui nettoient les égouts ; et qu'aujourd'hui, grâce aux soins particuliers de M. Agrippa, à qui Rome doit en outre tant de superbes édifices, chaque maison ou peu s'en faut est pourvue de réservoirs, de conduits et de fontaines intarissables ! Les anciens Romains, à vrai dire, occupés comme ils étaient d'objets plus grands, plus importants, avaient complètement négligé l'embellissement de leur ville. Sans se montrer plus indifférents qu'eux aux grandes choses, les modernes, surtout ceux d'à présent, se sont plu à l'enrichir d'une foule de monuments magnifiques : Pompée, le divin César, Auguste, ses enfants, ses amis, sa femme, sa sœur, tous, à l'envi, avec une ardeur extrême et une munificence sans bornes, se sont occupés de la décoration monumentale de Rome.

Géographie, V, 3, 8

LES AUTEURS DU SIGNET[1]

Aelius Lampridius (IIIe-IVe siècle ap. J.-C.)

On attribue hypothétiquement à *Aelius Lampridius* plusieurs « vies d'empereurs » de l'*Histoire Auguste*, une œuvre rassemblant les biographies des empereurs romains des IIe et IIIe siècles, et achevée à la fin du IVe siècle. Voir *Histoire Auguste*.

Aristote (384-322 av. J.-C.)

Né à Stagire, ville grecque sous influence macédonienne, en Thrace, Aristote partit se former à Athènes et se fit le disciple de Platon à l'Académie, où il resta une vingtaine d'années (366-348). Après des séjours en Asie Mineure, il fut nommé précepteur d'Alexandre le Grand, puis revint à Athènes et y fonda sa propre école, le Lycée (335). Esprit encyclopédique, Aristote voyait dans la philosophie un savoir total et ordonné, couvrant la logique, les sciences de la nature, la métaphysique, la théorie de l'âme, la morale, la politique, la littérature. Ses œuvres publiées ont presque toutes disparu ; les textes que nous avons conservés (et qui sont nombreux) sont des ouvrages dits « ésotériques », c'est-à-dire qui n'étaient pas destinés à la publication et constituaient des sortes de notes et de rédactions préparatoires en vue de la discussion et de l'enseignement à l'intérieur du Lycée ; ils furent édités tardivement, au Ier siècle av. J.-C. La *Politique* est l'un des plus anciens traités de philosophie politique de la Grèce antique. La postérité

---

1. Les auteurs grecs sont indiqués en italique, les auteurs latins en romain.

et l'influence d'Aristote furent immenses, tant dans le monde arabe que dans le monde occidental.

Calpurnius Siculus (Ier siècle ap. J.-C.)

T. Calpurnius Siculus vivait sous Néron ; nous avons de lui sept petits poèmes pastoraux. Il imite Théocrite et Virgile comme auteur de bucoliques, mais fait également de nombreuses allusions contemporaines : il exalte l'empereur et vante son époque comme un nouvel Âge d'or.

Caton l'Ancien (234-149 av. J.-C.)

Appelé aussi « le Censeur », *Marcius Porcius Cato*, homme politique à l'intransigeance légendaire, incarna toute sa vie la défense des coutumes ancestrales (le *mos maiorum*) et des institutions républicaines. Son traité *De l'agriculture*, qui est le plus ancien ouvrage latin en prose que nous possédions, est consacré à la gestion d'un domaine agricole.

Cicéron (106-43 av. J.-C.)

Né à Arpinum, *Marcus Tullius Cicero* est un « homme nouveau » (*homo novus*), c'est-à-dire le premier de sa lignée à parcourir la carrière des honneurs jusqu'au consulat, qu'il exerce en 63. Ensuite exilé pendant un an pour avoir fait mettre à mort Catilina sans jugement, il voit son rôle politique décliner. Fervent défenseur du régime républicain, l'orateur finit par rallier le camp de Pompée, juste avant que César ne l'emporte, puis prend le parti du futur Auguste, qu'il espère influencer. Il le sert en attaquant dans les *Philippiques* Marc Antoine, qui le fera assassiner. L'œuvre de Cicéron comprend une riche correspondance, environ cent quarante discours judiciaires ou politiques et divers traités de rhétorique et de philosophie.

Columelle (début Ier siècle-65 ap. J.-C.)

Né à Cadix au début de l'ère chrétienne, *L. Junius Moderatus Columella* se serait de bonne heure intéressé à l'agriculture sous l'influence de son oncle paternel. Lorsqu'il rédigea le *De re rustica* (*De l'agriculture*), il était établi de longue date dans les environs de Rome, où il possédait de nombreuses propriétés, notamment à Albe et à Ardée. Columelle est un homme de terrain autant que de compilation. À la manière de Pline, il cite volontiers les auteurs dans lesquels il a puisé, Hésiode, Xénophon, soit qu'il les ait lus, soit qu'il les connaisse de manière indirecte, mais aussi Celse, Hygin, Caton, Virgile. L'ouvrage, prévu en dix livres, traite successivement des bâtiments, du travail de la terre, de la viticulture, de l'arboriculture et de l'arpentage, du bétail, de la pisciculture, de l'apiculture et de l'horticulture. Columelle y mêle les conseils pratiques à la poésie (le livre sur les fleurs est composé en hexamètres, prenant ainsi la suite des *Géorgiques* de Virgile), et tente d'esquisser un tableau de l'agriculture idéale.

Denys d'Halicarnasse (vers 60 av. J.-C.-après 7 av. J.-C.)

Ce Grec d'Asie Mineure s'installa à Rome et y demeura vraisemblablement jusqu'à la fin de sa vie. Dans les *Antiquités romaines*, il retrace avec admiration l'histoire de Rome depuis les origines jusqu'à la première guerre punique. Il est également l'auteur d'*Opuscules rhétoriques* qui sont des traités de critique littéraire, et en particulier d'analyse stylistique, consacrés aux grands orateurs et à Thucydide.

Dion Chrysostome ou Dion de Pruse (30-116 ap. J.-C.)

Dion de Pruse, surnommé Chrysostome (« Bouche d'or ») à cause de son éloquence, est un rhéteur grec, né en Bithynie. Sa clairvoyance politique le fit admirer à Rome et dans tout l'empire, sous Néron et ses successeurs. Vespasien, consul, avait entrepris un voyage jusqu'à Alexandrie pour prendre son avis sur les affaires publiques romaines ; Dion l'engagea à laisser les Romains choisir entre la république et la monarchie, mais Vespasien ne l'écouta pas et renversa Vitellius pour

prendre le pouvoir à son tour. Impliqué dans une conspiration sous Domitien, Dion se réfugia chez les Gètes où il
se fit oublier. Mais à la nouvelle de la mort de Domitien,
Dion, qui se trouvait dans le camp des Romains sur les
bords du Danube, déguisé en mendiant, se fait aussitôt
connaître, harangue les troupes et fait proclamer Nerva.
Il eut la faveur de ce prince, puis de Trajan. Il reste de
lui quatre-vingt discours, parmi lesquels on remarque
Quatre Discours sur la royauté, qui sont un panégyrique
détourné de Trajan, ainsi que le *Discours Eubéen* ou *Le
Chasseur*.

Diodore de Sicile (1er siècle av. J.-C.)

Né à Agyrion en Sicile, Diodore voyagea beaucoup
et vécut à Rome, sans doute sous César et Auguste.
Grand érudit, il est l'auteur de la *Bibliothèque historique*,
ensemble de quarante livres visant à relater l'histoire
universelle, depuis les temps mythiques jusqu'à la guerre
des Gaules (54 av. J.-C.). Les livres I à V et XI à XXII,
ainsi que des extraits et des résumés, ont été conservés.
L'œuvre de Diodore est précieuse par son information,
sa méthode et sa largeur de vue, qui embrasse la mythologie, le monde grec, Rome et les barbares.

Frontin (35-103/104 ap. J.-C.)

Sextus Julius Frontinus était administrateur dans le
système impérial ; préteur urbain, consul, puis gouverneur de Bretagne et proconsul d'Asie, il se fit plus
discret sous Domitien et reprit du service sous Nerva. Il
fut *curator aquarum* (intendant des eaux) en 97, puis à
nouveau consul avec Trajan. Il a laissé trois ouvrages :
un *Traité d'arpentage*, les *Stratagèmes* (traité technique
de stratégie militaire) et surtout *Les Aqueducs de la
ville de Rome*, ouvrage technique certes mais que l'on
peut aussi considérer comme un rapport à caractère
politique pour réformer l'administration des eaux en
la confiant à l'ordre sénatorial au lieu des affranchis
impériaux.

Hippocrate (vers 460-vers 377 av. J.-C.)

Né à Cos et ayant étudié auprès de Démocrite et de Gorgias, il sillonna la Grèce et l'Asie Mineure avant de s'établir dans sa ville natale. Père de l'observation clinique, il préconisait la simplicité des traitements et considérait qu'il fallait surtout laisser faire la nature. Il pratiqua aussi la chirurgie et y excella. Le *Corpus hippocratique* rassemble une soixantaine de traités qui ne sont pas tous de lui mais témoignent de l'existence autour de lui d'un véritable courant de pensée. On connaît ses célèbres *Aphorismes*, mais l'un des traités les plus novateurs est celui qui s'intitule *Airs, eaux, lieux*, où est exposée la théorie des humeurs et des climats.

Histoire Auguste (fin du IVe siècle ap. J.-C.)

C'est le nom donné par le savant suisse Casaubon au XVIIe siècle à une collection de biographies d'empereurs romains, d'Hadrien à Numérien, de 117 à 284 ap. J.-C. Derrière les six auteurs affichés du recueil, il s'en cache en réalité un seul, sans doute un sénateur romain, qui les écrivit à l'extrême fin du IVe siècle. Le sens du détail salace, la technique des « vignettes », la charge brutale laissent le sentiment d'un auteur qui ne craint point de procéder par demi-vérités ou vérités et demies. La vérité nue l'intéresse peu. D'Antonin Artaud à Marguerite Yourcenar, les écrivains ont fait leurs délices de ces épices, que les historiens ne peuvent ignorer tout en étant contraints à une extrême prudence.

Homère (VIIIe siècle av. J.-C. ?)

Ce n'est pas le moindre des paradoxes que le plus célèbre poète de l'Antiquité est peut-être aussi l'un des moins connus. Homère a-t-il seulement existé ? Étaient-ils plusieurs ? Le nom désigne-t-il une école d'aèdes ? Nul ne le sait. « L'affaire Homère » a fait couler beaucoup d'encre, et, aujourd'hui encore, les érudits multiplient les hypothèses. L'obscurité s'est faite dès l'Antiquité, en partie à cause de la célébrité de l'auteur : nombre de

« vies », fictives, ont circulé, tant et si bien que, s'il y a un Homère, c'est celui que la tradition a forgé. Celui-ci vécut en Ionie, au VIIIe siècle avant J.-C., et a composé l'*Iliade* et l'*Odyssée*, immenses épopées comptant respectivement près de 16 000 et plus de 12 000 vers. Louées dès l'Antiquité, ces deux œuvres sont fondatrices de la culture occidentale. Chantées par les aèdes dans les cours aristocratiques, elles sont les premières œuvres de notre patrimoine qui nous soient parvenues intactes. L'*Iliade*, poème de la gloire et de la guerre, relate la colère d'Achille qui, pour ne pas manquer à l'idéal héroïque, fait le sacrifice de sa vie. Récit de voyage et conte merveilleux, l'*Odyssée* chante les errances d'Ulysse jusqu'à son retour à Ithaque. Les deux textes s'intègrent aux légendes issues de la guerre de Troie.

Horace (65-8 av. J.-C.)

Né dans le sud de l'Italie, *Quintus Horatius Flaccus* était probablement le fils d'un affranchi. Après la période troublée des guerres civiles, où il eut le malheur de prendre le parti des assassins de César, il rentra en Italie, et ce fut son talent qui le sauva. Remarqué par Mécène, le ministre d'Auguste, il fut admis parmi ses amis. Dans ses *Satires*, poèmes variés et enjoués, il critique les travers de ses contemporains. Nous possédons également de lui des œuvres lyriques, les *Odes* et les *Épodes*, qui traitent des thèmes comme l'amour, l'amitié, la morale et le destin de la Cité. Enfin, ses *Épîtres* se concluent par la célèbre *Épître aux Pisons*, dans laquelle Horace définit un art poétique qui servit longtemps de référence, notamment à Boileau.

Juvénal (60-140 ap. J.-C.)

D'origine modeste, *D. Junius Juvenalis*, natif d'Aquinum, en Campanie, se plut à opposer, aux mœurs chastes et droites des anciens Romains de la République, la dépravation de son temps. Après s'être consacré à la rhétorique, il commença à composer des satires vers l'âge de quarante ans, lorsque l'accession au pouvoir de Trajan, puis d'Hadrien, lui permit de dénoncer les abus dont il avait été le témoin sous le règne de leur prédécesseur Domitien. Ses *Satires* sont politiques, mais aussi sociales : flagorneurs, rimailleurs, ripailleurs, professeurs, coquettes et avares, toutes les couches de la société, tous les vices de Rome font l'objet de son courroux.

Lucrèce (99/94-55/50 av. J.-C.)

On ignore à peu près tout de l'auteur du poème *De la nature (De natura rerum)*. La légende, propagée par Jérôme, veut que *Titus Lucretius Carus*, égaré par un philtre d'amour, ait composé ses vers dans les moments de lucidité que lui laissait sa folie. S'il n'y a guère de crédit à porter à cette histoire, force est de constater toutefois le manque navrant d'informations relatives au poète. La seule certitude est que Cicéron fut si admiratif de l'œuvre qu'il entreprit de l'éditer. Les six magnifiques livres qui la composent exposent en vers les préceptes du matérialisme inspiré de Démocrite et de l'épicurisme. Aucun préjugé ne résiste à la vigueur de la pensée de Lucrèce : le poète attaque tour à tour les croyances, la religion, les peurs, les superstitions et les mythes amoureux. L'ouvrage, dans une langue imagée et harmonieuse, développe une physique atomiste et une morale dans laquelle le poète fait l'éloge de son maître, le penseur grec Épicure.

Martial (38/41-vers 104 ap. J.-C.)

M. Valerius Martialis naquit dans la province d'Espagne sous le règne de Caligula. Il se rendit à Rome, où il fut bien accueilli par les autres Romains d'Espagne, Quintilien, Sénèque et Lucain. Mais ces relations lui portèrent préjudice lors de la conspiration de Pison, dans laquelle ses amis furent impliqués. C'est pour subvenir à ses besoins que Martial, homme de lettres peu fortuné, dépendant de ses « patrons », pratiqua le genre de l'épigramme, poésie brève et de circonstance, dans lequel il excella. Les quinze livres d'*Épigrammes*, qui composent toute son œuvre, reflètent une production qui s'étala sur plus de vingt ans, raffinée, ingénieuse, riche en flagorneries certes, mais aussi en traits d'esprit et en allusions grivoises, remplie d'attaques, de suppliques, de railleries et de louanges. Martial finit par rentrer dans son pays natal, où il s'ennuya et regretta Rome.

Ovide (43 av. J.-C.-vers 18 ap. J.-C.)

Publius Ovidius Naso est le plus jeune des poètes augustéens et n'a connu que la paix. Pour des raisons qui nous sont obscures – Auguste invoquera l'immoralité de *L'Art d'aimer*, mais ce prétexte paraît peu convaincant – Ovide est exilé à Tomes dans l'actuelle Roumanie, au bord de la mer Noire, où il meurt dans la désolation, abandonné de tous et de tout, sauf de ses livres. Son œuvre de virtuose, étourdissante de facilité et de beauté, s'étend dans trois directions. Un premier ensemble regroupe les *Héroïdes* (les lettres d'amour écrites par les héroïnes de la mythologie à leurs amants), commencées à l'âge de 18 ans, *Les Amours*, *L'Art d'aimer* et *Les Remèdes à l'amour*. Les *Fastes* et *Les Métamorphoses* appartiennent à une veine plus purement mythologique et savante : *Les Fastes* relatent l'origine des fêtes du calendrier tandis que *Les Métamorphoses* narrent les transformations des hommes en animaux et en plantes. La troisième période s'ouvre avec l'exil où Ovide, dans les *Tristes* et les *Pontiques*, revient au vers élégiaque qui lui est cher.

Platon (427-347 av. J.-C.)

Le célèbre philosophe grec était un citoyen athénien, issu d'une des grandes familles de la cité. Alors que sa noble origine, sa richesse et son éducation le destinaient à devenir dirigeant politique ou savant pédagogue (un de ces sophistes honnis par l'écrivain), Platon choisit de devenir philosophe, à l'imitation de son maître et concitoyen Socrate. Loin toutefois de se retirer de la vie publique, le philosophe tel que Platon l'a inventé se consacre à la réforme de la cité et de ses habitants, soit par ses écrits, soit par son enseignement. Il institua en outre l'Académie, où les élèves (parmi lesquels Aristote) venaient suivre ses leçons aussi bien que celles des prestigieux savants invités. Son œuvre est immense et la culture occidentale n'a eu de cesse d'y puiser des enseignements. Deux groupes sont cependant identifiables : les premiers dialogues, mettant en scène les entretiens de Socrate, tels que *Gorgias, Phèdre* ou *Protagoras,* et les œuvres de plus longue haleine où Platon exprime sa seule pensée, comme *La République.*

Pline l'Ancien (23-79 ap. J.-C.)

Père de l'esprit encyclopédiste et surnommé à juste titre « le plus illustre apôtre de la science romaine », *C. Plinius Secundus* sut allier le goût du savoir à celui du pouvoir. Sous le règne de l'empereur Vespasien, il exerça de hautes fonctions politiques. En même temps, il se consacra à des recherches tantôt érudites, tantôt généralistes, allant de l'étude des phénomènes célestes à la sculpture et à la peinture, en passant par l'agriculture et la philosophie. Sa curiosité et son insatiable désir de connaissance lui coûtèrent la vie : en 79, Pline l'Ancien périt de la lave et des cendres du Vésuve dont il s'était approché pour en observer l'éruption. Il aurait écrit plus de cinq cents volumes, dont seuls nous sont parvenus les trente-sept livres de l'*Histoire naturelle,* achevée et publiée en 77. Son neveu et fils adoptif, Pline le Jeune, nous apprend que Pline fut en outre historien (il aurait consacré vingt livres aux guerres de Germanie et trente et un à l'histoire romaine), rhéteur et grammairien.

Pline le Jeune (61/62-113 ap. J.-C.)

Né à Côme dans une famille de notables, *C. Plinius Caecilius Secundus* fut confié de bonne heure aux soins de son oncle, Pline l'Ancien, l'auteur de l'*Histoire naturelle,* qui se chargea de son éducation et lui donna d'excellents maîtres. Il mena de front une carrière d'avocat et une carrière politique sous les empereurs Domitien, Nerva et Trajan. Nous connaissons l'un de ses discours, le *Panégyrique de Trajan*, prononcé à l'occasion de son entrée en charge comme consul, ainsi que son ample correspondance, très instructive sur la vie littéraire, sociale et politique de l'époque.

Plutarque (vers 45-125 ap. J.-C.)

Né à Chéronée, en Béotie, Plutarque est issu d'une famille de notables. Après avoir visité Athènes, où il étudie, l'Égypte et l'Asie Mineure, il s'installe à Rome et acquiert la citoyenneté. Plutarque a laissé une œuvre importante, dans laquelle la philosophie et la biographie occupent une place de choix. Sous le titre de *Moralia* sont regroupés ses nombreux traités de philosophie morale, qui offrent une synthèse érudite et passionnante des différentes écoles, de Platon, d'Aristote, des Stoïciens et des Épicuriens. En sa qualité de moraliste, Plutarque s'est intéressé à la vie des hommes illustres, en rédigeant des biographies dans lesquelles il établit et analyse les vices et les vertus de chacun. Nous disposons ainsi de 23 paires de ses *Vies parallèles*, où sont à chaque fois rapprochés un Grec et un Latin. À noter, pour compléter une vie et une œuvre riches et éclectiques, les *Dialogues pythiques*, écrits durant les années que Plutarque a passées à Delphes comme prêtre du sanctuaire d'Apollon. Dès l'Antiquité, l'influence de Plutarque a été considérable. Au-delà de leur portée philosophique, ses œuvres sont une mine de renseignements pour tous ceux qui s'intéressent à la civilisation gréco-romaine.

Quinte Curce (Iᵉʳ ou IIᵉ siècle ap. J.-C. ?)

Quintus Curtius Rufus est un auteur romain atypique qui se fit historien, non pas de Rome, mais, chose rare, de la Grèce et d'Alexandre. Son *Histoire d'Alexandre le Grand* en dix livres nous conduit de l'an 333 avant notre ère jusqu'à la mort du héros, dont il souligne les cruautés et les folies. C'est un récit romancé, parfois fantaisiste, qui pèche par ses erreurs géographiques et son dédain de la chronologie, mais qui captive par son sens du pittoresque et de l'exotisme ainsi que par son goût pour le merveilleux.

Sénèque (1 av. J.-C.-65 ap. J.-C.)

L. Annaeus Seneca, le « toréador de la vertu » selon le mot de Nietzsche, est né à Cordoue, en Espagne. Si le nom de Sénèque est, à juste titre, associé à la pensée stoïcienne, sa vie et son œuvre ne se résument pas à cela. La carrière politique du philosophe fut tout aussi brillante que sa carrière littéraire, même s'il connut des disgrâces, un exil, et échappa à une première condamnation à mort sous Caligula. Précepteur de Néron, exerçant dans l'ombre une influence sur l'Empire, on lui attribue neuf tragédies, dont *Œdipe*, *Hercule furieux* et *Médée*, qui représentent les ravages des passions dénoncées dans ses traités philosophiques. Ces derniers, consacrés notamment à la tranquillité de l'âme, à la clémence, au bonheur ou à la constance, invitent au souci de soi et évoquent les avantages de la retraite : le sage ne veut pas occuper une responsabilité mesquine et disputée dans la cité, mais sa juste place dans l'ordre de l'univers. Cependant, Néron au pouvoir se méfie de son ancien maître et tente de le faire empoisonner. Retiré à Naples, par crainte de l'empereur, le penseur stoïcien mène une existence érudite et tranquille, et compose les *Lettres à Lucilius*. Sa fin est exemplaire : impliqué dans la conspiration de Pison, Sénèque se suicide, rejoignant dans la mort choisie plusieurs autres figures emblématiques du stoïcisme, dont Caton d'Utique, disparu au siècle précédent.

Sénèque le Rhéteur (54 av. J.-C.-env. 39 ap. J.-C.)

M. Annaeus Seneca, dit Sénèque le Rhéteur, ou l'Ancien, ou le Père, naquit à Cordoue et vécut à Rome, où il se consacra à l'étude de la rhétorique. À la fin de sa vie, s'appuyant sur sa longue expérience, il composa des *Controverses et suasoires*, un ouvrage à visée pédagogique, regroupant des plaidoyers de causes fictives, dans le champ de l'éloquence judiciaire et délibérative. Les causes plaidées et commentées sont souvent des cas particulièrement complexes, et le but est d'entraîner les futurs orateurs.

Servius (fin du IVᵉ siècle ap. J.-C.)

Maurus Servius Honoratus, dit Servius, était un grammairien païen, réputé parmi ses contemporains pour être l'homme le plus instruit de sa génération en Italie ; il est l'auteur d'un livre de commentaires sur Virgile, *In tria Virgilii Opera Expositio*, qui fut le premier manuscrit imprimé à Florence, en 1471. Il est connu comme l'un des interlocuteurs des *Saturnales* de Macrobe et le destinataire d'une lettre de Symmaque. Le commentaire de Servius est la seule édition complète d'un auteur classique qui ait été écrite avant la chute de l'empire romain d'Occident. La valeur durable de son œuvre tient à ce qu'elle conserve des faits relatifs à l'histoire, à la religion et à la langue de Rome qui, sans elle, pourraient être perdus. Outre le commentaire sur Virgile, Servius est l'auteur d'un recueil de notes sur la grammaire (*Ars grammatica*) de Donat, d'un traité sur la métrique des fins de vers (*De finalibus*) et d'un opuscule sur les différents mètres poétiques (*De centum metris*).

Silius Italicus (26-101/102 ap. J.-C.)

Orateur et avocat de renom, *T. Catius Silius Italicus* fut consul sous Néron et proconsul d'Asie sous Vespasien. De retour à Rome, ce grand collectionneur de livres et d'œuvres d'art, admirateur de Cicéron et de Virgile, se consacra à une carrière littéraire. Il composa alors une épopée en dix-huit chants consacrée à la deuxième guerre punique, les *Punica* (*La Guerre punique*) où il mêle histoire et merveilleux (comme lorsqu'il raconte la descente de Scipion aux Enfers). Selon Pline le Jeune, ce représentant – avec Stace et Valérius Flaccus – de ce que l'on appelle « l'épopée flavienne » aurait choisi de se laisser mourir de faim alors qu'il se savait atteint d'une tumeur incurable.

Stace (45-vers 96 ap. J.-C.)

Né à Naples, pays virgilien par excellence, *P. Papinius Statius* est de bonne heure initié aux lettres grecques et latines par son père. « Le plus hellène des poètes latins » se voue tôt à la poésie, tout en cultivant les puissants, en l'occurrence l'empereur Domitien. Auteur prolifique, il est surtout connu pour la *Thébaïde* : l'épopée relate la lutte de Polynice pour reprendre le trône de Thèbes détenu par son frère Étéocle. Après cette œuvre qui lui demande douze ans de travail, et sans doute en songeant au modèle de l'*Iliade* et de l'*Odyssée*, Stace commence l'*Achilléide*, poème inachevé dédié à l'enfance d'Achille. À partir de 92, Stace publie également des « improvisations mêlées », les *Silves*, où il chante non seulement les puissants, mais aussi des faits plus personnels et touchants comme les paysages de son pays natal, la côte sorrentine, le mariage d'un proche, les insomnies qui l'accablent ou le triste visage d'une épouse lassée. Racine était un fervent admirateur de Stace, tout comme Dante avant lui, qui le fait apparaître aux chants XXI et XXII de son *Purgatoire*.

Strabon (vers 63 av. J.-C.-vers 25 ap. J.-C.)

Né à Amasée dans le Pont, Strabon s'installa à Rome vers 44 avant J.-C., après la défaite de Mithridate. Nous n'avons conservé de son œuvre que les dix-sept livres de sa *Géographie*. Il fait dans cet ouvrage une description de toute la terre habitée, en partant, comme on le faisait d'habitude dans les périples, du détroit de Gibraltar (les Colonnes d'Hercule) : les premiers livres sont consacrés à l'Occident, le dernier à l'Égypte, à l'Éthiopie et à l'Afrique du Nord. Malgré son titre, la *Géographie* donne de nombreux renseignements historiques : Strabon voit en effet la géographie humaine et physique comme des facteurs d'explication de l'histoire des peuples. Strabon se considère, sans doute à juste titre, comme le véritable fondateur d'une science géographique qu'il a construite tant en mettant à profit ses voyages que par l'exploitation des textes écrits par les savants antérieurs. Il s'affirme « philosophe », précisément parce que la géographie telle qu'il l'entend suppose un savoir global. Avec lui, cependant, elle n'est pas une pure démarche intellectuelle, car elle a, entre autres finalités, celle de permettre au gouvernant, en l'occurrence la puissance romaine, une conquête et une domination rendues plus faciles par la connaissance du territoire. La présence de récits mythiques, destinés à distraire le lecteur, ne contrarie nullement la vocation éminemment scientifique et technique de cet impressionnant corpus.

Suétone (vers 70-122 ap. J.-C.)

Chevalier et ami de Pline le Jeune, *C. Suetonius Tranquillus* fut d'abord avocat, puis secrétaire au palais de l'empereur Hadrien, ce qui lui permit de « fureter » dans les archives impériales. Auteur prolifique, il est surtout célèbre pour ses *Vies des douze Césars*, un recueil de biographies des empereurs romains, de Jules César à Domitien, qui ont donné leur *pedigree* à la « petite histoire ». Il y privilégie de fait une conception anecdotique de l'Histoire, collectionnant les petits détails précis, parfois scabreux (les « ragots » des méchantes langues), consignant les faits et gestes des empereurs, comme révélateurs d'une personnalité : derrière les hommes d'État, nous découvrons ainsi des hommes dans leur singularité, avec leurs vices et leurs passions. Ses *Vies* deviendront un modèle du genre pour les biographes du Moyen Âge.

Tacite (55/57-116/120 ap. J.-C.)

Chevalier de la Gaule narbonnaise servi par son talent oratoire et par un mariage avantageux, *Publius Cornelius Tacitus* exerça les charges les plus importantes. Sa carrière d'écrivain commença avec le *Dialogue des orateurs*, consacré aux causes de la décadence rhétorique dans le régime impérial, puis une vie de son beau-père Agricola et un essai ethnographique, *La Germanie*. Ses œuvres majeures, célèbres pour leur art de la scène et du discours, sont les *Histoires*, qui évoquent le sort de Rome entre 69 et 96 ap. J.-C., et les *Annales*, qui portent sur les années 14 à 68 ap. J.-C. Cet auteur pessimiste, au style parfois difficile, s'appuie sur une riche documentation pour exposer les motivations secrètes et les ressorts de l'histoire.

Théocrite (315-250 av. J-C.)

Originaire de Syracuse, Théocrite se rendit à Alexandrie où les Ptolémées avaient la cour le plus fameuse de l'époque hellénistique. Avec Aratos, Callimaque et Nicandre, il est l'un des protégés de Ptolémée Philadelphe. Son nom est aussi attaché à l'île de Cos, où il aurait séjourné. La poésie de Théocrite appartient à la tradition pastorale ou bucolique : la vie aux champs, celle des pâtres, des bouviers, des moissonneurs, devient l'objet d'un poème évoquant la joie et la douceur de vivre. Les *Idylles*, d'une grande liberté stylistique, prennent pour modèles tour à tour les hymnes, les monologues, les éloges, les dialogues, les descriptions ou les joutes poétiques. Sa poésie n'est pas uniquement pastorale : la vie citadine, comme dans *Les Syracusaines ou les femmes à la fête d'Adonis*, les peines d'amour, dans *Les Magiciennes*, ou la mythologie, par exemple dans *Héraclès Enfant*, y sont aussi évoquées. Quels que soient les sujets, la poésie de Théocrite est pleine d'esprit et de vie.

Tibulle (55 av. J.-C.-vers 19 ap. J.-C.)

« Le plus élégant et le plus pur » des poètes élégiaques, selon le jugement du rhéteur Quintilien, *Albius Tibullus* est aussi celui qui s'écarte avec le plus de regret de la vertueuse existence du citoyen romain traditionnel. Particulièrement attaché à la campagne des environs de Rome, dont il est sans doute originaire, il chante son

« petit domaine », l'expression désignant la terre que lui ont léguée ses ancêtres, entre Tibur et Préneste, et la veine délicate de son talent. Par dévouement envers son protecteur, *Valerius Messalla Corvinus*, il accepte de le suivre lors d'une expédition militaire en Orient, en 30. Peu après le départ, il tombe malade et croit mourir sur l'île de Corcyre, d'où il adresse une élégie désespérée aux femmes de sa famille et à la femme de ses désirs, Délie, qui cacherait une certaine *Plania*. Tibulle est l'auteur de deux livres d'*Élégies* où il chante avec sincérité le bonheur qu'il trouve à l'amitié de son protecteur et les tourments dans lesquels le plongent ses amours tumultueuses avec Délie, puis avec Némésis, sa seconde maîtresse, ou avec un jeune esclave, Marathus. Un troisième livre est joint à ses œuvres : le *Corpus Tibullianum*, retrouvé dans les papiers du mécène de Tibulle, comporte les élégies amoureuses d'un mystérieux Lygdamus, dont l'identité suscite toujours nombre de spéculations, celles de la nièce de Messalla, Sulpicia, pour son amant Cerinthus et une longue pièce, le *Panégyrique de Messalla*.

Tite-Live (vers 60 av. J.-C.-17 ap. J.-C.)

La vie de *Titus Livius* est sans doute l'une des plus calmes parmi les existences d'auteurs antiques. Il fallait bien une telle sérénité pour composer une œuvre-fleuve comme celle à laquelle le plus prolixe des historiens latins donna le jour. Originaire de Padoue, il consacre sa vie à sa famille et à son œuvre. Cet intime d'Auguste, attaché à ses convictions républicaines, limite ses séjours à la cour, où il occupe toutefois les fonctions de précepteur du futur empereur Claude. Il est l'auteur d'écrits d'inspiration philosophique aujourd'hui perdus, mais surtout d'une histoire romaine, *ab Urbe condita*, « depuis la fondation de Rome », en 142 livres. Seule la mort interrompt son travail. Il nous reste 35 livres, fort instructifs, qui sont notre source principale sur l'histoire archaïque de Rome. Malheureusement, les livres consacrés aux guerres civiles ont disparu. Tite-Live s'appuie sur différents matériaux : des légendes, des documents officiels, les œuvres des premiers historiens, les « annalistes », qui consignaient tous les événements importants survenus chaque année. Il ne se livre pas nécessairement à une critique des sources : il juxtapose les différentes versions, sans forcément évoquer ses préférences ou les doutes qu'une légende peut lui inspirer. Son travail se veut non seulement narratif mais aussi explicatif et didactique : son ouvrage multiplie les *exempla*, les figures de citoyens exemplaires qui ont fait la force et la grandeur de la Rome des premiers temps et qui doivent aujourd'hui servir de *memento* à ses contemporains dévoyés par le luxe et la débauche. Tite-Live cherche également à composer une œuvre d'art : l'exigence de vérité ne l'amène jamais à sacrifier sa visée esthétique.

Varron (116-27 av. J.-C.)

M. Terentius Varro, connu comme le plus savant des Romains, est né à Réate en Sabine. Il mena une carrière politique honorable au cours de laquelle il atteignit la préture grâce à la protection de Pompée, au service duquel il s'était placé. Gouverneur de l'Espagne ultérieure en 50 avant J.-C., il capitula l'année suivante devant César, qui lui pardonna et lui donna la direction des deux bibliothèques publiques (l'une grecque, l'autre latine) qu'il avait fondées à Rome et dont il ambitionnait de faire l'équivalent de la Bibliothèque d'Alexandrie. Proscrit par Antoine après l'assassinat de César, il échappa à la mort et fut confirmé dans ses fonctions par Auguste. Nous n'avons conservé que peu de choses de l'œuvre immense de ce savant universel qui aurait composé 74 ouvrages représentant 620 volumes et couvrant les domaines les plus variés de la connaissance. En dehors des trois livres du *De re rustica* (*L'économie rurale*), nous connaissons les livres V à X (avec des lacunes) de son *De lingua Latina* (*Sur la langue latine*) et des fragments épars de ses autres œuvres.

Virgile (70-19 av. J.-C.)

Si Homère devait avoir un double latin, ce serait Virgile, tant son œuvre fut célébrée, autant par les Anciens que par les générations suivantes. Issu d'une famille modeste, spoliée d'une partie de ses biens par la guerre civile, *Publius Vergilius Maro* est né à Mantoue et ne tarde guère à se consacrer à la poésie, après avoir étudié la rhétorique et la philosophie épicurienne à Crémone, Milan et Rome. À trente ans à peine, il a déjà composé les *Bucoliques*, pièces champêtres à la manière du poète grec Théocrite, qui comportent plusieurs allusions à la triste réalité contemporaine des propriétaires spoliés. Il poursuit avec les *Géorgiques*, imitées de la poésie didactique d'Hésiode. Mécène puis l'empereur Auguste le remarquent, l'encouragent et lui donnent un petit domaine rural en Campanie. Virgile devient ainsi le chantre officiel de l'Empire. Toutefois, ce poète de cour est un poète de génie. Désireux de chanter la gloire d'Auguste, il a cependant l'idée de ne pas célébrer directement ses exploits mais d'entreprendre une épopée propre à flatter tant le prince que l'orgueil national : l'*Énéide* relate les exploits d'Énée, chef troyen, fils de Vénus et ancêtre mythique de la famille d'Auguste et du peuple romain. Un réseau complexe d'allusions à la destinée future du peuple romain assure le lien entre le récit fabuleux des origines et l'histoire contemporaine. C'est ainsi que les Romains ont pu rivaliser avec les glorieux héros grecs. Insatisfait de son œuvre, Virgile avait demandé à Varron de la jeter dans les flammes s'il venait à mourir. Bravant la volonté du poète mort brusquement d'une insolation, Auguste en ordonna la publication. Dès lors, l'épopée nationale fut considérée comme un véritable abrégé du savoir humain et le modèle de la grande poésie, louée tant par les païens que par les chrétiens. À partir des trois œuvres du poète s'élabora le modèle de la « roue de Virgile » : les motifs, les tournures de chacune servaient de références aux trois niveaux de style, bas, moyen et élevé (*humile, mediocre, sublime*).

Vitruve (fin du Ier siècle av. J.-C.)

Architecte et ingénieur militaire, *M. Vitruvius Pollio* servit dans l'armée de César, où il était chargé de construire des machines de guerre ; il s'occupa ensuite des aqueducs de Rome. Il rassembla son savoir, dû autant à l'expérience qu'à ses nombreuses lectures d'auteurs grecs, dans un ouvrage en dix livres, le *De architectura* (*De l'architecture*). Homme cultivé, qui se définissait comme adepte de la philosophie pythagoricienne, il n'hésita pas à se lancer dans des développements d'ordre général et il citait aussi bien Archimède que les philosophes grecs (Platon, Aristote, Théophraste ou Épicure).

Xénophon (426-354 av. J.-C.)

Issu d'une riche famille athénienne, Xénophon prit part à la défense d'Athènes pendant la guerre du Péloponnèse. En 401, il s'engagea avec un groupe de Grecs au service de Cyrus le Jeune, lequel cherchait à renverser le roi de Perse son frère ; Cyrus étant mort, les Grecs firent retraite à travers l'Asie, en pays hostile, et réussirent à regagner leur patrie, exploit que Xénophon raconte dans l'*Anabase*. Condamné pour sympathies pro-spartiates, Xénophon resta longtemps exilé, avant de rentrer à Athènes à la fin de sa vie. De sa fréquentation de Socrate, qu'il connut dans sa jeunesse, Xénophon a tiré des discours et des dialogues dans lesquels le philosophe est mis en scène : les *Mémorables*, le *Banquet*, l'*Apologie de Socrate* et l'*Économique* (dialogue sur la « maison », *oikos*, c'est-à-dire sur ce que doivent être la vie d'un ménage et la gestion d'un domaine). Son œuvre d'historien se compose de l'*Anabase* ainsi que des *Helléniques*, où il poursuit le récit de la guerre du Péloponnèse en le reprenant là où Thucydide s'était interrompu. Outre des traités sur la cavalerie, l'équitation et la chasse, il est encore l'auteur d'opuscules politiques et d'une histoire romancée de la vie de Cyrus l'Ancien, la *Cyropédie*. L'œuvre de Xénophon, qui n'a pas toujours été appréciée à sa juste valeur et a souffert du parallèle, inévitable, avec ces grands génies que furent Thucydide et Platon, est importante pour la connaissance de nombreux aspects de la civilisation grecque ; fine et variée, elle est novatrice dans l'emploi des genres littéraires.

POUR ALLER PLUS LOIN

Sources[1]

Aristote, *Politique*, t. III : Livre VII, texte établi et traduit par J. Aubonnet, (1986) 2002.

Bucoliques grecs, t. I : *Théocrite*, texte établi et traduit par Ph.-E. Legrand, (1925) 2010.

Calpurnius Siculus, *Bucoliques*, Pseudo-Calpurnius [Siculus], *Éloge de Pison*, texte établi et traduit par J. Amat, (1991) 2003.

Caton, *De l'Agriculture*, texte établi, commenté et traduit par R. Goujard, (1975) 2002.

Cicéron, *Caton l'ancien. De la vieillesse*, texte établi et traduit par P. Wuilleumier, (1961) 2002.

–, *Discours*, t. IX : *Sur la loi agraire. Pour C. Rabirius*, texte établi et traduit par A. Boulanger, (1932) 2002.

–, *La République*, t. II : Livres II-VI, texte établi et traduit par E. Bréguet, (1921) 2002.

–, *La nature des dieux*, introduction, traduction et notes par C. Auvray-Assayas, coll. « La roue à livres », Les Belles Lettres, Paris, 2002.

Columelle, *De l'agriculture*, texte traduit par M. Louis Du Bois, Bibliothèque latine-française, 2ᵉ série, C.L.F. Panckoucke, Paris, 1844.

---

1. Sauf mention particulière, les ouvrages ont été publiés dans la collection « CUF » des Belles Lettres. La date de 1ᵉʳᵉ édition est indiquée entre parenthèse.

DENYS D'HALICARNASSE, *Rome et la conquête de l'Italie aux IVe et IIIe siècles av. J.-C.*, coll. « Fragments », Les Belles Lettres, 2002.

DIODORE DE SICILE, *Mythologie des Grecs, Bibliothèque historique* : Livre IV, traduit par A. Bianquis, introduction et notes par J. Auberger, préface de P. Borgeaud, coll. « La roue à livres », Les Belles Lettres, Paris, 1997.

DION CHRYSOSTOME, *Romans grecs. L'Eubéenne ou Le Chasseur*, texte traduit par F. Alban, Charpentier, Paris, 1841.

FRONTIN, *Les Aqueducs de la ville de Rome*, texte établi et traduit par P. Grimal, (1947) 2003.

HIPPOCRATE, t. II, 2e partie : *Airs, eaux, lieux*, texte établi et traduit par J. Jouanna, (1996) 2003.

Histoire Auguste, t. III, 1ère partie : *Vies de Macrin, Diaduménien et Héliogabale*, texte établi, traduit et commenté par R. Turcan, (1993) 2002.

HOMÈRE, *Iliade*, t. IV : Chants XIX-XXIV, texte établi et traduit par P. Mazon, avec la collaboration de P. Chantraine, P. Collart et R. Langumier, (1938) 2002.

–, *L'Odyssée*, texte établi et traduit par V. Bérard, t. I : Chants I-VII ; t. III : Chants XVI-XXIV, (1924) 2009 et 2002.

HORACE, *Épîtres*, texte établi et traduit par F. Villeneuve, (1934) 2002.

–, *Odes et Épodes*, texte établi et traduit par F. Villeneuve, (1929) 2002.

JUVÉNAL, *Satires*, texte établi et traduit par P. de Labriolle et F. Villeneuve, (1921) 2002.

LUCRÈCE, *De la Nature*, texte établi, traduit et annoté par A. Ernout, t. I : Livres I-III, (1920) 2007 ; t. II : Livres IV-VI, (1921) 2010.

MARTIAL, *Épigrammes*, texte établi et traduit par H.-J. Izaac, t. I : Livres I-VII, (1930) 2003 ; t. II, 1ère partie : Livres VIII-XII et 2e partie : Livres XIII-XIV, (1934) 2003.

OVIDE, *Les Fastes*, t. I : Livres I-III ; t. II : Livres IV-VI, texte établi et traduit par R. Schilling, (1993) 2003.

–, *Les Remèdes à l'Amour. Les Produits de beauté. Pour le visage de la femme*, texte établi et traduit par H. Bornecque, (1930) 2003.

PLATON, *Œuvres complètes*, t. IV, 3e partie : *Phèdre*. Notice de L. Robin, texte établi par Cl. Moreschini et traduit par P. Vicaire, (1985) 2002 ; t. X : *Timée* et *Critias*, texte établi et traduit par A. Rivaud, (1925) 2002.

PLINE L'ANCIEN, *Histoire naturelle*, Livre II (*Cosmologie*), texte établi, traduit et commenté par J. Beaujeu, (1951) 2003 ; Livre III (*Géographie*), texte établi, traduit et commenté par H. Zehnacker, (1998) 2004 ; Livre XII (*Des arbres*), Livre XIII (*Des plantes exotiques*), texte établi, traduit et commenté par A. Ernout, (1949, 1956) 2003 ; Livre XIV (*Des arbres fruitiers : la vigne*), Livre XV (*De la nature des arbres fruitiers*), Livre XVI (*Caractères des arbres sauvages*),texte établi, traduit et commenté par J. André, (1958, 1960, 1962) 2003 ; Livre XVIII (*De l'agriculture*), texte établi, traduit et commenté par H. Le Bonniec avec la collaboration de A. Le Bœuffle, (1972) 2003 ; Livre XIX (*Nature du lin et faits merveilleux*), Livre XXI (*Nature des fleurs et des guirlandes*), Livre XXIII (*Remèdes tirés des arbres cultivés*), texte établi, traduit et commenté par J. André, (1964, 1969, 1971) 2003 ; Livre XXXI (*Remèdes tirés des eaux*), texte établi, traduit et commenté par G. Serbat, (1972) 2003 ; Livre XXXIII (*Nature des métaux*), texte établi, traduit et commenté par H. Zehnacker, (1983) 2003 ; Livre XXXIV (*Des métaux et de la sculpture*), texte établi et traduit par H. Le Bonniec, commenté par H. Le Bonniec et H. Gallet de Santerre, (1953) 1983 ; Livre XXXVI (*Nature des pierres*), texte établi par J. André, traduit par R. Bloch et commenté par A. Rouveret, (1981) 2003.

PLINE LE JEUNE, *Lettres*, t. I : Livres I-III, texte établi, traduit et commenté par H. Zehnacker, 2009 ; t. III : Livres VII-IX, texte établi et traduit par A.-M. Guillemin, (1928) 2003.

PLUTARQUE, *Vies*, t. VII : *Cimon-Lucullus* et *Nicias-Crassus*, texte établi et traduit par R. Flacelière et E. Chambry, (1972) 2003.

QUINTE CURCE, *Histoires*, t. II : Livres VII-X, texte établi et traduit par H. Bardon, (1948) 2008.

SÉNÈQUE, *Dialogues*, t. IV : *De la providence. De la constance du sage. De la tranquillité de l'âme. De l'oisiveté*, texte établi et traduit par R. Waltz, (1927) 2006.

–, *Lettres à Lucilius*, texte établi par F. Préchac et traduit par H. Noblot, t. II : Livres V-VII, (1947) 2003 ; t. III : Livres VIII-XIII, (1958) 2003 ; t. IV : Livres XIV-XVIII, (1962) 2003 ; t. V : Livres XIX-XX, (1964) 2003.

–, *Questions naturelles*, t. I : Livres I-III, texte établi et traduit par P. Oltramare, (1929) 2003.

SILIUS ITALICUS, *La Guerre punique*, t. I : Livres I-IV, texte établi et traduit par P. Miniconi et G. Devallet, (1979) 2003.

STACE, *Les Silves*, t. I : Livres I-III, texte établi par H. Frère et traduit par H.-J. Izaac, (1943) 2003.

STRABON, *Géographie*, t. I, 2e partie : Livre II, texte établi et traduit par G. Aujac, (1969) 2003 ; t. III : Livres V-VI (*Italie-Sicile*), texte établi et traduit par F. Lasserre, (1967) 2003.

SUÉTONE, *Vies des douze Césars*, t. I : *César Auguste*, texte établi et traduit par H. Ailloud, (1931) 2007.

TACITE, *Annales*, texte établi et traduit par P. Wuilleumier, t. I : Livres I-III, (1923) 2003 ; t. IV : Livres XIII-XVI, (1924) 2010.

–, *La Germanie*, texte présenté et traduit par P. Voisin, Arléa, Paris, 2009.

THÉOCRITE, voir *Bucoliques grecs.*

TIBULLE et *Corpus Tibullianum, Élégies,* texte établi et traduit par M. Ponchont, (1926) 2007.

TITE-LIVE, *Histoire romaine,* t. XVIII : Livre XXVIII, texte établi et traduit par P. Jal, (1995) 2003.

VARRON, *Économie rurale,* t. I : Livre I, texte établi, traduit et commenté par J. Heurgon, (1978) 2003 ; t. II : Livre II et t. III : Livre III, texte établi, traduit et commenté par Ch. Guiraud, (1985 et 1997) 2003.

VIRGILE, *Géorgiques,* texte établi et traduit par E. de Saint-Denis, (1926) 2003.

VITRUVE, *De l'architecture,* Livre I, texte établi, traduit et commenté par Ph. Fleury, (1990) 2003 ; Livre II, texte établi et traduit par L. Callebat, introduit et commenté par P. Gros. Recherches sur les manuscrits et apparat critique par C. Jacquemard, (1999) 2003 ; Livre V, texte établi, traduit et commenté par C. Saliou, 2009 ; Livre VI, texte établi, traduit et commenté par L. Callebat, 2004 ; Livre VII, texte établi et traduit par B. Liou, M. Zuinghedau, commenté par M.-Th. Cam, (1995) 2003 ; Livre VIII, texte établi et traduit par L. Callebat, (1973) 2003.

XÉNOPHON, *Économique,* texte établi et traduit par P. Chantraine, (1949) 2003.

–, *Sur les revenus,* texte traduit par Pierre Chambry, Garnier, Paris, 1932.

SUGGESTIONS BIBLIOGRAPHIQUES

ASHBY Thomas, *The Aqueducts of Ancient Rome,* Clarendon Press, Oxford, 1935.

COMPATANGELO-SOUSSIGNAN Rita, auteur de différents articles dans des ouvrages collectifs portant sur des questions relatives à l'écologie : *From Present to Past through Landscape,* A. Orejas, D. Mattingly, M. Clavel-Lévêque (éd.), Madrid, CSIC, 2009, p. 171-196 ; *Patrimoine, Images, Mémoires des Paysages Européens*, L. Lévêque, M. Ruiz Arbol, L. Pop (éd.), Paris, L'Harmattan, 2009, p. 17-27 ; *Marqueurs des paysages et systèmes socio-économiques. Proceedings of Le Mans COST Conference*, R. Compatangelo-Soussignan *et al.* (éd.), PUR, Rennes, 2008, p. 283-286 ; *Vers une gestion intégrée de l'eau dans l'empire romain. Actes du Colloque International de l'Université Laval, Québec (oct. 2006)*, E. Hermon (éd.), Atlante Tematico di Topografia Antica, XVI Suppl., L'Erma di Bretschneider, Rome, 2008, p. 123-135 ; *Paysages de mémoire, mémoire du paysage*. Actes du Colloque International de Besançon (1-4 déc. 2005), L. Lévêque (éd.), L'Harmattan, Paris, 2006, p. 49-66.

FEDELI, Paolo, *La natura violata. Ecologia e mondo romano*, Sellerio, Palermo, 1990 ; traduit de l'italien par Isabelle Cogitore, *Écologie antique. Milieux et modes de vie dans le monde romain*, Coll. « Archighraphy Paysages », InFolio éditions, Dijon/Quetigny, 2005. (Les notes de cet ouvrage mentionnent plusieurs études relatives à la question ; nous les citons dans un ordre chrono-logique : Frazer, 1912 ; Friedländer, 1919 ; Fraenkel, 1950 ; Ehrenberg, 1957 ; Schoenbeck, 1962 ; Forbes, 1964 ; Di Benedetto, 1965 ; Bonfante, 1966 ; Aujac, 1966 ; Pohlenz, 1967 ; Grimal, 1969 ; Mazzarino, 1970 ; Haussmann, 1972 ; Della Corte, 1972 ; Toynbee, 1974 ; De Martino, 1975 ; Mugellesi, 1975 ; Seppilli, 1977 ; Barchiesi, 1980 ; Dauge, 1981 ; Scivoletto, 1981 ; Giardina, 1981 ; Cipriani, 1983 ; Santini, 1983 ; Vitucci, 1984 ; Roddaz, 1984 ; Lana, 1985 ; Schiesaro, 1985 ; Bottin, 1986 ; Traina, 1986 ; Pennacini, 1987 ; Pinna, 1988 ; Longo, 1988.)

GRIMAL Pierre, *Les Jardins romains*, Fayard, Paris, 1984.

LUGLI Giuseppe, *I Monumenti antichi di Roma e suburbio*, vol. 2 : *Le grandi opere pubbliche*, G. Bardi, Roma, 1934.

MALISSARD Alain, *Les Romains et l'eau*, coll. « Realia », Les Belles Lettres, Paris, 1994.

VAN DEMAN Esther Boise, *The Building of the Roman Aqueducts*, The Carnegie Institution, Washington, 1934.

INDEX DES AUTEURS ET DES ŒUVRES

TABLE DES MATIÈRES

Ce volume,
le vingt-deuxième
de la collection « Signets »,
publié aux Éditions Les Belles Lettres,
a été achevé d'imprimer
en janvier 2014
sur les presses
de la Nouvelle Imprimerie Laballery,
58500 Clamecy, France

Dépôt légal : février 2014
N° d'édition : 7777 - N° d'impression : 401089

Imprimé en France